蒋风冰 谢 宏 盛晓明 著

中国亲子文化新论

ZHEJIANG UNIVERSITY PRESS
浙江大学出版社

图书在版编目(CIP)数据

中国亲子文化新论 / 蒋风冰,谢宏,盛晓明著. —
杭州:浙江大学出版社,2020.12(2025.1重印)
ISBN 978-7-308-19798-4

Ⅰ.①中… Ⅱ.①蒋… ②谢… ③盛… Ⅲ.①亲子
教育－研究－中国 Ⅳ.①G781

中国版本图书馆 CIP 数据核字(2019)第 275598 号

中国亲子文化新论

蒋风冰　谢宏　盛晓明　著

责任编辑	丁沛岚
责任校对	陈　翮
封面设计	春天书装
出版发行	浙江大学出版社
	(杭州市天目山路 148 号　邮政编码 310007)
	(网址:http://www.zjupress.com)
排　　版	浙江大千时代文化传媒有限公司
印　　刷	广东虎彩云印刷有限公司绍兴分公司
开　　本	710mm×1000mm　1/16
印　　张	13.25
字　　数	252 千
版 印 次	2020 年 12 月第 1 版　2025 年 1 月第 5 次印刷
书　　号	ISBN 978-7-308-19798-4
定　　价	48.00 元

序
因运而生，因爱而美

2006 年 8 月，我开通了个人博客，而后在 2015 年 7 月开通了微信公众号"谢宏真道理"，旨在跟宝爸宝妈们互动，探讨"生儿育女这档子事"，因而有了"国民奶爸"的雅号。于是，更经常从各种途径收到宝爸宝妈们各式各样的关于"熊孩子"的问题求助。问题有大有小，有粗有细，但可以感受到当代中国父母在家庭教育、亲子关系以及伦理道德上的普遍焦虑和困惑，急切需要专业的指导和帮助。更有专业的早教机构和"从业者"经常找我，希望能有新学术的理论做指导，更好地帮助早教行业发展，共同谱写新时代的亲子文化新篇章。

经本人发起并出版的《亲子文化蓝皮书》(中英文版)率先提出亲子新文化的主张，以"真""善""美""爱"为四大基本人文元素，强调以"爱"作为亲子文化的核心元素，倡导重塑中华亲子新文化，做现代化的大国民，从源头上提高国民素养，促进中华民族的伟大复兴，引起了广泛的学术关注和共鸣，并推动母校浙江大学人文学院设立了"贝因美亲子文化研究中心"，以深入开展系统的亲子文化现象研究和实践探索的全新研究。浙江大学人文学院是学术圈中我最亲近的朋友，因此，贝因美亲子文化中心甫一成立就风生水起，连续举办了"两岸四地亲子文化论坛"和"国际亲子文化论坛"。蒋风冰博士是我的师弟，欣然出任贝因美亲子文化研究中心主任，而盛晓明老师更是我敬重的学者，也是我在浙江大学就学时的西方哲学史导师，也愉快地担任了贝因美亲子文化研究中心的首席学术指导。在我的提议下，两位师友经过多年严谨的学术探索，终于端出了这本令人耳目一新的《中国亲子文化新论》，可谓十年磨一剑，也了却了我的一桩心愿。

可以说《中国亲子文化新论》是《亲子文化蓝皮书》的延伸、拓展和深化。此书既有思考，也有针对性的建议；有各种问题的罗列，也有不同观点的碰撞。从亲子文化的机制形成、中国式亲子家庭的文化伦理重塑，到亲子教养、亲子消费的调研报告，实现了学术论证和实证研究相结合；从古今中外案例的比较研究，到中西方亲子教育理念的对比分析，最终指明了现代科技文明视野下的亲子文化发展方向，是本书最大价值所在。

我在倡导成功生养教时，一直主张中华传统亲子文化应该从"孝"道向"爱"道转化，以及"生命因爱而生，世界因爱而美"，是为现代版的"老吾老以及人之老，幼吾幼以及人之幼"。因为人类所有道德、信仰、文化都是以"爱"为人文动力铸就和养成的，而不应该让"亲子之爱"成为功利的负担，被不必要的道德情感绑架束缚，甚至伤害，而应心甘情愿地相互给予，相互关怀。

窃以为，对中华亲子文化的传承，正确的态度应该是承启，即既要有对核心价值的认同和继承，更要有与时俱进的文化价值的创新和延展。这样，我们才能更好地获得面对全球化、信息化、高科技生态文明时代的文化适应力，才能有民族文化和文明的持久生存能力。

爱，尤其是亲子之爱是人类人文元素中最有感染力、最能抚慰人心、最具穿透力的情感力量，也是全球化时代最具跨文化基因的文明元素。我郑重将本书推荐给广大读者，期许它能成为中国人文学者在人文创新上的一个标志性事件和代表作之一，并希望更多有志者加入亲子文化传承创新研究队伍，成为中国新时代文明的代表。也借此机会祝愿每个家庭都能体会和享受天伦之乐，因运而生，因爱而美，为构建健康的社会新细胞——亲子新家庭的和谐幸福而努力。

是为序！

谢　宏

2019 年 12 月　于杭州

目 录

导　论

第一节　从亲子关系到亲子文化

拿破仑有句名言："推动摇篮的手就是推动世界的手。"后来,法国教育学家福禄培尔对之做了更清晰的解释："国民的命运,与其说掌握在掌权者手中,倒不如说掌握在母亲手中。"这里所谓"母亲的手"就在隐喻亲子关系。亲子关系的良好与否决定着一个国家的命运,这绝非哗众取宠,而是至理名言。西方社会是这样,对于崇尚"家国一体"的中国来说更是如此。

依据我国《婚姻法》的规定,父母与子女的关系又叫亲子关系,亲是指父母,子是指子女。父母与子女是最亲近的直系血亲。对于子女来说,亲子关系是伴随他们一生的人际关系,不仅最早开始交往,交往时间最长,而且交往得最为频繁,最为稳定。父母的教养方式塑造了子女的认知、行为、智能、品格,对他们身心成长与发展都会产生至关重要的影响。当然,子女的出现也会产生强大的改造力量,他们能重新塑造父母,包括他们的生活方式、婚姻关系、责任感与社会担当,等等。

迄今为止,人们对亲子关系通常有三个层次的规定。

第一层规定是血缘关系,这是亲子关系的基础,没有血缘关系就无所谓亲子关系。马克思和恩格斯曾指出:"每日都在重新生产自己生命的人们开始生产另外一些人,即增殖。这就是夫妻之间的关系,父母与子女之间的关系,也就是家庭。"[①]从遗传学的角度来分析,亲子关系就是亲代与子代之间通过生物血缘连接在一起的家庭关系。一个人从出生开始就决定了与父母的关系,这种关系会伴随其终身。父母对子女奉献了一生的爱心与关怀,精心地照顾着孩子成

---

① 　马克思恩格斯选集[M].第一卷.北京:人民出版社,1972:33.

长的每一个阶段;当然,孩子也会依恋父母,在父母衰老时会倾注关爱。这就是血缘关系的恒定性,无论是在东方还是在西方,都与文化观念无关,甚至也超越了社会制度与法律的规范。即便在法律上解除了亲子关系,血缘关系也是无法解除的。

第二层规定是亲子之间的社会关系,这是我们在日常生活中遇到最多的一种关系,不仅体现在制度和法律中,也呈现在不同的地位上。在当今社会中,与血缘关系相比,社会关系更本质一些。人们做亲子鉴定,目的无非是通过血缘关系的认定来确认某种社会关系,譬如遗产继承。不过,与血缘关系相比,社会关系又存在着可塑性。不同历史时期会有不一样的规定,即便是同一历史时期,不同的国家,或者同一国家不同的地区,关于父母对未成年子女所应承担的义务,或者子女对年迈父母所应承担的义务都可能存在不同的规定。拿古代社会中家长对子女所拥有的人身与财产方面的权利规定来说,中国与西方社会之间就存在着很大的差异。根据司丹在《亲子制度研究》中的描述,在家长对子女的惩治权上,中国古代的亲子制度规定,子女必须服从父母的命令,即所谓"父为子纲"。① 一旦子女违抗父母的意志,或者出现违逆的行为,父母就可以对子女进行惩罚,甚至可以处死子女。而在公元2世纪时的罗马,家长对家属仅有一般的惩戒权,重罚必须经过法院的判决。在现代社会,各国都会充分运用法律手段来规范亲子关系,从而形成了亲子制度。在我国,在保留儒家传统中的"孝亲"规范的同时,也明确规定子女是独立的主体,具有独立人格。只是,传统中子女附属于父母的观念依然寄居在一些人的内心深处,致使对子女的过度体罚,乃至家庭暴力时有发生。

第三层规定是亲子之间的文化关系。"文化"是一个最难界定的概念,不同的学科,不同的学者对"文化"的定义和看法可谓莫衷一是。但是东西方的辞书或百科全书中却有一个较为共同的解释:文化是相对于自然(蛮荒)而言的教化;相对于政治、经济等社会关系而言的精神、观念活动及其活动的产品,既包括宗教、信仰、风俗习惯、道德情操等活动,也包括科技,乃至产业的相关活动及其产品。我们这里所说的亲子文化,从狭义上说主要是指亲代与子代在"生""养""教"的活动过程中形成的各种亲子互动方式、观念的冲突与调适,以及与此相适应的亲子产业、亲子社区,包括亲子游、亲子教育、亲子体验等。广义的亲子文化从内涵上看,还包含亲子的社会关系与伦理及法律制度;从外延看,还包含诸如养老这样的老年问题。

时至今日,"文化"一词已渗透到生活世界的每个角落,进入到每个人的言

---

① 司丹.亲子制度研究[M].哈尔滨:黑龙江大学出版社,2013.

谈之中,我们似乎不能离开文化而对自己乃至人类的处境进行系统和有效的反思。海德格尔(Heidegger)甚至认为,"文化"概念构成了现代性的形而上学基础。那么,究竟什么是"文化"呢?哲学家约瑟夫·劳斯(Joseph Rouse)在《涉入科学:如何从哲学上理解科学实践》一书的最后一章"什么是科学的文化研究"中交代了自己的初衷:"我之所以选择'文化'这样的术语,是因为除了能表意异质的东西(文化一词既包含社会的实践、语言的传统以及连带组织,还包含'物质文化'的意思)之外,它还蕴含着有关意义的建构和领域的意思。"①从文化角度看,即便是建立在遗传学基础上的亲子关系也是在特定的文化情境中运作的,不是什么超文化的产物。从这个意义上说,文化与其说是我们研究的对象,不如说是我们用以思考、言谈、研究的背景以及一切意义解读的源头。在此,克利福德·吉尔兹(Clifford Geertz)在《深度的描述》一书中关于"文化"的定义可能更适合眼下的情形。他说:"文化不是一种力量,不能任意把它当成是社会事件、行为、体制、过程的原因;它是一种情境(context),把上述东西置于其中来描述(深度地描述),才为人所理解。"②

　　卢克·拉斯特(Luke Lassiter)对文化的定义是:"在人类学意义上,文化是一个共享和协调的意义系统,这一系统是由人们通过阐释经验和产生行为而习得并付诸实践的知识所获知的。"③这个定义看起来有些复杂,我们可以举一个通俗的例子(出自一名叫"野原新之助"的网友为《人类学的邀请》一书写的评论):晚餐后,你的家人习惯于一起坐在沙发上看电视,这就是你的家庭文化。你把这当成一件很自然的事情,因为你从小就这样做,这个习惯并非生来就有,而是后天"习得"的。你读高中的弟弟最近课业繁忙,晚餐后总是关在房间里看书,那么看电视对他来说就不是一种文化,因为他没有"共享";假设有陌生人来到你家中,他原本的习惯是晚餐后到公园散步,那么看电视对他来说也不是一种文化,因为这对他不"协调"。电视本身不是文化,"晚餐后一家人坐在一起看电视"这个行为才是,因为这是一种"意义系统",这个行为具有特殊的意义。概言之,文化就是一种后天的共享的习惯。

　　本书对文化的理解无疑是建立在上述哲学和人类学基础上的,我们认同把文化理解为一种后天的共享的习惯的说法,但是这只是问题的一方面;另一方面,文化同时也是共同体应对当下问题,乃至未来挑战而建构起来的践行体系。我们之所以重视文化,是因为文化概念包含了以下三重特性,从而把我们引向

①　Rause J. Engaging science: how to understand its practices philosophically [M]. New York: Cornell University Press, 1996:238.

②　Geertz C. The interpretation of cultures [M]. New york: Basic Books, Inc. , 1973:14.

③　[美]卢克·拉斯特. 人类学的邀请[M]. 徐默,译. 北京:北京大学出版社,2008.

"亲子文化"的内涵。

首先,是文化的反思性,即文化的自我批判。比如,我们理解的亲子文化,便是清醒地认识到我国目前亲子文化面临的迫切主题之一,即数以千万计的边缘儿童——包括留守儿童、单亲儿童、残疾儿童生存境况的严峻性,反思此问题的成因,并探索行动的解决方案。正是这种反思性,使文化拥有了一种自我修补、自我完善的能力;也正是这种自我批判的特性,推动着文化不断地进步与发展。

其次,是文化的超越性。所谓文化的超越性,是指文化本身具有超功利的价值,文化是人化,人化的内核是德行人格的完成。文化的超越性还表现在文化不满足于现状,文化具有否定现状的理想化的愿景,文化指出奋斗的方向、目标及其可能性。同时,基于理想化的目标与愿景,人们才能设计行为的规范和制度。

最后,是文化的实践性。"文化再生产"是文化的重要特征,即文化是行动,文化是解决方案,文化是创造性的实践活动。文化是活生生的实践活动,是我们解决当下及未来问题的行动方案的集合。

弄清"文化"的基本含义后,现在我们可以来刻画亲子文化了。

首先,亲子文化是良好的、和谐的亲子关系赖以实现的土壤或者环境,通常我们可以区分三个层次的环境。微观环境,这是个人直接体验到的环境。主要指由父母和同胞兄弟或姐妹构成的原生家庭(狭义的亲子关系)。家庭环境的氛围和亲子互动的质量直接影响儿童在学校,乃至以后进入社会的自信心和认知状态。中观环境,包含的因素很多,有学校(同学和师生关系)、社区(街坊、邻居、玩伴)、大家庭成员(如爷爷奶奶、外公外婆、叔姑舅姨、表兄弟姐妹等),以及儿童个体没有直接参与但又深受影响的外围环境,如城市设施、父母的朋友和同事等。譬如,良好城市设施有助于亲子互动的开展。宏观环境,指个体所处的社会组织、产业、政策环境与意识形态等,父母的职业地位、薪酬、休假制度等。心理学大多局限于微观环境来研究亲子关系,社会学则通常基于中观环境来考察亲子关系,但是考察亲子文化还需留意宏观环境。因为宏观环境的改变会直接影响,甚至左右中观环境乃至微观环境。当然,从认知序列上看,子女首先认识的是父母,然后是大家庭的其他成员,以及幼儿园、学校环境等,最后才是宽广、复杂的大社会。

以亲子关系为基础的原生家庭,是整个社会的基本单元。尽管中国的家庭文化和西方家庭文化存在较大不同,但是放眼世界,所有的文明都不约而同地把家庭视为构成社会的基本单位,基于家庭发展更为复杂的机构和形态。这就意味着,建立在血缘基础上的亲子文化,至少在迄今为止的人类历史中具有无可怀疑的普适性的社会价值。人的发展过程就是在一个更加复杂的水平上连续不断地认识和建构其文化环境的过程。

其次，亲子文化是文化传承最基本、最核心的承担者。我们知道，文化传承涉及一个社会如何以某种方式将社会成员共有的价值观、知识体系、谋生技能和生活方式一代代传递下去。它是文化乃至文明积累的基本方式，也是一个民族或社会能够不断前行的基本条件。自人类进入文明社会以来，不论社会发生过怎样的变化，文化传承和社会化的内容有何不同，其传递方向和教化者与被教化者的角色总体而言是固定不变的：就方向而言总是从上一代人传给下一代人。例如，在家庭内部，亲代总是扮演教化者的角色，子代总是扮演被教化者的角色。亲子两代在生物繁衍链条上的前后相继性，决定了双方在社会教化上的不平等性。社会教化过程中的"父为子纲"称得上是一切文明社会文化传承的基本法则。

但上述法则及其天经地义的合理性自近代以来逐渐开始面临挑战：单向的由父及子的传统社会教化或文化传承模式面临危机。由于社会的急速变迁，以及面对这种变迁亲子两代的适应能力的不同，对新事物的理解和吸收快慢不同，在亲代丧失教化的绝对权力的同时，子代却获得了前所未有的"反哺"能力。美国人类学家玛格丽特·米德（Margaret Mead）令人信服地论证了在急速的社会变迁的巨大推动之下，新的文化传承模式——"后喻文化"出现的历史必然性。具体而言，原先处于被教化者地位的晚辈之所以能够"反客为主"，充当教化者的角色，是因为古往今来没有任何一代能够像他们一样经历如此巨大而急速的变化，也没有任何一代能够像他们这样"了解、经历和吸收在他们眼前发生的如此迅猛的变革"①。

最后，亲子文化是一种文化价值的践行方式。我们引入"亲子文化"概念不是为了建立某种新的理论，而是提出某种共同的行动方案。

从哲学上看，亲子文化建立在一种新的主体概念之上。这种主体不再是传统意义上的个体或抽象的人类，而是共同主体（共同体）。"家"和"国"都是共同体，在中国人看来只是规模不同而已。我们强调的"亲子文化"是一种新型的、开放的共同体，是多元共同体之间的协同过程和连带方式。"亲子文化"就是通过新的协同的行动方案，共同创建一个"适合儿童的世界"。

在亲子文化的语境中，"亲子关系"不仅是一个"私人性"问题，更是一个"公共性"问题。孩子，不是父母或者家庭的私有财产，孩子是独立的生命，孩子未

---

① ［美］玛格丽特·米德.文化与承诺：一项有关代沟问题的研究［M］.周晓虹，周怡，译.石家庄：河北人民出版社，1987：85-86.

来是一个能担当责任的公民——不仅是一个经济公民、一个国家公民,更是一个世界公民。

所以,亲子文化更关注良好"亲子关系"的土壤——不仅是家庭文化,更是社区文化,以及涉及与教育系统、产业系统、国家政策体系,甚至 NGO(非政府组织)等诸系统的良性互动。

第二节　转型中的亲子文化

当前,我国正处于一个转型期,经济的发展、城市化的进程极大地改变着人们的生活方式,家庭结构和亲子关系带来了深刻的影响。在发达国家往往需要上百年,甚至几百年发生的变化,在我国一两代人之间就实现了。其中,有些现象是伴随着工业化而产生的,如随着外出务工人员日益增多,产生了空巢老人和留守儿童等现象;而有的现象,譬如佛系青年、低欲望社会、少子化现象,则是伴随着信息化或者后工业化而出现的。这些现象对民族乃至国家的影响可能是长期的,甚至是致命的,日本现在所面临的就是这样一种负面趋势。而且迄今为止,我们尚未找到解决的办法和路径。

在深入分析这种影响之前,我们需要了解亲子文化的三种不同类型,它们分别对应三种不同时代的社会形态,即农业文明时代的亲子文化、工业文明时代的亲子文化和信息革命(后工业文明)时代的亲子文化。正如前文提到的,米德在《文化与承诺:一项有关代沟问题的研究》中用她最简洁的语言交代了代际关系的类型差异。她认为,农业文明中占支配地位的是前喻文化,父母是孩子的教师;工业文明中占支配地位的是同喻文化,父母与孩子之间相互学习;当今社会占支配地位的是后喻文化,由于科技与社会的发展过于迅猛,孩子对新生事物的掌握往往领先于父母。[①] 父母拿电脑和手机中出现的麻烦请教子女,而且往往引来子女不耐烦的抱怨,这几乎成了屡见不鲜的家庭现象。由于我国正处于快速的转型时期,在城市或者农村中,或者就在同一个城市中的各种不同的社会阶层中,就有前喻、同喻和后喻三种代际文化同时并存的现象,而且这些现象始终伴随着文化冲突。恩格斯在《家庭、私有制与国家的起源》中援引摩尔根的话说:"家庭——是一个能动的因素;它从来不是静止不动的,而是随着社会从较低级阶段向较高级阶段的发展,从低级形式进展到高级形式。"[②]

先来看农业文明时代,在我国,这个时代的亲子文化就是家庭文化。这种

---

① [美]玛格丽特·米德. 文化与承诺:一项有关代沟问题的研究[M]. 周晓虹,周怡,译. 石家庄:河北人民出版社,1987:85-86.

② 马克思恩格斯全集[M]. 第二十三卷. 北京:人民出版社,1979:102-103.

文化具有三千多年的传统,是建立在"父为子纲"的秩序基础之上的。亲子关系表现出很强的依附性、专制性。《礼记》中强调父是一家之长,尊中至极。所谓的"人子之礼",就是家长制下子女对家长的绝对服从。亲子关系也便从血缘的连带关系扩展为政治上的人身依附关系,即所谓"一荣俱荣,一损俱损"的关系。一人发达便可以封妻荫子,光宗耀祖;一人获罪,也可以株连九族。

在农业文明时代,家庭是最基本的经济单位,农业生产是家庭最重要的职能,因此家长把握了管理和监督生产的绝对权力,从而形成了经济专制。在中国文明的传统中,家庭的文化功能尤为强大,因为占据主导地位的价值学说——儒学,曾经把家庭作为一个最小的社会单位,使之成为培育和操演仁爱之心的最初场所,将其当成实现全部社会价值的基点。这个理论的逻辑展开就是,修身、齐家、治国、平天下。这样一种建立在儒家思想基础上的家庭文化,自五四运动以来受到了猛烈的批判,但是在倒洗澡水时也将婴儿一起倒掉了。不可否定的是,我国传统的家庭教育方式通常是成功的,孩子们不断长大,毫无困难地适应了家庭环境,他们早在少年时代,就开始承担集体生活所应尽的义务,对此他们也自愿接受。儒家文化会告诫人们说"老吾老以及人之老,幼吾幼以及人之幼",个人的善良天性自动地获得启迪和滋养,而社会就会自动地获得和谐的生机。尽管儒学所宣扬的是一种伦理的理想形态,实际的情况并非如此简单,还会有各种各样的反面例子,但儒学这种教化使大部分人都能获得这样一种文化的理解,再从家庭推及社会。

到了工业文明时代,经济形态由自然经济转向了商品经济,通过家庭建立的连带关系让位于原子式的个人主义。不是家庭与连带关系消失了,而是人际关系的重要性被利益所取代。很显然,这是一种工具型的亲子文化。

在我国,传统家庭文化的解体不完全是工业化的产物,这个过程实际上从新中国成立后就已经开始了。接着是"文化大革命",然后是独生子女政策的实施,一连串的革命和政治过程把传统的家庭结构和文化冲散了。

正如刘东在《重塑我们的家庭文化》一文指出的那样,中国文化的底气和厚重也往往饱含在世家望族之中。① 也就是说,出生于这样的传统家庭,自然会对高雅文化有更好的传承。相反,一旦荡平了这样的世家,自然会更平均化,但在这个平均化的过程中间,全社会最精英的社会阶层也会令人惋惜地化为乌有,使整个文明标准都趋于"粗鄙化"。

曾国藩说过,商贾之家,勤俭者能延四代;耕读之家,勤俭者能延五六代;孝友之家,绵延十代八代。越到后面,实际上越是文化起作用。林则徐书房里曾

---

① 刘东.重塑我们的家庭文化[J].精神文明导刊,2013(2):22-25.

经有这么一副对联："子孙若如我，留钱做什么，贤而多财，则损其志；子孙不如我，留钱做什么，愚而多财，益增其过。"很遗憾，这样一种豁达的教养文化已经流失在历史中了。不过，我们在为传统家庭文化的流失深感惋惜时，并不意味着要回到传统中去，恢复儒家的家庭教养之风，尽管也的确有不少人曾经尝试过，而且有的还正在尝试。时代已经变了，传统家庭文化赖以存在的诸多环境和条件都已经不复存在。新时代亲子文化的重构尽管可以兼容传统文化中的诸多要素，但无论如何都回不到原点去了。

费孝通笔下的乡土中国，是用血缘和地缘为联系纽带，以礼治为秩序支撑起来的农耕文明。现在，这种村落已经凋零，离我们远去了。李培林曾在《村落的终结：羊城村的故事》一书中深情地写道："它们悄悄地逝去，没有挽歌、没有诔文、没有祭礼，甚至没有告别和送别，有的只是在它们的废墟上新建文明的奠基、落成仪式和伴随的欢呼。"[①]他这里讲的是一段历史的终结，这种终结，指的就是村落的宿命。

亲子文化和家庭文化这两个概念尽管密切相关，但毕竟是两个不同时代的文化现象。随着工业化和城市化的进展，不仅传统的家庭文化解体了，大家庭、家族，乃至氏族的结构也一并瓦解了。家庭收缩到了最基本的亲代与子代的关系，这就是所谓的原生家庭。在独生子女政策环境中出生并成长的孩子，恐怕已经很难读懂《红楼梦》中由近亲和远亲构成的复杂的家族关系结构了，也无法理解巴金在《家》《春》《秋》中呈现的曲折和恩怨，因为产生这些现象的文化背景已经不复存在了。

自工业革命以来，人的主体意识和自我意识得到空前的强化，马克思的《资本论》在分析资本主义的社会关系时指出，商品经济是"天生的平等派"，普遍的社会物质交换和全面的社会分工，使得个人从家庭这一共同体中游离出来，成为独立的、自由的个体，这正是资本主义生产方式存在的前提。这一切都建立在分离的基础上：人的分离、信仰的分离、家庭的分离。从自我出发，父母、妻子、丈夫、孩子都成为社会的"人质"。自私不再是恶，而是自然的必要。大家庭或家族关系隐退了，家庭回归到最基本的亲子关系上来，这是一个"人的生产"和"人的再生产"的基本单元，也就是我们所谓的原生家庭。亲子之间不再有绝对支配和依附关系。子女作为独立的个体必须得到父母的认同与尊重。父母在进入子女房间，或者翻看他们的日记时，都需要征得同意，不然的话就有可能被指控侵犯人权。

工具理性的规范必然要求教育的工厂化，讲究规模，批量生产，甚至人格培

---

① 李培林.村落的终结：羊城村的故事[M].北京：生活·读书·新知三联书店，2019.

育也要专业化、模式化。父母教育子女的宗旨就是把他们培养成社会所需要的"有用人才"。无论是学前教育,还是后来配合学校的教育,家长都被迫地或者心甘情愿地把自己与子女捆绑在"学习—考试—再学习—再考试"这辆循环往复的战车上。亲子关系最后就剩下应试这个唯一的目标和过程。从学前阶段开始就朝这个固定的目标挣扎着前行,上最好的学前班是为了上最好的幼儿园,上最好的幼儿园是为了上最好的小学……这是工业文明时代最典型的线性模式,或者工具理性的套路。

曾在从网上看到一幅让人动容的照片:一位等在高考考场外的父亲,听到考试结束的铃声后情不自禁地失声痛哭。高三学生每天早起晚睡,没有周末和假期,高三的学生家长呢? 他们比孩子起得更早,睡得更晚,要用心做好一日三餐,还要正常上班,这种苦,那些不陪读的家长是不能体会的。考试铃声结束后,他们才真正松了一口气,这时候,这些泪水就是一种解脱、一种放松。

最后,我们来看看经历信息革命的后工业时代,用米德的话说就是后喻文化。在米德看来,在现代通信、交通和技术革命迅猛发展的情景下,长辈只有虚心向小辈学习,利用他们广博而新颖的知识,才能建立一个有生命力的未来。米德认为后喻文化将成为当代世界独特的文化传递方式。她在《文化与承诺:一项有关代沟问题的研究》中指出,在这一文化中,代表未来的是晚辈,而不再是他们的父辈或者祖辈。"如果说过去存在若干长者,凭着在特定的文化系统中日积月累的经验,而比青年知道的多些,那今天却不再如此。"即使在不久以前,老一代仍然可以毫无愧色地训斥年轻一代:"你应该明白,在这个世界上我曾年轻过,而你却未老过。"但是,现在的年轻一代却能够理直气壮地回答:"在此刻这个世界上,我是年轻的,而你却从未年轻过,并且永远不可能再年轻。"

这无疑是对几千年文化的一种颠覆,由于互联网的发展,以网络为主的媒体系统不仅拥有丰富的信息和知识储存,而且其更新速度极快,年轻一代以其独特的直觉和敏锐能够迅速适应新时代的文化。人们的很多学习观念已经悄然改变,互联网包罗万象,以前口头禅是不懂问老师,不懂问父母,现在成了不懂问网络。这种趋势对教育产生了强烈的冲击,如果我们的教育依旧停留在几千年来的前喻观念上,势必会滞后于时代。现在的学校体制及评价机制,使得学校总体还是处于前喻时代,老师们依旧可以凭着自己若干年前所拥有的一桶水,对学生进行居高临下的诲人不倦。当很多知识不需要我们口口相传时,很多技能不再是我们所能够垄断时,很多老师会面临越来越多的焦虑与压力,教育改革势在必行。教师是教学的引导者,而不是传授者,传道授业解惑,几千年的古训将寿终正寝。学校是学生涵养个性、培养可持续发展能力以及交结良师益友的地方,课堂是大家畅所欲言、智慧碰撞的交集点。

青少年喜欢在与同伴的交往中使用新潮的语言,尤其是在网上,但是他们的父母却很难搞清楚他们到底在说什么。有这么一个真实的事例:广州的刘女士一次无意看到儿子在电脑键盘上敲了一段文字:"7456! 怎么大虾、菜鸟一块儿到我的烘焙机上乱灌水? 94 酱紫,待会儿再打铁。886!"看完这段颇有点"天王盖地虎"味道的文字,身为一家出版社资深编辑的母亲却一头雾水,十分不安:"难道是什么组织的接头暗号?"其实她多虑了。这段文字的意思是:"气死我了! 怎么网络高手和网络新手一块儿到我的个人主页上留言? 就是这样子,待会儿再来发帖子。拜拜了!"上高中二年级的儿子品学兼优,是母亲的骄傲。而今天母亲却看不懂儿子的"鸟语",感觉"儿子仿佛是月球上的人"。这种感觉也许正是儿子想要的。使用一种有别于成人阶层的语言体系,青少年们找到了一种可以摆脱父母权威的途径,多少可以满足一下他们对独立的渴望。寻找到一种奇怪但是独特的话语方式,能给成人世界带来不解和不安,恰恰使他们体验到了权利受到重视的快感。因此,要想填补亲子之间的"代沟",最好的办法不是指责,而是沟通、理解和宽容。

与前喻文化相比,后喻文化是一种不折不扣的"反向社会化"。在这种文化中,代表未来的是晚辈,而不再是他们的父辈和祖辈。在一项网络调查(1750 人参与)中,56.5%的人表示"后喻现象"比较常见或很常见,认为不常见的只有25.1%。"当人生遇到重大问题时,你最愿意向谁求助?"63.3%的人首选同龄朋友,26.6%的人选择自己解决,其他的求助对象还包括网友(16.9%)。

前两年英国做了一个调查,这个调查的目的是让我们了解在当今这个时代,不同年龄段的人对信息技术的掌握和理解程度,他们提出了一个概念叫"数字商",即不同年龄段的人对数字技术的了解与信心。结论是 14~15 岁年龄段的人数字商排名第一,然后就开始下降;老年用户下降得尤为明显,6~7 岁儿童的数字商高达 98 分。其实你可以看到不管是中国的互联网公司还是国外的互联网公司,在这些公司里有很多年轻人,80、90 后的年轻人开始成为主导,因为他们更能理解这个时代,所以就导致很多公司的管理方式、整个架构都在发生重大的变化。"后喻文化时代",这是我们理解这个时代非常重要的关键词,如果我们知道知识从来就是很重要的权力来源的话,接受后喻文化导致的权力变革会影响我们整个社会所有领域这一事实就不会太难。

当然,后喻文化所构筑的亲子文化并非总是积极的,它产生的消极影响也颇具破坏力。据统计,截至 2018 年 6 月 30 日,中国网民规模已达到 8.02 亿,互联网普及率为 57.7%。在这个庞大的人群中,智能手机给儿童带来了怎样的影响? 当网络的便利惠及大部分人群时,为何游戏成瘾、手机依赖会让儿童,尤其是农村留守儿童更容易"受伤"? 中国互联网络信息中心(China Internet

Network Information Center，CNNIC)曾多次发布《中国青少年上网行为调查报告》，2015 年青少年网民规模达到 2.87 亿，6～18 周岁的比例为 51.9％，18～24 岁的比例为 48.1％，其中农村青少年网民比例为 27.6％。据估算，农村留守儿童网民近 900 万。

当年的统计显示，青少年网民平均每周上网时长为 26 小时，小学生、中学生的周上网时长分别为 14.9 小时、22 小时，平均每天超过 2 小时。随着智能手机的普及，这些数据依然呈上升趋势。当智能手机"入侵"农村校园时，许多学校的做法是出台"禁令"——禁止带手机入校。但这种做法收效甚微，为了获得手机的使用权，孩子们往往与老师"斗智斗勇"，禁令往往形同虚设。

《光明日报》曾发表过一篇记者调查，题目就十分引人注目——《如果想毁掉一个农村孩子，就给他一部手机》。农村家长即便没有外出打工，目前最大的问题是认识不到孩子沉迷手机的危害。尽管他们也会认为"玩手机对孩子不好"，但很多人的态度依然是不重视、推卸责任或刻意隐瞒，有些家长甚至以此炫耀自己的孩子有多聪明。

手机游戏《王者荣耀》曾一度推出了"防沉迷"的三大措施——限制登录时间、父母一键禁玩、加强实名认证。但是经历一年多时间后，这些防沉迷措施所起到的作用微乎其微，并未改变农村孩子沉溺于游戏的基本事实。事实上，沉迷游戏最大的责任不在孩子自身，而在其监护人、同伴群体、学校和社会。

第三节　亲子之殇的文化反思

由于我国的社会变革进程过于急速，出现了前工业化社会、工业化社会和后工业化社会并存的现象，致使米德意义上的前喻、同喻和后喻同时出现在当今社会中，文化冲突很难避免。它有两个显著的表现形式：一是沟通屏障；二是信任赤字。

信任赤字是一个更加复杂的问题。不久前，几乎所有媒体都被一则新闻疯狂刷屏，一个 17 岁的少年跳桥身亡。可以从视频中看到，一个男孩突然从黑色轿车中跑了出来，然后一股脑地从桥上跳了下去，留下了根本来不及拯救他的母亲蹲在地上懊悔地痛哭。这名母亲在自己儿子冲出车子的第一时间就跟了下来，但少年的行为实在太"果断"了，根本没有一丝犹豫，就从桥上跳了下去，以至于这名母亲跑到护栏的时候，已经来不及制止了。事后才了解到，这名年仅 17 岁的男孩是上海一所职业高中二年级的学生，因为在学校和其他同学发生了冲突，被母亲在车上批评了一顿，以至于在车子经过卢浦大桥的时候，终于受不了母亲的批评，冲出车外跳桥身亡。

究其原因,社会上众说纷纭,我们认为核心问题在于信任缺失。有时候孩子犯了一些错误的时候,在还没有搞清楚事情对错之前,为人父母大可不必一阵劈头盖脸地批评,首先要问清楚事情的原因。如果不分青红皂白就批评自己的孩子,久而久之,孩子自然也不会为自己的行为做出辩解——反正解释了也没用。有的父母还认为是对孩子好,并希望借此教育孩子,却不知他们的不信任会对孩子造成多大的伤害。失去对他们的信任,孩子不愿意再和父母沟通交流,也不愿意告诉他们自己身上所发生的事情,即使在外面受到伤害也会默默忍受而不愿意求助。在孩子心中,即使自己说的是事实,父母打心里也不会相信自己,还可能会被教育打骂,何必多此一举呢?作为父母,要给予孩子充分的信任,让他们感受到父母的爱,有父母的信任,孩子才能更自信勇敢地去面对生活中的起起伏伏。

一位老师曾在全国几十所学校做过一个调查:当你生活中出现很难处理的问题时,你首先会想到向谁求助?调查结果却让人大吃一惊。首先想到向父母老师求助的人,加起来竟然还不到7%。为什么会这样呢?本来最亲近的人是父母,父母也最应该相信孩子,可结果却寥寥无几。这正是因为生活中父母不信任孩子,对孩子做的事、说的话都持有怀疑态度,甚至还会以打骂的方式逼迫孩子承认错误。

中国青少年研究中心曾经在北京、上海、广东、云南、甘肃和河南等6个省市做了一项调查:中小学生最喜欢父母的10种做法。调查结果显示,"信任我"以63.5%的高得票率位居第一。可见,孩子有多渴望得到父母的信任。信任是相互的,你不信任我,我也很难信任你。

随着经济的快速发展,我们越来越有钱了,但是,用钱解决不了的问题也越来越多了。

"焦虑中的妈妈"就是在这个背景下出现的,这似乎成了我们社会中十分普遍的现象。我们还不知道导致这种"焦虑症"的病因是什么,但是能确信一点,即这肯定不能简单地将之归咎于个体的心理症结。由于它太普遍了,我们只能将之归咎于文化上的症结。

"焦虑中的妈妈"很难相信自己的孩子凭自己能处理好自己的生活。胡小喵在《被不信任毁掉的亲子关系》一文中是这样描述他们的:小时候,我们不相信他们能根据冷暖穿衣服,于是自己亲力亲为,按自己的感受给他们穿衣。再大点,不相信他们能很好地处理和同学的关系,自己总想着如何和老师同学搞好关系,给他们铺路。长大后,如果没有达到父母的期望,就不相信他们也能事业有成,过上你认为理想的生活。恋爱结婚时,不相信他们的眼光,总想着他们该选择你喜欢的,因为你认为你吃的盐比他们吃的饭还要多。我们身处于焦虑的状态,总担心孩子输给别人,担心他们过得不幸福。"殊不知我们的这些不信任、不放心却给他们造成了很大的压力,也让他们感受不到我们太多的爱与付出。因为我们总是一边付出,往亲子关系的情感账户里不断存储感情,一边又由于我们对孩子的不信任渐渐地消耗掉了我们存储的情感。"

2018 年,有一部台剧非常之火:《你的孩子不是你的孩子》,它改编自同名小说,副标题是"被考试绑架的家庭故事"。海外华人连呼"深刻而过瘾",认为"所有华人妈妈都该看"。这部剧讲述了五个各自独立的故事,搭配科幻与奇幻的元素,将升学体制下亲子关系中望子成龙的比较心理及对欲望的克制行为刻画得淋漓尽致。每个故事都有一个病态的母亲,心里爱着孩子,但她的一言一行却在不断地伤害着孩子。

《茉莉的最后一天》就是其中一集,主人公林茉莉乖巧上进,成绩优异,家庭看起来也很美满。但让所有人预料不到的事情发生了,茉莉选择了自杀。林妈妈悲痛欲绝,她无法相信自己的女儿竟然会自杀,她开始寻找女儿自杀的原因。直到有一天,她通过一项新科技在茉莉的意识中看见了自己的模样。为了督促孩子学习和成长,林妈妈特意辞职,做了全职家庭主妇。在她看来,自己是爱着孩子的,为了孩子愿意牺牲一切——"我舍不得吃,舍不得穿,什么都给你们好的,起早贪黑地干活都是为了你们,为了这个家。"但在女儿看来,妈妈不爱她,妈妈做的一切都是为了自己的面子——强迫茉莉学习,不让茉莉读中文系,即使茉莉取得了好成绩,妈妈也不会表扬她,而是告诫她不要太得意。长期的压抑,茉莉的精神状态出现了问题。看似乖巧的她,私底下会撒谎、会偷东西,还有自虐倾向。每当茉莉考砸的时候,她都会在自己的手腕上留下伤痕,期待妈妈能发现她的不对劲然后跟她道歉。但是,直到临死前,她也没有等到道歉,也没有感受到妈妈的爱。"反正也没人爱我,可悲又没人爱的林茉莉,再见。"

其实,绝大部分父母都会像林妈妈一样深爱着自己的孩子,但如果父母选择了错误的方式,对孩子的"爱"用力过猛,就只会让你和孩子越走越远。不要以爱为名,把自己和孩子困在"成绩至上"的牢笼里。本剧导演陈慧翎在接受采访的时候,也谈到了这一点:如果今天,一个女性成为一个母亲之后,她就有了牺牲奉献的心情,她很容易就变成,会对家人尤其是孩子做出情感勒索的那个人——我为你牺牲了这么多,为什么你不能回报我?

看完这个故事,我想人们都会陷入深思:一个人长大之后,会变成什么样的人?这个问题没有标准答案。最重要的在于父母有没有观察人的能力,即有没有看到孩子的本质。在中国传统的家庭观念中,父母习惯于发号施令,孩子只能服从。很少有人会把孩子当成一个独立的个体,更不会重视孩子的想法和意愿。

这部剧的题目其实来自纪伯伦的一首诗《论孩子》：

> 你的孩子，其实不是你的孩子，
> 他们是生命对于自身渴望而诞生的孩子。
> 他们通过你来到这世界，却非因你而来，
> 他们在你身边，却并不属于你。
> 你可以给予他们的是你的爱，却不是你的想法，
> 因为他们自己有自己的思想。
> 你可以庇护的是他们的身体，却不是他们的灵魂，
> 因为他们的灵魂属于明天，
> 属于你做梦也无法达到的明天。
> 你要向他们学习，而不是使他们像你，
> 因为生命不会后退，
> 也不会在昨日流连。

第四节　生育的危机与拯救之道

亲子文化是由三个部分构成的，即生、养、教。前面我们花了较大篇幅讨论"养"与"教"的内容，现在需要关注的是"生"的环节。这个环节之所以重要，是因为没有"生"，也就无所谓"养"和"教"。更重要的是，我们正无可避免地面临着生育危机。这种危机在各个国家和地区的分布很不平衡。一些国家和地区，譬如日本与欧洲发达国家，已经处于深度甚至是极度危机之中，并且呈现出不可逆转的大趋势。对这些国家和地区来说，如果不能有效解决生育危机，讨论其他危机或者未来就变得毫无意义。

我们还是从好莱坞的一部末世题材的科幻电影——《人类之子》谈起，有时候虚构更加有助于我们来理解现实。

日本厚生劳动省 2017 年公布的人口动态统计数据估算值显示，当年日本新出生人口数将仅为 94.1 万人，创下 1899 年有统计数据以来的最低值。同时，当年新婚情侣数为 60.7 万对，也创第二次世界大战后新低。时任日本国立社会保障与人口问题研究所人口动向研究部长的石井太说，新生儿数量再创新低的主要原因在于，人们认为抚养和教育子女费用和负担过高，因此无法按理想中的数量生育更多孩子。另外，年轻人对婚姻持不积极的态度也直接影响日本人口增长。日本明治安田生活福祉研究所同年 9 月发布的一项调查显示，25 岁至 34 岁的日本未婚者中，超过半数未曾有以结婚为目的的恋爱经历。如果按这样的惯性延续下去，日本人口将在 2053 年跌破 1 亿，到 2065 年，将降至

8808 万。

　　随着日本人口老龄化、少子化越来越严重，日本政府也开始"担忧"。因为这样的情况持续下去，会引发劳动力不足，国内生产力下降，政府税收不足，国民医疗保险、养老金等社会保障体制难以维持等诸多严重社会问题，日本国力逐渐下降是不可避免的事。这并非杞人忧天。2016 年，日本东北大学的研究推算，再过 1750 年，也就是公元 3766 年，日本的人口将缩减到只有 1 个人。也就是说，日本人"灭绝"进入倒计时。

　　同样的剧情将会在我国上演，或者说已经上演了。在"开放二孩"政策之前，中国实行了 30 多年的独生子女政策。"独生子女政策"在控制人口增长带来卓有成效的社会效益的同时，也导致了很多家庭问题，如溺爱问题、失独问题、空巢老人等。人类是社会化的高级群居生物，拥有同胞有利于孩子以后更好地适应社会。因此，独生子女政策向二孩政策的转变，可以优化家庭结构，增强家庭发展动力，传承家庭亲属文化，享受家庭成员间的温暖。但问题是，随着全面二孩政策的放开，生育率却仍然处于下降通道中。国家统计局发布的数据显示，我国 2017 年的出生人口比 2016 年减少了 63 万人，人口出生率比 2016 年下降了 0.52‰，仅为 12.43‰，这一数据比日本还低。我国人口自然增长率更是下降到了 5.32‰的惊人水平。有舆论认为，中国可能会陷入"低生育率陷阱"，由此引发的劳动力短缺、未富先老、大国空巢等问题将十分不利于中国长期发展。

　　为什么会发生这种状况呢？按理说，繁衍后代是人类与生俱来的本能。不难理解，根据以往经验，各种文明都有各种保障和有利于繁衍后代的文化和机制。一些基于宗教之上的文明都有这样的明文规定，例如不可离婚、不可流产、不可绝育等。根据教义，人类本身并没有终结上帝所赋予的延续生命的权利。尽管中国属于世俗文明，但也有"不孝有三，无后为大"这样一种基于儒家思想的社会规范，并且这些规范性要求隐藏于深层文化意识中，数千年来一直深深地植根于人们的观念里面。和其他文明一样，我国也发展出了各种社会的和文化的制度安排，来保障生育和家族再生产的继续。

　　郑永年曾在《人类的生育（再生产）危机》一文中指出："今天，人类无疑面临着无穷的危机，危机之多使得人们对未来充满着越来越大的不确定感。不过，在各种危机之中，最严峻的莫过于人类本身的再生产危机，也就是生育危机。一些国家和地区已经处于深度甚至是极度危机之中，并且呈现出不可扭转的大趋势。对这些国家和地区来说，如果不能有效解决生育危机，讨论其他危机或者未来就变得毫无意义。"①

那么，我们对生育前景是不是就一定是悲观呢？其实不必太过悲观。生育是一种具有外部性的人类行为，在人口爆炸阶段，生育的负外部性可能更多一些，而在人口塌陷阶段，生育的正外部性又更多一些。在人口塌陷时期，经济的均衡无法单独实现，而是需要实现经济与人口的一般均衡。也就是说，经济均衡不仅包含市场均衡，也包括市场行为与非市场行为的均衡，即市场与家庭的均衡。这种均衡可能是多重均衡，它取决于局中人的选择行为。在人口和经济演化的一定阶段，人们可能重新形成共识，建立新的激励结构，进而防止经济陷入长期停滞和社会衰败。因此，虽然个别国家和社会可能暂时陷入人口和经济衰退的陷阱，但从人类整体来看，我们不必担心掉进低生育陷阱无法自拔。

在亲子文化的重塑中，政策的调整是一个至关重要的环节。中共十九大报告提出，要促进生育政策和相关经济社会政策配套衔接，加强人口发展战略研究。积极应对人口老龄化，构建养老、孝老、敬老政策体系和社会环境，推进医养结合，加快老龄事业和产业发展。杨成钢认为，生育政策不要计较微观层面上的不平衡，不要计较某一个家庭是生一个还是生三个，人口政策调节的是宏观上的人口状态和发展趋势，需要以微观上的不平衡换取宏观上的平衡。②

亲子文化的重塑需要全社会的动员，尽可能建立起一个高效的机制。首先，要尽快完善妇女的生育保护、劳动保护、就业保护以及婴幼儿抚育的相关制度和政策机制，尽可能消除职场女性生育后顾之忧。中国女性的劳动参与率很高，这会推迟她们的结婚年龄和初育年龄。其次是产业的动员（不仅是婴童产业）。现在生育和抚养孩子的成本比较高，给年轻人造成了很大的经济压力，成为影响出生人口下降的重要因素。在亲子文化中，产业的作用不只是提供高质量的物质产品，更重要的是还要提供尽可能完善的服务产品，以节约年轻父母的时间，减轻他们的后顾之忧。再次，教育资源的保障。优质幼儿园、小学的供给比较短缺，婴幼儿的抚育制度供给不足，生育期妇女的权益保障也不够到位，职业女性很难兼顾家庭和工作。当这些条件都得到充分满足时，我们才能建立一个健全的亲子文化体系。

---

① 郑永年.人类的生育（再生产）危机［EB/OL］.（2019-08-27）［2020-01-23］. https://user. guancha. cn/main/content? id＝164730&s＝fwzwyzzwzbt.

② 低生育率关口［EB/OL］.（2018-02-23）［2020-01-23］. https://www. sohu. com/a/220676155_115124.

第五节 本书各章安排

第一章为亲子文化概述。

通过对文化的概念的综述,指出文化就是人化,文化的超越性质决定了文化再生产不可能只是文化的简单复制,而是一种文化更新的过程,相对于自然生命,文化生命最根本的特点,就是它的自我创造性,也就是说,文化生命有自我超越、自我生产、自我参照、自我批判和自我创造的特征。本章指出,作为教养的亲子文化是"亲子关系"的觉醒,是儿童健康人格的养成。正是亲子文化所塑造的儿童发展的目标人格,即做一个顶天立地的人,承担人之为人的责任。"孝、弟、慈"是中华亲子文化的核心内涵。罗近溪把"孝、弟、慈"归结为赤子之心、良知良能和人之明德的表现,并且是儒家修养功夫的具体内涵和根本要求。罗近溪的"孝、弟、慈"用哈贝马斯的理论来表述就是"爱、自由和教育"。这是东西方文化在亲子文化层面的暗合与相通。父母是儿童的第一任老师,这是父母的天职,因此对父母实施的教育,被称为"亲职教育",其目的是改变或加强父母的教育观念,使父母获得抚养、教育子女的知识和技能。本书认为,亲职教育是亲子文化核心内涵"孝、弟、慈"的具体体现,同时也是亲子文化的着力点。

第二章为亲子文化的形成与影响机制。

亲子文化的特殊性在于,它与一个家庭、一个家族、一个社区,乃至一个国家的发展息息相关,代表着代际传承与未来发展。在亲子文化上既有差异,也有传承。我们尝试在本章中探讨亲子文化的生长环境、影响因素,并将哲学、心理学、社会学的基础理论和方法学进行综合作为亲子文化方法的核心。描述出中国当前涉及家庭、社区、经济、科技的文化现象,尝试解答很多人关于亲子相处与发展的困惑。最后总结出社会政策的影响和亲子文化教养的未来发展方向。

本章希望能够站在文化层面,针对目前的亲子发展和亲子技术问题,建立一个新的理论框架,以描述我们当前所面对的亲子文化、亲子文化的具体内容以及亲子文化是如何影响我们的生活的。

第三章为中国式家庭的亲子文化与伦理重塑。

当前,要打破家庭亲子伦理关系面临的道德困境,需要构建起与现代社会发展相适应的新型家庭亲子伦理体系。这种伦理体系的构建,既需要根植于中国传统文化的土壤,也需要直面变化着的社会现实。本章的基本观点是:中国式家庭伦理的重塑,需要引入"界限伦理"的理论依据,即要廓清家庭内部的"边界",增强"边界意识",构建中国式家庭"界限伦理"的伦理基础。个体作为行为主体的存在,就意味着边界的存在。在亲子关系之中,无论亲代和子代都是独立存在的个体,他们都具有自身合理的边界,界限伦理正是在这样的基础之上提出的。

亲子教育的界限伦理廓清了家庭内部的"边界意识",预留了亲代与子代之间各自独立的清晰边界,与传统的父母亲代包办一切的关怀伦理、仁爱伦理存在着明显的差异。当然,作为构建新型亲子关系的伦理依据,界限伦理自身也需要建立在以上几个基本价值原则的基础之上。首先是自主原则,即应当认可和尊重个人的主体存在,认可并尊重主体的自由意志和自我决定能力。其次是爱的原则,即家庭是以爱为本质的、直接的、亲密的伦理实体。在家庭内部,爱的伦理价值就在于它是连接家庭成员目标统一、情感共融、体验共享的桥梁和纽带。再次是关怀原则。最后是责任原则,父母是孩子的第一任老师,是孩子成长过程中教育与营养的提供者,也是向孩子施以仁爱的行为主体,在亲子关系内部,亲代具有义不容辞的责任。

传播独立自由精神的新文化运动和五四运动消解了传统大家庭的亲子文化,工业化发展和现代化理论则彻底瓦解了传统大家庭的结构。现代家庭共同体以工业化、城市化为基础,在市场经济环境下,从婚姻制度、家庭结构、家庭关系、家庭功能、家庭伦理五方面被重构,尤其需要指出的是,家庭伦理关系从以亲子关系为轴心转变为以夫妻关系为轴心;传统大家庭庞大的亲属网络被弱化。现代家庭共同体对传统大家庭的替代最为显著的一点就是家庭功能的变化。在小农经济主导的社会,传统家庭既有"生产单位"的角色,又带有"消费单位"的功能;同时传统大家庭还承担着一些社会职能,如承担子女的家庭教育,担负大家庭中长辈的养老责任,大家庭手工作坊的技艺传承,等等。然而,这些传统大家庭的家庭功能在现代,已经部分或全部转变为政府和社会的职能。

与传统大家庭相比,现代家庭共同体在重塑家庭伦理上面临传统与现代的碰撞、个体与社会的冲突、城市和乡村亲子伦理的摩擦、代际亲子伦理矛盾等困境,解决这些问题需要中国式家庭伦理廓清"边界意识",构建"界限伦理"。

第四章为边缘儿童的关怀。

在重点描述典型的中国式家庭与亲子文化之外,我们也不能忽视儿童群体中的边缘化人群。广义而言,边缘儿童是指生活环境、生理特征、行为方式、价值观等方面与主流群体有所差别,并且所受的关注较少或者不被社会接纳和认可的儿童群体。本章将针对留守儿童、单亲儿童、残疾儿童、被领养儿童这四类边缘儿童的亲子关怀问题,从以下三个方面展开讨论。

（1）概括性描述当代中国边缘儿童及其家庭亲子关系的情况。

（2）对边缘儿童及其家庭亲子互动、亲子教育、亲子关系构建和维护中产生的问题及其成因进行探讨。

（3）对边缘儿童的关怀和救助进行分析，重点探讨如何构建和维护良好的亲子关系。

第五章为亲子关系与亲子教育。

亲子教育是以家庭教育为平台，以社区（社会）和专业幼儿园（含相关的学前教育机构）为依托，实行家园整合模式，以提高人的素质、搞好学前教育为目标的教育。我国每年约有 2000 万名新生儿，0～6 岁婴幼儿约有 1.2 亿人，无论从哪个角度来说，儿童的健康成长，都关系到家庭的幸福、国家的富强、社会的未来。良好的亲子教育必须依托孩子们所处的社会环境的配合，只有在社会与家庭的共同促进下，亲子教育才会朝着良性的方向发展。从亲子教育的家长素质环境上来看，家长的素质还有待进一步提高，这对于改善亲子教育的亲子关系和家庭环境非常重要。家长需要补上"爱"的教育这一课，在实践中，许多家长并不能真正懂得和做到对孩子的理解、信任和欣赏。家长对孩子的"爱"里面隐藏了较多的功利性，需要"去功利化"。从亲子教育行业的发展来看，具有市场化特点的亲子教育机构所存在的问题，也是影响亲子教育的环境因素。据相关报道，由于亲子教育机构内外管理体系的不健全，产生的问题层出不穷。

重塑现代亲子教育理念，至少要使亲子教育具备两个最基本的特征：一是符合孩子教育规律和成长规律；二是所取得的教学成果应具有广泛公认度，教育方法具有广泛的适应度和可操作度。在这当中应当做到：①正确处理孩子的成长与成才的关系，从教育规律来讲，亲子教育的宗旨应该是使孩子将来做到成人与成才的统一；②正确处理技术与育人的关系，一些家长往往忽视孩子的心理发育，精神成长方面重视不够；③正确处理知识传授与创新能力培养的关系。在亲子教育和教学设计上，目前比较注重对孩子的知识传授，注重知识传授的完整性、系统性，把孩子视为被动接受知识的客体，却忽视对孩子创新能力的培养，忽视了对孩子的质疑、批判、思辨能力的培养。重塑亲子教育理念，需要在认真处理这些关系的基础上，不断创新认识理念，结合中西文化、教育的各自特点来重新设计、规划、创造、创新亲子教育体系。

第六章为亲子消费。

亲子消费，泛指以孩子生、养、教为目的的一切消费活动，不仅包括日常的儿童食品、服装和玩具等必需品，还包括儿童教育、影视娱乐、亲子游等延伸产品。2018 年，我国亲子行业市场规模突破 3 万亿元，已经成为重要的消费产业。

由于人们越来越倾向于通过特定消费来实现个体的自我认同,消费具有了超越产品本身的重要社会学意义。社会正在从以生产为基础的工业社会向以消费为基础的个性化社会过渡,亲子消费开始塑造亲子文化。专门针对儿童的营销研究部门被建立起来,孩子成了"最完美的消费者",成为众多商家追逐的目标。商家销售策略的焦点是突破家庭的保护,让孩子们可以在购物场景中直接与家长进行谈判以获得购买的权利,导致亲子购物更加注重多样化体验和娱乐化发展。它混淆了购物与亲子互动的边界,并鼓励孩子与父母因冲动购买而达成一致行动。由于购物已经成为整个家庭能够目标一致地进行共同行动的主要活动之一,因此,商家通过用具有休闲感和富有表现力的场景来装饰购物活动,让消费也"亲子活动化"。

由于多种原因,我国亲子消费的文化特征具有父母消费态度矛盾,亲子消费普遍不信任、不自信,营销至上,缺乏关怀等特点,需要在新时代新环境中通过商家、家庭与社会广泛的协同来予以改进。

第七章为现代科学技术视野下的亲子文化。

20世纪是科学技术空前辉煌和科学理性充分发展的时代,人类创造了空前的科学成就和巨大的物质财富。现代科学技术本身及其对整个社会的影响,改变了亲子教育的内容、方式,改变了家庭人际关系模式,改变了亲辈对子辈的教育路径规划,改变了代际知识传递方向,改变了亲子陪伴的方式和质量,甚至改变了家庭结构和人伦观念。

在当代,科学素质特别是"基本科学素养"所要求的素质成为亲子教育的重要内容。特别是要避免功利主义倾向而应该注重孩子的全面和自主发展。这需要全社会的共同努力。首先,是要推广通识教育;其次,要全社会总动员,以加强科普投入;此外,还要加强亲职教育,对家庭成员进行合理培训,提升家长对培养青少年科学素质的重视程度,掌握培养科学素质的方法。在当代,互联网时代的亲子关系与文化哺育也是值得关注的主题。首先,年轻一代正成为使用互联网技术的一支主力军,但目前他们上网的目的主要是游戏、看电影电视动漫等娱乐节目、聊天,利用网络从事学习活动的效率和能力均远远不足;其次,互联网正在改变家庭人际关系模式;再次,"互联网+"教育改变学习方式和亲代对子代的教育路径规划;最后,互联网改变亲子互动方式,使得亲子关系平等化,子代主体性加强。这些特点使得互联网时代的"文化反哺"成为一种普遍现象,包括知识技能、交流方式、消费方式、语言习惯等诸多"反哺"现象都已出现。防范和应对青少年网络沉迷也成为一个自然而然的主题。

当前,人工智能也对亲子关系产生了重大影响。人工智能在家庭中的运用包括:智能家电、智能保姆、智能学习机器人,等等。人工智能具有节约体力、脑力和时间,有利于定制化、信息化、系统化地进行家庭教育等优点;同时也对家庭带来了削弱人的本质能力、侵犯人类隐私,引发算法偏见和信息控制等诸多问题,甚至在相当程度上会影响亲子教育的方向。另外,现代生物技术也可能改变家庭结构和人伦观念,包括生殖干预、生活干预等多种技术,这些都值得我们重视并思考合理利用之策。

第八章为亲子文化的大规模调研报告。

为了解我国亲子文化的现状和特征,我们进行了一次深度调研。本次调研主要采用非概率抽样中的偶遇抽样、滚雪球抽样和配额抽样。问卷发放方式包括纸质问卷与网络问卷,共发放 1800 份问卷,回收问卷 1772 份,其中有效问卷 1758 份;问卷回收率 98.49%,有效率为 99.21%。问卷共计 52 道问题,由六大部分组成:个人基本情况、亲子教育、亲子关系、"二孩"态度、"子"代问题调查、家庭现状满意度评价。本次调查结论如下。

(1)亲子态度:在亲子态度分析中,绝大多数的被调查者都肯定了亲子教育的重要性,认为影响亲子关系的因素主要为陪伴教育方式。在培养方向上,家长认为孩子现在最需要发展提升的能力主要是思想意识发展、人格发展和认知发展。家长年龄越大,越重视孩子的体格发展和思想意识发展;年龄越小,越重视孩子的认知发展和语言发展。

(2)生育二孩预期:在"二孩"问题方面,在没有"二孩"的情况下,"不愿意生""愿意生"和"不确定"的人数呈递减趋势;而生育"二孩"的阻碍因素主要有经济因素和年龄因素;生育"二孩"的促进因素包括儿女双全,培养分享意识,为老大增加弟弟妹妹等。生育孩子最大的经济压力来源于教育费用和生活开支。

(3)亲子行为:在亲子行为分析中,对孩子心理状态的受关注程度较高;在非工作日,家长陪伴孩子的时间为半天左右,其中,平时陪伴孩子时间最多的是妈妈。在鼓励行为上,家长主要用口头表扬的方法鼓励孩子。除此之外,不少家长存在溺爱孩子的情况。

(4)亲子关系的性别差异:女性陪伴孩子的时间更多而且更关心孩子的心理状态和孩子的偏好,因此,孩子的苦恼也更倾向于向妈妈倾诉;除此之外,男性对自己的亲子教育方式的满意度更高,认为自己家庭关系融合的比例也更高。

(5)学历差异:首先,学历越高,陪伴孩子的时间越长;孩子更喜欢高学历的爸爸和低学历的妈妈;孩子更喜欢陪伴在身边的那个人。其次,学历越高的家长对孩子的心理状态关注程度越高,也越了解孩子的喜好,因此,高学历家长接受孩子倾诉的比例更高。

（6）亲子区域差异：首先，住在一线城市的家长陪伴孩子的时间更长；其次，一线城市的家长对孩子喜好非常了解的比例更高，因此，一线城市孩子向父母经常倾诉苦恼的比例更高，并随区域变化呈递减趋势；最后，居住城市的等级越高，家长对亲子教育的满意程度越高，并且一线城市的家长更加认为自己在亲子教育中获得了成长。

第一章　亲子文化概述

第一节　文化的概念

一、作为教养的文化：文化的古典概念

"文化"一词源自拉丁语 cultura，这个概念存在于近代的许多欧洲语言中。它首先指培养或照料某些东西，诸如作物或牲口。从 16 世纪早期起，这个词的含义从畜牧等领域扩展到人类社会，从培养作物扩张到培养心灵。

到 19 世纪早期，"文化"一词被用作"文明"的同义词或者在某些情况下作为对照。

"文明"一词源于拉丁语 civilis，指公民或属于公民的意思。最初在 18 世纪末，"文明"被用于法语和英语中，以描述人类社会的发展进程，一种走向精致和秩序、脱离野蛮和蛮荒的状态。

在法语和英语中，"文化"与"文明"两词的使用是交叉重叠的，两者都用于描述人变得有"教养"或"文明化"的状态。可是，在德文中，这两个词常常是对照的，文明（zivilisation）带有贬义，文化（kultur）带有褒义。

二、文化的人类学概念

19 世纪后期，文化概念跟新兴人类学相结合。人类学，或者至少人类学的重要一支，是对文化的比较研究。汤普森将人类学中的文化概念简单地划分为两种基本用法，即"描述性概念"和"象征性概念。"

（一）文化的描述性概念

文化的描述性概念可以回溯到 19 世纪文化史学家的著作，他们关心欧洲之外社会的人种学描述，其中最重要的著作是牛津大学人类学教授爱德华·伯

内特·泰勒(Edward Burnet Tylor)1871年出版的《原始文化》两卷集。在英文语境中,"文化"与"文明"的对照并不像在德语中那么显著。泰勒交互地使用这两个词,在《原始文化》一开始就提出了一个经典定义:"文化或文明,从它的人种学广义来看,是一个复杂的整体,它包括知识、信仰、艺术、道德、法律、风俗,以及人类作为社会一分子所具有的任何其他能力与习惯。人类多个社会中的文化状况就其能被按一般原则加以调研而言,是研究人类思想与行动的规律的适当主题。"①

泰勒的定义包罗了文化的描述性概念的主要成分。根据泰勒的说明,文化研究的任务之一是把这些整体分解为它们的组成部分并系统地加以分类和比较。这些设想将文化视作一种系统的科学探讨对象;它们产生了我们可以描述为文化概念的科学化。泰勒认为,文化研究除了分析、分类与比较以外,还在于设法重构人类的发展,以着眼于再现从蛮荒走向文明生活的步子。

从马林诺夫斯基(Malinowski)在20世纪30年代和40年代发表的作品可以看出,他是支持"科学的文化理论"并赞同一定意义上的演进观的,但是,他主要关注的是发展一项功能主义的文化观,文化现象在其中可以根据满足人类需要的情况来加以分析。他观察到人类在两个方面的不同。首先,他们在身体结构和生理特点上不同,研究这些不同是自然人类学的任务。其次,他们在"社会遗产"或文化上不同,这些不同则是文化人类学所关心的问题。文化研究必须设法把这种社会遗产分解为它的组成成分,使这些要素相互联系,与人类整体的需求相联系。马林诺夫斯基认为,观察文化现象的功能,观察它们满足人类需求的方式,应先于系统地阐述社会发展阶段和进化纲要。②

约翰·汤普森(John Thompson)将泰勒和马林诺夫斯基的理论都归于文化的"描述性概念",这种概念可以总结如下:一个群体的或社会的文化是人们作为该群体或社会成员所具有的一批信仰、习俗、思想和价值观,以及物质制品、物品和工具;文化研究包括对这些现象的科学分析、分类和比较。

(二)文化的象征性概念

长期以来,人们一直认为使用象征是人类生活的一个显著特点,非人类的动物也能发出不同种类的信号并做出呼应,但只有人类才被认为有充分发展的语言,并以此构建和交换有意义的语言表达,而且对非语言构造(如行动、艺术

---

① [英]约翰·B.汤普森. 意识形态与现代文化[M]. 高铦,等译. 南京:译林出版社,2005:141,143-144,146.

② [英]约翰·B.汤普森. 意识形态与现代文化[M]. 高铦,等译. 南京:译林出版社,2005:143.

等多种物质)赋予意义。①

在人类学的背景内,这种思考采取的形式即文化的"象征性概念"。其代表性人物及作品是 20 世纪 40 年代的莱斯利·A.怀特(Leslie A. White)以及他的作品《文化的科学》。怀特认为"文化"是一个独特系列现象的名称,这些事物取决于脑力的运作,是人类所特有的,被称之为"象征化"。② 美国人类学家克利福德·格尔茨(Clifford Geertz)的《文化的解释》是关于文化象征概念的代表作,虽然格尔茨把他的文化概念描述为"符号的"而不是"象征性的",但是名称上的这种差异在这里并不重要,因为格尔茨首要关心的是意义、象征性和解释的问题。"马克斯·韦伯提出,人是困在由他自己所编织的意义之网中的动物,我本人也持相同的观点。于是,我以为所谓文化就是这样一些由人自己编织的意义之网,因此,对文化的分析不是一种寻求规律的实验科学,而是一种探求意义的解释科学。"③

在格尔茨看来,所谓文化分析——那就是人类学家的人种史著作——是对一个被组成这个世界的人们已经不断描述和解释的世界进行解释之解释以及二次说明。

三、作为象征性实践的文化:文化再生产

法国著名社会学家皮埃尔·布尔迪厄(Pierre Bourdieu)在研究当代社会的过程中,始终非常重视当代社会生活中的实际结构及其运作逻辑。历经 400 年左右发展起来的近现代资本主义社会,到 20 世纪 60 年代终于到达了一个重要的历史转折点。尤尔根·哈贝马斯(Jürgen Habermas)称之为"晚期资本主义社会",利奥塔(Lyotard)称之为"后现代社会",丹尼尔·贝尔(Daniel Bell)称之为"后工业社会",让·鲍德里亚(Jean Baudrillard)更称之为"消费社会"。其共同点,就是强调文化再生产已经在整个社会实践中,提升到一个决定性的地位,以至"人们可以说,当代社会以文化实践及其不断再生产作为整个社会的基本运作动力"。布尔迪厄社会理论的重要贡献,就在于灵活地从人类学、民族学和社会学的整合视野,提出了一个崭新的文化实践及其再生产理论,以此来揭示当代社会的基本特征。④

---

① [英]约翰·B.汤普森.意识形态与现代文化[M].高铦,等译.南京:译林出版社,2005:144.

② [英]约翰·B.汤普森.意识形态与现代文化[M].高铦,等译.南京:译林出版社,2005:146.

③ [美]克利福德·格尔茨.文化的解释[M].韩莉,译.南京:译林出版社,2002:5.

④ 高宣扬.布迪厄的社会理论[M].上海:同济大学出版社,2004:14.

　　文化的超越性质决定了文化再生产不可能只是文化的简单复制,而是一种文化更新的过程。本来,文化所固有的生命,一方面同自然生命保持密切的联系,另一方面又赋予它根本不同的特性。相对于自然生命,文化生命的最根本的特点,就是它的自我创造性。也就是说,文化生命有其自我超越、自我生产、自我参照、自我批判和自我创造的特征。文化生命的自我创造为其基本的表现形态,同时也是靠自我创造作为其存在的基本动力。①

　　布尔迪厄的另一个重要贡献在于更集中地研究文化再生产活动本身,而不是停留在已经产生的文化产品上。以往人类学研究文化的传统往往只看到文化作为一种"产物"("产品")的性质,在这方面,英国人类学家泰勒所做的文化研究表现得尤为突出,其出发点就是观察和搜集可以通过感官感受到和体验到的文化实物或多种已经制度化和组织化的社会文化产品。这些已经"物化"、"形式化"或"制度化"的文化,在某种意义上讲,是一种"死"的精神的化身。布尔迪厄认为,文化研究的重点在于研究作为文化发展动力的人类精神本身的运作过程,研究其创作中的活生生的实际转化过程。

第二节　亲子文化的概念

一、亲子文化的定义

　　作为教养的亲子文化,是"亲子关系"的觉醒,是儿童健康人格的养成,亲子文化的目的是主体人格的发生。

　　在现代语言学和结构主义人类学的启迪下,雅克·拉康(Jacques Lacan)将弗洛伊德开创的精神分析推进到了一个新的深度。借助象征的原始作用,拉康重新思考和阐释了主体的本质。

　　主体并非先天生成的,而是后天形成的,在人的成长过程中,也就是说在人的文化/异化过程中,俄狄浦斯情结及其克服是一个至关重要的事件。与弗洛伊德一样,拉康也非常重视俄狄浦斯情结,但是在弗洛伊德看来,自我的形成开始于俄狄浦斯阶段,因此俄狄浦斯情结的克服是人遭遇的第一次异化。但是拉康在深入研究后发现,自我意识的萌芽远在俄狄浦斯阶段之前就已经开始了,俄狄浦斯情结的克服不是主体异化/文化的开始,而是其完成;它是主体遭遇的第二次异化,而第一次异化是发生在镜子阶段的镜像认同,俄狄浦斯情结的重要性不仅在于它克服了对母亲的欲望,同时也在于主体从此步入了象征秩序,

---

　　① 高宣扬.布迪厄的社会理论[M].上海:同济大学出版社,2004:30.

在社会的无边网络中占据了自己的一席之地，也就是说，从此以语言且在语言中实现了自我的人格，获得了主体性。①

我们认为真正的主体人格，并不在此止步，这种对外在规则的认同，只是一种"社会的自我"，尚未达到"精神的自我"的反思层面。

刘锡光认为，"主体的诞生必定会伴随着他的自我意识"②。

那么自我意识是如何进行的呢？在迄今为止的哲学家、社会学家和心理学家眼里，自我意识是通过反思来进行的。

从历史上看，内省或者反省是反思的最直接方式。内省的特点是，要求我们把注意力从外表收回来，关注自己内心的活动。"吾日三省吾身"（《论语·学而》），说的就是对自己行为与内心的反省。在印度，内省甚至成为一种生活方式。自《奥义书》成形的时期（前800—前400年）以来，遁世独居的苦行与冥思默想就是印度教教徒的生活和实践中必不可少的组成部分。以前，人们只想知道世界是怎么回事，现在他们更想知道自己是怎么回事。知道自己比知道世界更难，因此，只有成熟的人类与个体才能做到。③

内省的工夫构成东方智慧最为核心的对于人类知识的贡献。宋代儒学家朱熹就有"半日静坐，半日读书"的训语，明代的王阳明及其后学更是把"工夫"上升为"本体"的地位。"默坐澄心"俨然成为王学后三变的一个重要环节。④并因此在王门后学"两溪"即王龙溪和罗近溪那里获得重要的生命观的突破，贯通了道家和佛学的智慧，对文化生命有了一个更明晰的觉悟。

不过，经验论哲学家大卫·休谟（David Hume）认为，自我是不可内省的。休谟的怀疑是有道理的，在意识之流中，每个知觉都像水滴一样流动，水中的一切都是透明的，我们无论怎样努力反省都无法找出一个不透明的"自我"实体。⑤

美国著名的哲学家和心理学家威廉·詹姆斯（William James）也赞同休谟的前提，但是他不同意休谟的结论，认为通过内省来进行自我意识依然是可能的。在《心理学原理》中，他的做法是把自我区分为两个维度，即"自己觉知的主体自我（即 I）"和"外界所知的客体自我（即 me）"。休谟的问题在于他没有做这样的区分，把"主我"与"客我"混为一谈。⑥

接着，詹姆斯便把自我分为三类：物质的自我、社会的自我和精神的自我。

---

①　马元龙. 雅克·拉康：语言维度中的精神分析[M]. 北京：东方出版社，2006：49.
②　刘锡光. 主体的发生[M]. 杭州：浙江大学出版社，2014：163.
③　刘锡光. 主体的发生[M]. 杭州：浙江大学出版社，2014：166.
④　蔡仁厚. 王阳明哲学[M]. 北京：九州出版社，2013：11.
⑤　刘锡光. 主体的发生[M]. 杭州：浙江大学出版社，2014：166.
⑥　刘锡光. 主体的发生[M]. 杭州：浙江大学出版社，2014：166.

　　从"物质的自我"与"社会的自我"看,其反思方式显然不是内省的,而是需要一个中介,对"物质的自我"的反思是通过物主代词"我的"来进行的;这里的中介就是我的所有物,如"我的家""我的地""我的房"等。对"社会的自我"的反思在社会中通常是以角色扮演的方式进行的。在这里,反思的中介是他人,你和他人的关系就以角色来表现,面对妻子,你就是丈夫,面对父母,你就是孩子,面对上司,你就是下属,等等。文化的社会为不同类型的社会关系建立了交往规范。亚里士多德认为,人是一种社会动物。人生活在与他人的关系中,在关系中表现出自我与非自我的不同本性,当一个人处于多种关系中时,自我就有了多种本质规定,其内涵也随之丰富。在特定关系中,自我的内涵发生变异,当马克思说"人的本质是一切社会关系的总和"时,他所表达的正是这层意思。扮演一种角色就是做出一整套与该角色相称的行为,从这个角度看,扮演一种角色可以改变一个人的行为方式。因为你必须按照别人对这个角色的期望来行动。美国心理学家菲利普·津巴多(Philip Zimbardo)做过一个实验,他在学校的地下室建立了一个模拟监狱,选择两组心理正常的大学生,用抛硬币的办法决定一组学生为"看守",另一组则充当"囚犯"。6天后,实验产生了有趣而又可怕的情形。他描述道:"大多数被试者确定成了'犯人'或'看守',再也分不清自我和所扮演的角色。……原有的价值瓦解了,自我概念面临挑战。人类本性中的病态的、最丑陋的、最恶劣的方面得到了暴露。我们之所以感到恐惧,是因为看到一些'看守'把另一些'犯人'当作十恶不赦的动物看待,以暴力和虐待为乐,而那些'犯人'变成十足的奴隶,成为失去人性的机器人,他们所想的只有逃跑、幸存及对'看守'的加倍痛恨。"①

　　如此看来,我们在社会生活中始终面临两难的选择,如果不能按别人对角色的期待去行事,就无法为人们所接受;如果不能把自己与所扮演的角色区分开来,就会丧失自己的价值原则,从而丧失自我。

　　在此,让我想起汉娜·阿伦特(Hannah Arendt)的名言——"平庸之恶"(the banality of evil)。

　　在参加了1961年的耶路撒冷审判,并且见到阿道夫·艾希曼(Adolf Eichmann)本人说着怪异的德国官方话之后,阿伦特断定,他是个肤浅的人,缺乏独立的责任感,完完全全地服从于那个彻头彻尾的平庸的社会。他的生命动力仅仅源于渴望在纳粹中得到升职。关键在于,他是"无思的",阿伦特用这个词形容他不是指粗心,而是指没有共通意识,或没有思考能力。②

---

　　① ［美］E.阿伦森.社会心理学入门［M］.郑日昌,张珠江,译.北京:群众出版社,1985:17.
　　② ［美］伊丽莎白·扬-布鲁尔.阿伦特为什么重要［M］.刘北成,刘小鸥,译.南京:译林出版社,2009:2.

因此，借用刘锡光的话说：对"精神的自我"的反思就变得至关重要。①

自我意识不仅形成身份的区分与认同，而且还进一步规范自己的外在行为和内在动机。外在规范是自我行为的准则、行动的依据，表现为法律、伦常等形式，也包括民族、共同体传统的生活方式和生活准则。内在规范是自我行为动机的依据，表现为良心等道德范畴，正视内在的规范，则属于对"精神的自我"的反思。

在康德看来，善良意志乃是主体之本性，具有普遍性和绝对性。人高于动物之处就在于人有着不可逆转的善的价值追求。人类之所以能走向统一和繁荣，就是因为在我们头上高悬着主体的绝对命令。按照启蒙的原则，人们自己的实践无法遵从外部法则，委身于偶然的意志，遵循"绝对命令"实际上就是遵循主体自身的善的本性。主体不仅要给自然"立法"，而且也给自己立法，或者说，人只遵循自己所制定的道德律令，这就是康德所谓的"意志自律"。

刘锡光认为，之所以会出现道德这样一种行为动机的规范，原因在于主体在对象化过程中形成了行为动机和行为本身的分离。动物行为的直接性使其行为的动机与效果保持直接的同一性。人则不同，动机与效果的分离恰恰是主体性的表现，具有普遍性，因而主体必须分别地规定行为的内在动机和外在准则。②

作为道德规定的"良心"等是指个人应意识到自己"应该"和"必须"这样去做，不要忘记自己的责任担当。丧失责任的人，即使他的行为没有构成犯罪，但在良心上已犯了罪，应受到良心的责备。而自觉担当责任的人格，正是亲子文化所塑造的儿童人格发展的目标人格，即堂堂正正地做一个顶天立地的人，承担起人之为人的责任，用王阳明的话说，则是"明明德于天下"。

二、亲子文化的核心内涵——孝、弟、慈

正如人类学家 M. F. Small 所说："人类婴儿出生时，它从神经学上讲是未完成的，因而无法协调肌肉的运动。……在某个意义上，人类婴孩的非孤立性达到了这种程度，以至它从生理和情感上讲只是'婴儿—抚养者'这个互绕联体（entwined dyad of infant and caregiver）的一部分。"③

人类婴儿与抚养者（在迄今为止的人类社会中，这个抚养者在绝大多数情况下是婴儿的父母）不是两个个体间的亲密关系，而首先是一个互绕联体。人类婴儿必须提前出生，他与母亲之间的肉体脐带虽然断了，但梅洛-庞蒂身体现

①　刘锡光. 主体的发生[M]. 杭州：浙江大学出版社，2014：166.
②　刘锡光. 主体的发生[M]. 杭州：浙江大学出版社，2014：166.
③　张祥龙. 家与孝：从中西间视野看[M]. 北京：生活·读书·新知三联书店，2017：96.

象学意义上的身体脐带还联系着母子乃至父子。正是由于这种亲子关系形成了人类家庭。从现实的生成顺序看,有夫妇才有亲子,但从人类学、哲学人类学或人类形成史的发生结构上看,有亲子才有夫妇。①

由于婴儿出生时脑部还未发育完全,所以出生之后的一段时间内,头颅像个气球一样快速扩张,最后头骨才能合拢。张祥龙认为,在某种意义上,婴儿与养育他的父母的内在关联,是长进了他的生命之中,而不只是一般的记忆关联。此现象或可称之为"后天的先天关联",因为婴儿出生后的"后天",在其他灵长类那里还是在母腹中的"先天"。②

婴儿出生时极度不成熟,意味着他的生命十分脆弱,因此,养活这样的生命要求父母完全投入,从带孩子开始,亲代就失去了"自己的"生活,而进入一种互绕联体的生活之中。婴儿的不独立就等于亲代的不独立。由此可见养育是亲代对子代的有意识的重大付出。

张祥龙认为,正是生养孩子的特殊困难逼迫人类发展出更深长的时间意识,以记住过去的知识、经历,有效地筹划将来、实施预想。于是,人类就懂得更精细地权衡,更长远地计划,由此而有伦理性和道德感,乃至美感和神圣感,他也就成为了一个完整的人。所以孔子讲"仁者人也,亲亲为大"(《中庸·第十九章》),儒家的全部学说的根,就扎在这使人成为人的"亲亲而仁民"的"仁"里。

孝,如这个汉字所显示的,意味着子代对于老去的亲代的照顾、尊重、怀念和继承。孝道,则指对这种孝行的自觉化、深刻化和信仰化。③

王阳明后学罗近溪把"孝、弟、慈"三原德归结为赤子之心、良知良能和人人之明德的表现,并且是儒家修养工夫的具体内涵和根本要求。他说:"夫孩提之爱亲是孝,孩提之敬兄是弟,未有学养子而嫁是慈。保赤子,又孩提爱敬之所自生者也。此个孝弟慈,原人人不虑而自知,人人不学而自能,亦天下万世人人不约而自同者也。今只以所自知者而为知,以所自能者而为能,则其为父子兄弟足法而人自法之,便叫做明明德于天下,又叫做人人亲其亲长其长而天下平也。此三件事从造化中流出,从母胎中带来,遍天遍地,亘古亘今。试看此时薄海内外,风俗气候,万万不齐,而家家户户谁不是以此三件事过日子也?只尧、舜、禹、汤、文、武,便皆晓得以此三件事修诸己人率乎人。以后却尽乱做,不晓得以此修己率人,故纵有所为,亦是小道;纵有治平,亦是小康。却不知天下原有此

---

① 张祥龙.家与孝:从中西间视野看[M].北京:生活·读书·新知三联书店,2017:97.
② 张祥龙.家与孝:从中西间视野看[M].北京:生活·读书·新知三联书店,2017:98.
③ 张祥龙.家与孝:从中西间视野看[M].北京:生活·读书·新知三联书店,2017:105.

三件大道理,而古先帝王原有此三件大学术也。"①

罗近溪将圣人之学的思想主旨概括为:"究其明明德于天下,原非他物,只是孝、弟、慈三者,感孚联属,浑融乎千万人为一人,贯通乎千万世为一世已尔。"可以讲罗近溪的孝、弟、慈"三原德"的揭示将中华儒家亲子文化提升到了圣学之明德的基本内涵的高度,并且通过对他自己走南闯北的生活阅历的总结,发现了孝、弟、慈的普适性。他说:"予叨仕进,自极北边陲,率海而南,历涉吴越闽广,直逾夜郎、金齿,其深山穷谷,岁时伏腊之所由为,未有一方一人而非孝、弟、慈、和以行乎其间者,则其习虽殊,而其德固未甚相远也。"②

中国人对于文化的理解,即是文治与教化,罗近溪认为孝、弟、慈是教化民众最基本的指导思想。他说:"今之为民上者,实见得此孝、弟、慈三事,是古今第一件大道理、第一件善缘、第一件大功德,在吾身可以报答天地父母生育之恩,在天下可以救活万物万民万世之命。现现成成,而不劳分毫做作,顺顺快快,而不费些子勉强;心心念念,言着也只是这个,行着也只是这个,久久守住也只是这个,则上之所好,下必有甚焉者矣。今日间阎,岂不可并于唐虞三代而无难也哉!"③

哈贝马斯在《公共领域的结构转型》中,指出:"用法律规范核心范畴加以检验的政治公共领域的自我理解,是以文学公共领域的机制意识为中介的。事实上,这两种形式的公共领域相互之间已经完全渗透到了一起,因而共同塑造了一种由私人组成的公众,他们因为拥有私人财产而享有的自律在市民家庭领域内部表现为爱、自由和教育,一言以蔽之,这种自律真正想将自己体现为人性。"④

罗近溪的孝、弟、慈用哈贝马斯的表述就是"爱、自由和教育",而这正是人之为人的自律,亦是亲子文化的核心内涵。真正自由的生命境界,必通过践履圣人之学,而圣人之道则在于尽人伦。

三、亲子文化的着力点——亲职教育

邱珍琬博士对"亲职教育"给出的定义是:对父母实施的教育,其目的是改变或加强父母的教育观念,使父母获得抚养、教育子女的知识和技能。围绕着亲职教育的主旨——教育下一代过更好、更有意义的生活,其内容也随着社会文化的发展不断更新补充,父母(包括准父母)除了需要学习并掌握孕、养、产等

---

① 方祖猷,梁一群.罗汝芳集[M].南京:凤凰出版社,2007:109.

② 方祖猷,梁一群.罗汝芳集[M].南京:凤凰出版社,2007:216.

③ 方祖猷,梁一群.罗汝芳集[M].南京:凤凰出版社,2007:152.

④ [德]哈贝马斯.公共领域的结构转型[M].曹卫东,译.学林出版社,1999:59.

医学遗传知识之外,也需要进一步了解孩子生理、智力、情绪等的发展情况、不同教育理论方式的科学利用、亲子间的有效沟通方式等,还需要知道如果孩子遭遇一些特殊事件或情况时,如何处理或者协助孩子渡过难关。①

我们认为亲职教育是作为亲子文化核心内涵"孝、弟、慈"的具体体现,同时也是亲子文化的着力点。

（一）亲职教育中的家庭功能

在亲职教育中,家庭所承担的角色以及发挥的作用应该服务于亲职教育,也应紧扣亲职教育的定义,具体应做到以下三点:①生理与生存的照顾;②物质与精神上的支持;③适当的约束与管教。家庭在功能发挥的过程中,并非简单地完成点状要素即可,而是要形成一套系统,成员之间能够进行良性沟通、情感承诺、成长导向、问题解决、系统导向、明确界限、传承价值等。此外,一个良好的家庭功能系统要具有相应的弹性空间,这个空间主要指的是成员之间沟通协调与解决问题能力的空间,每个成员拥有发挥自我、互动探讨的自由和权利。如果家庭能够将良好的功能有效地发挥出来,亲子关系必能更上一层楼。

1. 父母关系在家庭功能中的作用

人是群体性生物,而非一个个孤岛,这种属性突出了环境的重要性。父母的夫妻关系是孩子在成长过程中接触最多、时间最长的关系,更能够影响孩子的成长。

父母的亲密关系应该维持在一定的范围内,除了你中有我、我中有你之外,"你""我"同样重要,过于亲密或者过于疏远都不利于家庭功能在亲职教育中的有效发挥。如果父母之间的关系过于疏远或者说关系不良,那么就会影响孩子在成长过程中的心态,也将影响孩子与他人关系的建立乃至对婚姻的态度、对伴侣的选择;如果夫妻之间的关系太过紧密,一方对另一方产生过度依赖,双方承担的责任与义务严重失衡,家庭的互动不能够独立、健康运行,则会对孩子在价值观的培养上造成不良的影响。真正健康的父母关系应该是相互依存又相互独立的,共处和谐幸福,独处亦独立自在,父母关系的多样性如同生态系统的多样性一样具有稳定性。

2. 亲子关系在家庭功能中的作用

人生不可重来,同样成长也只有一次。研究表明0～6岁阶段,是儿童成长的黄金时期,是亲子关系、亲子教育风格的形成期,同时也是家庭教育的黄金期。在此阶段,亲子关系的模式直接影响孩子人格的形成,因而成为家庭功能中最重要的环节。

---

① 邱珍琬.亲职教育[M].台北:五南图书出版公司,2006.

父母在孩子的成长过程中,不仅仅是提供生理与生存的照顾以及物质上的支持,更重要的是精神上的引导,这才是孩子人格塑造过程中最重要的一部分。父母会在孩子的成长过程进行适当的约束和管教,但是这并不是绝对的,因为父母的知识和技能往往都具有局限性,一旦错误实施,将会限制孩子的正常发展乃至使孩子误入歧途。而健康的亲子关系是亲与子建立在相互平等的基础上,共同对话、相互成长的过程,这也是从小培养孩子独立人格、独立思考、主动学习成长、建立与处理人际关系的重要过程。

比如,父母在有了孩子之后,将过多的精力放在孩子身上,使孩子在成长过程中承受过多的关注和压力,不能够自由成长,容易养成不良的习惯,也会影响孩子潜能的挖掘;对于父母而言,心力交瘁,完全失去自由生活的乐趣,一旦孩子到了独立的年龄,父母就会陷入焦虑,不知如何安置自我,此时孩子也会承担对父母的一份忧虑。父母给予孩子的爱应该是无条件的,是父母的天然属性,但是无规矩不成方圆,这种爱的给予需要以相应的原则为前提进行实施,不抑制天性,不滋养恶习,不矫枉过正,简言之就是"无条件但有原则的爱",这才是健康的亲子关系。由此可见,健康的亲子关系是亲职教育中家庭功能发挥的基石。

3.手足关系在家庭功能中的作用

在亲职教育中家庭功能的体现上,另一个重要的关系就是手足关系。手足关系在中华文化的传统中源远流长,令人印象深刻的故事不计其数,也成为中华美德的重要组成部分。但是随着社会制度、社会系统的变化,"独生子女"政策曾弱化了这种关系,如今二孩政策的放开让手足关系又重新回到家庭功能之中。

顾名思义,手足关系即指兄弟姐妹之间的关系,这是孩子在家庭成长过程中建立亲密的同龄关系的重要方式。健康的手足关系应该是相互平等、相互关爱、相互分享、相互学习、相互协助的一种关系,作为家庭中父母关系、亲子关系的补充,丰富了家庭关系的多样性,为孩子的健康人格培养提供了更多的方式。

(二)亲职教育中的父母角色

父母角色在受精卵形成的那一刻已经开始,父母开始对胎儿进行教养,身份转变开启了夫妻双方对于自身角色和责任的认定。通过对学者针对"大学生期待的父母角色"的研究进行分析①,发现孩子期待的父母角色主要体现在以下几个方面。

1)父母角色多样性,主要体现在监护人、顾问、资源提供者以及朋友等;

---

① 邱珍琬.亲职教育[M].台北:五南图书出版公司,2006.

2)父母的教养方式不能一成不变,需要与时俱进、不断改善;

3)父母需要善于沟通、乐于表达,能够和孩子积极有效地沟通;

4)尊重孩子的私人空间,给予孩子相应的自由;

5)能够有适当的时间陪同孩子,做到尽职尽责、言而有信。

1.母亲角色定位

母亲女性的天然特性使其对孩子提供的爱相比父亲更加具体、更加温柔,除了在生活上提供无微不至的照顾,还能够维护孩子在情感和心理等方面的安全感,这些特性注定其在孩子的成长过程中更多地扮演知心朋友的角色。

但是,随着社会的发展,女性受教育程度越来越高,参与社会建设的程度也随之增加,在亲职教育中母亲的角色也随之发生变化。母亲在具备较高的文化水平的前提下再辅以女性的天然特性更有助于其发现孩子的天赋并进一步挖掘潜能;同时在孩子与母亲接触时间长的情况下,母亲的正向行为也会成为孩子做人做事的标杆。

2.父亲角色定位

由于历史发展的原因,传统文化中父亲的角色更多地被定位为养家与保护家庭的功能上,但是随着现代社会文化的发展,父亲功能有了新的定义。子女的养护不再仅仅是母亲的职责,父亲的主动参与也越来越多,这个过程除了能够分担母亲的养护工作之外,还能够增加父亲与孩子接触、互动的机会,增进父亲与孩子的感情,改善父子或父女关系。父母在孩子养护方面的共同参与也能改善失衡的亲子依恋情况,从而建立健康的亲子关系。

此外,父亲在与孩子的互动方面也与母亲的行为互补,与母亲温柔、细腻的特性不同,父亲在与孩子的互动上包含更多的探索、冒险、游戏等行为,同时父亲丰富的知识、较强的动手能力、深刻的理解判断力都会在潜移默化中对孩子形成影响,对于孩子全方位人格的形成发展具有重要作用。①

虽然在家庭中父母对孩子的教养扮演的角色有分工,但是这种分工也随着社会和文化的发展逐渐演变,双方的角色不断发生重组、交叉,随着孩子的成长不断调整、不断创造,从而形成互补的、均衡的、目标一致的父母角色关系,促进子女的健康成长。

3.亲子沟通

人是具有社会属性和社交属性的,当前社会经济中以 BAT 为首的大企业争相在社交领域占据一块领地,这种激烈的竞争直观地体现出社交属性的重要性。而社交是以核心家庭为出发点,然后随着能力的增加,范围开始拓展并逐

---

① 陈竞芳.家庭教育中父母角色定位探究[J].牡丹江教育学院学报,2008(2):93-94.

渐形成自己稳定的模式。原生家庭作为起点，其重要性不言而喻，而核心家庭中对孩子社交能力的培养最直接的方式就是亲子沟通。

亲子沟通指父母与子女通过信息、观点、情感或态度的交流，达到增进情感联系或解决问题等目的的过程。这个过程不仅可以锻炼孩子的表达能力、沟通能力、倾听能力、理解能力，还可以增进亲子间的关系，有效的沟通对于和谐亲子关系的构建具有重要的积极作用。

（1）亲子沟通基础——时间

在现代社会，工作占据了父母大部分的时间和精力，因而亲子沟通在大多数家庭里是空缺的，有研究表明近年来家长陪伴孩子的时间正在加速减少，即使下班回到家后也是各忙各的事情，与孩子沟通的时间微乎其微。这样的结果导致孩子与父母的沟通产生障碍，关系变得疏离，进而影响孩子面向家庭之外的表达、社交能力。

改变这样的现状需要家长对亲子沟通给予足够的重视，尽己所能地挤出时间和孩子相处、和孩子沟通交流。在有共处、沟通时间的基础上，"质"就显得格外重要，父母需要用心安排这些时间，比如锻炼孩子活动能力的爬山、传承知识和精神的阅读、放松身心的游戏，在这些活动中无形地将亲子沟通融入进去，潜移默化地培养孩子。

（2）亲子沟通的原则

沟通是一门艺术，亲子沟通同样也是，失败的亲子沟通只会造成孩子对家长的误解、家长对孩子的失望，最终导致亲子关系的疏离乃至在双方之间形成一条鸿沟。建立良性的亲子沟通十分重要，良性的亲子沟通并没有统一的规定，需要长久的培养并不断地根据实际情况进行改善。但是这种开放性的特性还要基于以下原则。

1）尊重：尊重是非暴力沟通的基础，每个人都是独特的，具备自己独特的个性及表达方式，孩子亦是如此。在家庭沟通中，父母不应该以统一的标准要求孩子，以免打击或是扼杀孩子养成独立人格的积极性，而应尊重孩子的行为及思想，尊重孩子的独立人格，从而尽可能地挖掘孩子的潜力，达成亲子沟通的良性成果。

2）平等：孩子与父母在亲子沟通过程中的关系应该是平等的。在以往的经验中，父母在表达，孩子的想法常常被扼杀在脑海中，但是孩子在自己的想法没有被听到之前，是不容易听建议的，因为孩子会认为父母完全不了解情况，这种情况下的建议是不具备说服力的。不要低估自己的孩子，很多情况下大人的惯性思维会产生理解误区，平等的交流不仅可以更好地解决问题，加强亲子情感联系，还可以锻炼孩子的表达能力、思维能力，增强孩子的自信心，培养孩子的独立人格。

3）接纳：接纳并不是说同意或是接受对方的看法或者意见，而是以一种开放、尊重的态度，不预设立场，能够允许对方有自己的观点，这样培养出来的孩子才是具有独立人格的孩子，当自己与社会的主流观点不同时，孩子能够求同存异，能够健康地多元化发展。

4）协助：父母相对于孩子而言，有更丰富的人生经验和更开阔的眼界，很多时候的亲子沟通是孩子寻求父母帮助、父母给予孩子指导的一个过程。在这个过程中，父母需要注意的是指导的方式，以学习导向为目标，鼓励孩子自我思考、自我解决问题，与此同时提供必要的协助，培养孩子解决问题的能力。

综上所述，亲职教育是亲子文化的一部分，也是亲子文化的重中之重，因为亲职教育是亲子文化践行的主要形式。科学、全面地落实亲职教育，建立和谐的父母关系、亲子关系、手足关系，结合有效的亲子沟通，才能建设健康的家庭。健康家庭作为亲子文化的起点，也自然而然地成为亲子文化建设的着力点。

第二章 亲子文化的形成与影响机制

亲子文化可以看作是对亲子关系、亲子养育、亲子教育乃至亲子消费等现象背后的文化统称。它与其他文化一样,是长期大范围群体的相似行动和互动过程中所积累下来的行为规范,并在潜移默化中影响着人们的行为。亲子文化的特殊性在于,它与一个家庭、一个家族、一个社区,乃至一个国家的发展息息相关,代表着代际传承与未来发展。在亲子文化中,我们可以找到信仰、制度、文明和民族复兴的原初基因。不同时期、不同地区,在亲子文化上既有差异,也有传承,我们尝试在本章探讨亲子文化的生长环境、触动因素,并将哲学、心理学、社会学的基础理论和方法学融合作为亲子文化研究的核心,描述出中国当前涉及家庭、社区、经济、科技的文化现象,尝试解答很多人关于亲子相处与发展的疑惑,最后总结出社会政策的影响和亲子文化教养的未来发展方向。

第一节 亲子文化的影响机制

本书希望能够站在文化层面,对目前的亲子发展和亲子技术问题,建立一个新的理论框架。图2-1描述了当今我们所面对的亲子文化,具体包括了它的主要内容,以及它是如何影响我们的生活的。

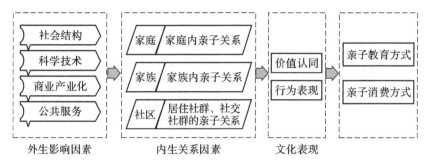

图 2-1　亲子文化及其影响机制①

一、亲子文化外生影响因素

首先,亲子文化拥有自己的外生影响因素,例如:社会结构、科学技术、商业产业化以及公共服务水平。不同时期、不同国家、不同地区,所面对的这些外生影响因素都有所不同。当我们去评论不同时期或者不同空间的亲子文化时,要首先考虑其所处的外部环境是否一致。世界上没有最好的亲子文化,只有是否适应外部环境的亲子文化。目前中国正处在新时期快速发展阶段,不同群体所面对的外部因素差异性很大,必然会带来在亲子关系处理、生养教方式等问题上的观念差异。甚至可以说,处在不同社会阶层、拥有不同的信息科技使用习惯、面对不同商业影响(如广告、品牌)、享受不同公共服务水平的群体,会形成不一样的亲子关系、亲子理念,这也正是当前我国在亲子问题上冲突频发的根源。一项研究发现,父母所处的社会阶层对孩子在校表现的影响比"良好的育儿技巧"更大。伦敦大学教育学院的研究人员对 1.1 万名 7 岁小孩进行了研究,测试了他们在阅读和听力上的能力,并分析了老师对他们的评估,最后发现父母的社会地位,决定了学生在所在学段中的相对成长水平,其作用远远超过那些常见的育儿技巧(例如睡前阅读)。作为一项严格的学术研究,他们还考虑了族群、家庭规模等因素,最后仍然得到一样的结果。这似乎告诉我们,要想孩子优秀,前提是家长自己要优秀。所有的父母都有责任发掘孩子的潜力,他们在帮助孩子成长上花费的时间和精力也没有特别大的差异。你能够在忙碌的一天结束时,陪伴孩子写作业,别人也一样可以做到,这并不是孩子成功的真正秘诀。现实的情况是,当大家都是如此时,竞争就从孩子转移到了家长身上,谁能给孩子营造一个更好的、没有生活顾虑的、自信的生活环境,谁的孩子将更可

---

① 在外部因素的影响下,通过家庭内生环境的催化,形成了亲子价值认同并固化了亲子行为,最终在全社会通过亲子教育方式和亲子消费方式加以表现,成为全社会的亲子文化,进而成为亲子文化的外部因素,如此循环。

能取得成功。

二、亲子文化内生影响因素

外部的影响会通过一个重要的中间系统,来转化为与每个家庭息息相关的亲子行为,这就是亲子双方每天所处的小环境,即内生关系因素,包括家庭、家族、社区等。如图 2-2 所示,它就像俄罗斯套娃一般,由内到外一个套一个,最内层是与亲子生活最直接相关的部分,主要围绕家庭,可能是亲代和子代的直接互动关系,也可能是隔代与子代的关系(很多家庭,很长一段时间内,隔代与子代的生活时间要多于亲代与子代),他们之间的关系与互动对子代人格的发展有定性的意义,就像一种磁场力量,无时无刻不在塑造孩子的人格与未来发展道路。例如,一个一年级学生的学习能力,常常不取决于他如何被教,而取决于家庭是否有能力与学校联结。这种亲子内层,可以有更多的表现形式,例如从家庭成员的个体互动,延伸到学校或同侪团体的互动,从而在未来被继承和发展为工作团体和社会团体的互动(从孩子成长的角度来看,其现在所处的家庭就是未来所面对的社会)。比内层稍远的,就是家族影响和社区影响。从近年的家文化传承、学区房等热门话题来看,它们的影响正在日益受到大家的重视。

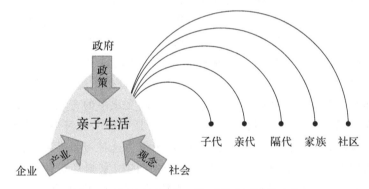

图 2-2　亲子生活内外环境以及主要影响主体

以下是一位妈妈在网上论坛里的描述:

我带着小孩穿过一个拥挤的超市货架通道,跟在购物车后的小孩开始乱动,估计有点烦躁。但是没有办法,我必须带他出来。到了干果货架时,他把货物都弄到地板上。其中有一个纸箱被弄倒,里面的干果到处滚。小孩吓坏了,开始号叫。我一下子蒙了,不知道该怎么办:是应该先收拾干果,还是先安慰孩子,或者下意识地先发火教训孩子。因为从周围很多人的眼神里可以看出他们认为熊孩子是家长的问题。这时候走来一个营业员,她轻声对孩子说话,把他拉到一边,但是他继续哭闹,声音不断升高。

周围的大多数人都开始避免看我们，试图忽视这种情况。这时有一个顾客放下她的购物篮，开始收拾地上的干果。她对我和孩子笑着说："我有两个孩子，也这么皮。"这句话，让我放松了，小孩也停止了哭闹，附近的购物者继续前行。收拾好以后，我问："太感谢你了，能教教我吗？"

在上面的这段描述中，这个年轻的妈妈充分感受到了社区对她的亲子关系的巨大影响——冷漠回避、缺乏同理心的"技术性"帮助，以及带有强烈传承色彩的人文关怀。诚然，一个好的社区或者优越的公共设施，能够为亲子关系提供很好的物质环境，但是真正能够触动心灵的还是身边人的自然表达。随着孩子的成长，不同阶段的父母都会面临不同的焦虑，从生育、养育到教育，家庭成员所能提供的帮助往往有限而缺乏说服力，从社区中其他人那里得到帮助就变得格外重要。

三、亲子文化的文化表现

具有典型的人际交往特征的亲子交流，会推动亲子文化进入最为关键的阶段，形成共同的价值观并固化为稳定的亲子行为。它更像是一个广泛的思想体系，影响大家关于亲子关系的思想内容及思考广度，甚至是意识形态、信念和社会期望。但这并不是说希望大家去强行接受某种特定的亲子价值理念，而是从影响它们的因素出发，自然而然地得到对目前各种价值观念的判断能力。

父母在养育孩子时往往面临着看起来无止境的选择。从决定是否要二孩开始，包括是否继续工作，到是宽容还是严厉地教育孩子等，父母很难确定什么才是正确的行动方针。全球育儿调查显示，不同文化中的育儿做法在形式上是相当多样的，很多所谓的有效方法其实完全只是一种文化习惯。比如，挪威父母喜欢让他们的孩子在寒冷中睡觉（北欧移民也将这种习惯带到美国）；法国人往往强调孩子要自己吃饭，而且不得挑食（更多的国家则喜欢针对孩子口味提供针对性的食物）；在波利尼西亚群岛，"年龄稍大"的孩子（幼儿和学龄期）就要学习照顾比自己年纪小的人（即使不是自己的弟妹）；阿根廷的父母喜欢让孩子待在家里；日本父母则放心地让7岁的孩子自己坐电车；丹麦的父母常常让孩子在商店外的婴儿车上睡觉，而他们进去购物或吃饭。有人类学研究甚至发现，有些美国父母莫名地相信孩子早期认知刺激的重要作用，他们喜欢让孩子维持高水平的精神唤醒状态，希望尽可能早地挖掘孩子的潜力（这是美国普遍推广早期大脑发育的原因）。该研究比较了来自荷兰、西班牙、意大利和韩国的母亲，这些国家的母亲强调的是与美国人不同的做法，包括通过休息和监管来让孩子进行自我发展，更注意婴儿的身体和情感需求，喜欢情感亲近以及保护孩子。

亲子关系中还有一个饱受争议的问题——孩子的个性应该在何种程度上得到培育。从文化维度上,可以用个人主义和集体主义两种模式来加以理解。个人主义文化强调自给自足,而集体主义文化则强调个人对其所属群体的依赖和服从,两者并无对错。美国父母喜欢前者,认为亲子教育的首要目标是使孩子独立自主,希望能够发现孩子的潜能,鼓励善良,同时劝阻恶行。但是有80%的美国家长并不完全赞同基于传统美国文化习俗的教养方式,认为这种强调个人自由的文化会带来个性化育儿计划缺失,是把自己对成功的愿望强加给孩子。

集体主义文化,是迄今为止更为主流的全球性规范。它主要培养孩子的依赖行为,包括服从、平静、礼貌和尊重他人,强调对个人行为负责,避免令个人、家庭、家族或社区蒙羞。显然,中国传统的亲子文化带有明显的集体主义。作为养教技术的一部分,中国父母有义务教孩子如何和他人和睦相处,但是出发点往往是避免失去"面子"。幸运的是,亲子价值观和亲子行为在当前环境下出现了极大的分化,并正在打破传统陋习,以一种更加开放、国际化、现代化的眼光来思考子代的未来。

父母生养教子女,目的是将其塑造成有效的成年人。但是,一个有效的社会成员的定义在不同时期是不同的:是考虑个人的幸福、经济的稳定,还是考虑家族的维系、信仰的坚定?想必现在没有一个家庭会愿意恪守一成不变的准则,人们更愿意结合自己的美好愿望来规划孩子的未来。这种"愿望",却总是带有强烈的世俗的痕迹。有些国家出于为孩子未来规划的考虑,在育儿行为上存在一些奇怪的习惯。例如,在西班牙和阿根廷,家长不希望孩子早睡,原因是早睡会让孩子不能充分参与家庭生活,这对其未来的社会成长不利。而更加重要的是,社会经济外部因素通过家庭所形成的亲子价值观。在缺乏老年福利保障的国家,子代的成功和陪伴可以为老年父母提供物质和心理上的保障,与高福利国家相比,孩子们远离父母并且追求自己喜欢的职业就很难成为主流价值观。在我国一些经济水平落后的地区,很难形成以孩子自我发展为目标的亲子文化,甚至往往将很多个性化养育的做法异化。

四、亲子教育与亲子消费对亲子文化的意义

亲子消费和亲子教育是亲子商品和亲子服务在当前的一种产业化和规模化的表现,它们构成了亲子生活的物质基础,因而也带来了经济和社会的影响,如图2-3所示。有些家长不知道如何处理亲子关系,并对孩子的生养教产生焦虑,那么一个庞大的、刚性的市场就形成了。各类亲子产品和亲子服务层出不穷,并基本上形成了较为稳定的亲子教育和亲子消费模式。然而,我们更愿意

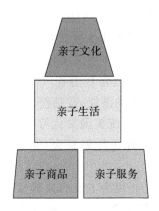

图 2-3　亲子教育和亲子消费对亲子文化的意义

将亲子消费和亲子教育产业看作是亲子文化的一种延伸,而不是将其作为一种模式使年轻父母形成依赖。亲子商品和亲子服务应该为亲子生活服务,而亲子生活的核心是基于亲子关系的生养教。在一个良好的市场秩序下,有效的亲子理念会形成高效的商品和服务供亲子家庭消费。在这个过程中,通过营销教育和客户忠诚,由企业所倡导的某些亲子理念与价值观就会被大家所接受,并在消费行为中得到固化,从而快速形成一种潮流,这也是亲子文化的重要部分。但是,市场并不会站在社会未来发展角度来做亲子文化的筛选,因此仅仅依靠市场流行来判断是否是值得采纳的亲子行为是不可靠的。甚至目前市场上流行的很多亲子产品、教育方法,仅仅是出于营销的目的和从众行为的结果,既无足够的科学依据,也无丰富的文化支撑。多数商家实际上仅仅是将亲子看作一个产业和投资机会,并且利用和扩大了父母暂时的焦虑。亲子消费和教育产业化,甚至变成了依靠父母恐惧的行业。这种被商业异化的父母恐惧文化有替代正常的亲子文化的苗头(当然也与爸爸妈妈自身不切实际的期望,以及传统文化的断裂有关),在家长心目中,各处都希望完美,导致相互之间在那些容易表现的地方进行竞争,而商家恰恰是在这些地方充分发挥了催化作用。相反,那些不容易表现的、需要长期坚持的能力和个性,反而被忽略了。相对于那些得到家庭成员或社区支持的、独立的父母(例如新城市移民的年轻人),他们更加容易被商业环境所左右,并将商家所引导的概念视为自己真实的愿望,从而不能容忍自己在这些方面有任何失败,如营养食品、教育班、付费课外活动或亲子游等,一旦不能实现,就会产生挫败感,变得十分焦虑。

访谈中一位年轻妈妈这样说:

在得知自己怀孕后,就开始阅读关于怀孕、分娩和育儿的相关知识。我最大的恐惧是,未来是一个未知数,根本无法控制。但是,我读的越多,就越没有安全感，不知所措。我要接受很多观点，而且不得不在那些相互冲突的"建议"中进行筛选，在诸如能不能喝带咖啡因的饮品、能不能哭、要不要在婴儿床上装探头这样的琐碎问题上消耗了全部精力。最终，我还是自己摸索出了一些东西，从怀孕到育儿的八年时间里，我发现唯一要坚持的就是灵活应变。比起海量的胡说八道，更应该做的就是找到信心，给身边的人，包括父母以安慰，那就够了。

相信大多数父母都是类似的经历。生养教不应该成为恐惧的源头，而应该是生活的一部分，是幸福的源头。

第二节　当前亲子文化中的主流价值观与理论源头

有关亲子关系、养育方式，甚至是父母和家庭责任等话题，不同人有着不同的观点。很多人简单地认为这是中国传统文化与西方文化的差异所致，其实不然，近几十年来中西方发展心理学（认知学）、社会学、教育学不断发展和融合，形成了一个动态发展的、相互竞争的理论丛林。因此，对于很多家长来说，在听到一种观点时，不要急于去判断对错，而要先弄清楚这种观点背后的理论逻辑是什么，这种逻辑是否适合自己的家庭。基本上，对目前主流亲子文化观念产生重大影响的，主要有以下三大理论源头。

一、强调父母托管者角色的认知发展理论（"虎妈"的理论源头）

该理论认为，孩子从出生后，会在适应环境的过程中不断吸收知识，建立自己认识世界的认知方式，并形成解决问题的思维能力。从这个观点来看，父母的教养方式是在协助孩子发展智慧，了解孩子提问背后的成长意义，了解他们的内心世界，容忍他们成长中的错误，培养孩子的自信心，等等。认知发展理论看重的是孩子自身在发展过程中从不成熟到成熟的改变，而相对忽略环境因素的影响。父母与孩子之间的关系，应该是父母给孩子提供有利于其发展的家庭环境，向其传递社会价值并最终培养孩子适应未来社会的能力。相对地，因为孩子在认知发展过程中最亲密的人就是父母，因此孩子可以通过感受父母的关怀与陪伴建立自我意识，即孩子会因此知道自己是谁，认识到自己是有价值的。从认知发展理论来看，这一过程应该是围绕孩子自身发展从不断犯错中获得学习的过程。这决定了亲子文化建设将围绕孩子内心世界的探寻来展开。父母在亲子关系中扮演着重要的协助与引导角色，孩子则是亲子文化的核心主体。事关孩子认知发展的重要部分，如自我意识、学习能力、共情能力、伦理秩序、思想道德等，同样也是亲子文化的核心内容。尽管在孩子认知发展的过程中，父母与孩子之间是一种照顾者和被照顾者的亲密关系,但是这种关系是暂时的,父母只是孩子认知发展过程中的"托管者",等到孩子长大成人,就应交出"托管权"。这使得很多家庭经常产生一种疑惑,即,如果以孩子拥有独立健全人格为主要目的的话,那么孩子具有独立能力和自主意识往往被看作是重要指标;一旦孩子拥有独立能力,往往就不再依靠家长,亲子关系开始弱化,直至孩子可以完全脱离父母。认知发展理论是目前儿童教育领域的主要理论,受该理论影响,目前很多家庭的亲子教育都强调以孩子成长为中心,受此影响的亲子文化,往往强调孩子与父母的平等性,甚至还会强调父母地位的从属性。这种亲子文化的发展会逐渐脱离东方文化的特点,转而更加具有西方的家庭特征。

二、强调父母陪伴者角色的依附理论("爱的教育"的理论源头)

与认知发展理论有所不同,该理论强调在孩子的成长过程中,出于自我保护的需要,会为了得到安全感而在心理与行为上有意地亲近他人(父母)。整个成长过程,本质上就是孩子在依附关系中从被动变为主动的过程。这种依附关系还可以进一步被分成安全依附型、焦虑矛盾型、逃避型、紊乱型四种。成长期的依附关系会影响孩子长大后的婚姻关系。该理论实际上把家庭关系描述成一种在情绪上和生理上都存在互惠的连接关系。从婴幼儿开始,孩子与父母之间是通过一种温暖、亲密和连续的关系来获取满足感的。孩子依赖父母只是为了实现自己的成长,因此需要做出暂时的顺服行为;一旦孩子感觉到家庭不能提供他所需的保护(例如经常出现分离,也就是发展心理学中所说的分离焦虑),就会导致孩子早熟的假象,孩子会由此不再选择顺服的表现而表现出更多的以自我防卫为主的独立现象。同理,家庭的这种保护作用,在父亲和母亲的亲职上也就会出现差异。父亲的亲职在婴孩早期较弱,往往是辅助者的角色,他们的价值主要体现在对妻子的照顾与情感支持上;而母亲则扮演着更加亲密的抚养者角色。另外,对于移民、搬迁家庭来说,孩子在进入不熟悉的环境时会有更加强烈的不安全感,对父母的依赖也就更强;但是如果一开始并没有建立很好的依附关系,在一个新环境中反而会加速孩子舍弃对父母的依赖,从而发展出更多的自立性。由此,我们可以发现,父母与孩子间依附关系的形成与改变,构成了亲子文化的基础,同时已经形成的亲子文化又会对依附关系产生作用。亲子文化如果以温暖柔和、积极反馈、平稳为主要基调的话,那么亲子间的安全依附关系就能够得到促进。当环境突然改变,或者亲子关系由于某种原因受到极大影响的时候,长期形成的稳定的亲子文化则会有助于维持原有的依附状态。这种亲子文化,对孩子以后的婚姻关系和亲子关系,也有着很好的延续作用。

三、强调父母训练师角色的社会学习理论("培养习惯"的理论源头)

该理论源自社会心理学的强化学习基础理论,强调孩子的成长主要是通过学习。而所谓学习,本质上是一个不断被行为结果所强化的过程,做对了就得到积极的强化,做错了就得到消极的强化,从而使得不同行为有被重复的可能性。就像我们小时候,按父母的要求做了,就可以得到糖果奖励;如果说谎话、偷东西不能马上得到惩罚,那么这种行为重复的概率就会大大提高。社会学习理论还进一步强调,不仅针对孩子个体的强化刺激有效,观察别人是否得到强化也会对孩子产生同样的效果。例如,小孩看到父母孝顺长辈,并且这种行为得到长辈的认可和回报,那么他们也会模仿同样的行为。孩子早期的性别角色意识,就是从社会环境中学习得来的。强化学习的过程包括注意、保留、模仿、动机四个阶段,这对我们理解亲子关系有很大的帮助。学习起源于观察,而观察本身就是一种简单的学习。孩子从观察和模仿父母开始了解社会和人生,父母因此成为第一任老师。同样,除了家庭,孩子还要被放置于社会的情境中,需要有更多的替代性经验。家庭首先要培养孩子的观察能力,为积极良性的反馈建立基础,同时家庭还要帮助孩子建立自己的社会学习过程,逐渐从向身边父母学习、向朋友学习到向全社会广泛学习。从该理论来看,亲子文化更像是一种社会文化的早期原始阶段,它决定了孩子的社会学习效果以及未来社会文化的构成。

综合上述三大理论观点,我们可以发现:首先,亲子文化确保孩子成长,具有明确的价值导向。亲子文化得益于父母与孩子间互动所产生的情感联结,它能够确保孩子在儿童成长过程中得到有效的行为控制,包括外部塑造和内部塑造。整个互动过程相互影响,既形成了孩子成长的不同阶段,也推动了亲子文化的发展演变。最终,这种演变以孩子完全进入社会为结束,并将亲子文化带入社会文化。整个过程中,父母都要起到行为的榜样作用,努力营造良好的家庭小社会环境。其次,亲子文化是孩子成长过程的积累结果,具有异质性。一个人的行为方式和他的人格受到作为孩子时的发展阶段的影响,既要考虑到不同个体的差异性和阶段性,也要看到孩子在与父母进行亲子互动过程中的交互影响,其中伴随着冲突、顺从、奖励、惩罚,这种过程性的经验积累在促使孩子学习的同时,也沉淀为一种具有家庭个性化的亲子文化。最后,亲子文化具有鲜明的阶段性和动态性。影响亲子文化的内外部环境构成了一种围绕家庭的复杂系统,它伴随着孩子的成长阶段而产生极为重大的变化,呈现出明显的阶段性。在每一阶段,孩子的认知水平不同,依赖关系不同,学习重点不同,使得亲子文化不可能始终维持在一种宽泛的稳定状态,而是有着更加具体的目标和结果。

第三节　家庭环境对亲子文化的影响

亲子文化的微观系统主要是家庭。三人为众,再简单的家庭结构,也有着复杂的关系,将之喻为小社会也不为过。家庭成员之间、成员与外部环境之间,建立起了错综复杂的关系网络,对亲子文化的形成与发展有着深远的影响。家庭如果能够形成一种自身内部的以及与外部社会的良好生态关系,有助于舒缓家庭成员照顾子女的压力,为子女成长提供有力的支持,对维持良好的亲子文化具有非常重要的意义。即使是单亲家庭,也可以通过合理利用现有资源,正确处理家庭需求,使得家庭日常生活规律运作。一些家长由于将工作置于比家庭更高的位置,使得家庭运作缺乏规律性,这往往是当今很多亲子文化出现问题的直接原因。影响亲子文化的家庭环境资源,包括个体能力、关系资本,以及家庭小环境。其中,个体能力是指家庭成员的受教育程度、工作、居住条件、身体健康等"硬"条件,以及脾气(情绪控制能力)、生活信念、自尊自爱等"软"条件。关系资本,顾名思义,来自家庭成员能力、地位、亲缘、信仰、社会活动等带来的关系资源。这种关系既有人力、物力、财力上的援助,也有纯情感上的关系。家庭小环境,是通过家庭成员个人与相互合作的努力,形成的有助于亲子关系与亲子文化发展的小生态环境,主要包括关心和陪伴之爱、子女成长和生活信息的充分共享、金钱和日常生活用品的及时供给等。亲子文化的良好形成与发展,在家庭运行上,需要充分保证上述三个方面的平衡,一旦一个方面出现问题,就需要其他方面来补足。以单亲家庭为例,由于家庭成员的缺失,扰乱了家庭应有的运行规律,这就需要获得更多的关系资本来营造良好的家庭小环境;然而现实中,很多单亲家庭因为成员缺失,情绪失去控制、自暴自弃,导致家庭进一步丧失获得关系资本的能力,最终家庭小环境完全被破坏,即便能够在金钱等"硬"条件上有所弥补,也很难再形成良好的亲子文化。

中国家庭结构一直以来都是一个伞形概念,内涵甚多,它会随着经济、时间以及父母资源的变化(父母自身成长),而发生巨大改变,这些改变本身往往会对亲子文化产生更为重要的影响。一个简单的例子:随着住房搬迁或者父母工作调动,亲子关系都会发生剧烈变化,这种变化绝不仅仅是物质条件上的,还包括亲子双方在心态、理念,甚至是处世方式上的变化。在很多时候,这种改变往往与孩子(尤其是一孩政策的时候)的发育成长重叠,使得人们往往以为是青春期的缘故,忽视了背后是整个家庭在改变。为了能够更好地分析中国的家庭现实是如何塑造出中国特有的亲子文化的,我们可以将家庭看作是一种资源,包括经济、时间和亲职三个方面。

家庭的经济资源最直接的反映就是家庭收入,更准确地说是家庭可支配收入。它决定了购买生活必需品、教育、休闲娱乐等的支出。同样的,满足儿童生活之所需,家庭经济资源至关重要。很多新的亲子理念,往往依附于亲子消费产品,而这类产品的出现,则是由于家庭经济条件的改善,而非亲子理念的自我提升。近十年来,随着中国家庭年收入的持续走高,有研究发现,家庭经济条件开始影响孩子上特色补习班(如音乐、英语等)的数量,并产生了明显的阶层区分,而这种补习班环境进一步使得孩子的成长基础变得不同,家庭经济条件相对较差的孩子已经开始面临竞争上的劣势。背后的原因,可能与中国正在弱化传统考试选拔,转而追求更多的素质选拔有关。显然,任何形式的选拔,都是一种竞争,只有前期充分投资的家庭,才能在这种新的竞争中胜出。这与过去我国采用的无差别式单一标准选拔有很大的不同。另外,在这种机制下,教育投资很可能成为家庭最重要的支出,打乱了原有的家庭经济收支平衡。为了让子女能够获得更好的教育,家长需要更加努力地筹划和工作,在孩子日常消费中,也会有意识地倾向于这方面的支出,如购买昂贵的乐器、游学、有助于智力发育的营养品等。久而久之,家庭就会将这种消费与自尊、自我实现乃至幸福感画上等号。所以,今天当我们向不同的中国家庭进行询问的时候,大家最容易达成共识的就是教育方面的消费投入。当前,这个教育是可以被具体化为培训班等有形支出的;而在过去很长一段时间,教育往往是一个抽象的概念,泛指家长与子女的沟通方式,以及难以掌控的学习成绩。显然,具体化为教育支出,可以让家庭更容易建立长期目标,达成一致的价值观,减少不确定带来的焦虑,从而建立起一种依靠经济支出支撑的亲子文化。类似的逻辑下,将孩子的健康成长具体化为奶粉、营养品等的消费支出,也在近十年成为一种主流家庭观念。简言之,中国亲子文化正呈现出一种以消费为支撑的具体化倾向,人们将更容易在可具体化为消费支出的问题上达成共识,从而建立相对稳定的亲子文化;而这种文化会反过来进一步强化消费支出,从而掀起不可阻挡的潮流趋势,直至现有的消费产品和内容无法产生新的亲子文化共识与观念。

家庭时间,是衡量亲子沟通和亲子关系的重要指标。从发展心理学来看,孩子在成长过程中对家长有很强的依赖,拥有更多家人陪伴的孩子,在生活满意度和整体幸福感上都要显著高于其他孩子。此外,得到父母的照料也有助于孩子在情感上健康发展,并使之具备更加完善的社交能力。有研究指出,父母照顾孩子的时间与孩子的认知健康发展程度正相关。再者,父母参与孩子的成长,包括孩子的学业、休闲娱乐,能够提升亲子之间的互动质量,而这种互动本身是塑造亲子文化的基础过程。简言之,一个家庭若想塑造良好的亲子文化,其主要途径是亲子互动;而家庭时间则是亲子互动的基础,没有足够的家庭时间,不可能得到高质量的亲子互动,亲子文化也就成为空谈。然而,由于家庭结构较为单一,使得父母缺少足够的时间来陪伴孩子。除了工作时间占用家庭时间以外,媒体、互联网、无意义的社交活动也占用了家庭时间。在我们的访谈中,绝大多数家庭都没有一个固定的家庭时间概念,父母对子女陪伴需求的反应非常麻木,常常将宝贵的家庭时间安排孩子上培训班、看视频动画、一个人玩游戏等。中国目前的家庭时间,不到发达国家的一半,甚至还有持续减少的趋势。亲子教育专家往往会建议家长花更多的时间陪伴孩子,然而多数家庭仅仅将这种建议作为一项临时性的技能,却不知由陪伴所构成的家庭时间乃是家庭运行的必要组成部分,宛如生命必需的空气与水一样,是每日都不可缺少的。家长应该更多地思考如何安排一个相对稳定的家庭时间,而不是想起来就陪一会儿孩子,想不起来就抛之脑后。

亲职,是一种超越经济和时间的无形资源投入,其效果体现为亲职质量,核心要素则是亲职心理健康。亲职心理健康可以被简单看作父母对维持亲子关系的压力适应能力,以及由此带来的整体幸福感。亲职心理不健康不仅会影响亲职能力,也是亲子关系破裂的重要风险元素。亲职质量,除了体现在家庭环境对亲子文化的支持以外,还体现在亲子之间所形成的相互依附的情感关系上。有研究发现,能够经常感受到更多实质性的、可表达的情感支持的孩子,其幸福感会更高。亲子质量,有点像管理学中的服务质量,是"顾客"主观和客观综合体验的结果。功能属性好的产品(有较高个体能力的家长),并不一定就是高产品质量(不一定都会将个体能力转化为亲职质量感受)。作为父母主体而言,良好的亲职定位,就应该像商家维护服务质量那样维护亲子双方的整体质量感受。具体而言,就是父母需要不断提高亲职质量,使得家庭成员能够在亲子互动中产生积极的情感反馈,尤其是在困难或烦恼的时候及时提供理解和支持,使孩子更加愿意亲近自己所依附的对象,形成安全感、信任感和尊重感。这种主观情感体验将带来良好的家庭氛围,并形成积极的亲子文化。

第四节　生活方式对亲子文化的影响

除了家庭环境以外,生活方式与亲子文化关系最为密切,具体包括人居环境、父母婚姻关系、家庭成员人际互动、教养方式等。

一、人居环境

人居环境自古就是父母所关心的问题,"孟母三迁"的故事,就能很好地说明这一现象。当前中国,父母对良好人居环境的考虑,首要出发点便是是否有利于孩子的长期成长。常见的判断标准包括：干净的空气与水资源环境、宽敞的公园绿地与广场、舒适的公共空间（人行道、休憩场所等）、健全的休闲娱乐设施、便捷的交通运输（公共交通路线的便捷与安全）、健康的社区文化（安全、和善、多元、包容）。一般来说，在有较多亲子设施的社区中，亲子互动会比较好，也能够为孩子形成健康的心理提供一个相对积极的环境。但是，并没有足够的证据来证明，好的人居环境可以直接带来好的亲子关系。实际上，人居环境的好坏，往往是由父母的教育背景、经济条件所决定的，而这些因素在亲子文化塑造中更为重要。国外一项研究发现，家里有很多图书的孩子长大以后会更有成就，很多人因此得出结论：应该给孩子送更多的书。殊不知，之所以家里会有很多书，是因为家长有好的教育背景，重视阅读；如果家长不重视读书，不是一个爱书的人，家里有再多书都没用。现在很多家长往往会犯类似的错误，只看到生活环境与孩子成长的关系，却忽视了家长选择不同生活环境的背后，是家长自身的能力、心理与理念，这些才是真正影响孩子的主因。由此类推，在亲子文化塑造上，人居环境固然重要，但并不是决定性的因素。很多家长热衷于学区房，却忽视了该学区之所以优秀，并非只是因为有一所好学校，而是过去居住在周围的家庭有更好的亲子文化，从而提供了好生源；但是随着拆迁、学区房热炒等因素，原本高学历的家庭早已搬迁离开，取而代之的是更多带有"投机"性的家庭，结果必然带来学区环境的改变。

社区互助与社会扶持，是指来自亲戚朋友、邻居或所在社区街道、民间社会机构，以及政府部门的物质上和精神上的帮助与支持，这种帮助与支持构成了亲子文化生长的社会网络。这种社会网络可以分为：自然社会网络和结构性网络。自然社会网络指家人、亲戚、朋友、邻里或同事。结构性网络指维持关系的活动与组织，包括教堂团契、学校家长会、家庭之间互助会等，这些组织能够提供最为基础和初级的支持帮助。此外，还有具有社会功能分工的社会服务，主要来自正规政府机构、福利机构、宗教机构，以及其他非营利性社会团体的服务，他们往往由更加专业的人员构成，有规范的监督和管理体系，具有更加明确的服务宗旨和价值观，当家庭面临困难时，可以有针对性地提供帮助。

家庭存在于社区环境中，但是这并不代表就能够得到社会扶持。从社会网络的角度来看，一个家庭如果要得到社会的帮助，首先是要存在于社会网络中，与周围的人或事物发生联系和互动；其次是与社会相互认可，在价值观上具有一致性。当家庭得到社会的认可，且家庭个体也认定社会扶持的存在，那么就可以通过社会互动，得到小范围的互助，并通过这种互助行为的种子效应，吸引更大的社会网络的支持，至于能够有多大，则取决于这种社会网络的结构，可以是整个社区、整个家族、整个村，也可以是整个互联网群体。家庭和家庭成员在社会关系网络中，与外部资源进行互动，从而得到各种支持，并得到社会理念、价值观的灌输，最终会成为亲子文化的组成部分。这种通过社会扶持而形成的亲子文化，有助于家庭对社区环境的适应，并构筑起自我保护的小生态环境。

家庭获得社会扶持的种类包括信息支持、功能支持和情感支持三类。信息支持，是指提供家庭所需的关键信息，分享知识，给予建议、忠告，以帮助家庭解决问题。在互联网发达的今天，不仅政府正在构建智慧城市和电子政务环境，移动互联网公司也在提供越来越多的线上社区，关于孩子出生、喂养、就医、教育等一系列知识都可以在网络上轻松获得。功能支持，是指提供实物和直接服务，包括衣物、食品、药品，货币补助或捐赠，子女托育看护、家事照料、交通接送，法律咨询、心理咨询等。这类功能性扶持，往往需要有专业的机构和专业的监督体系来保障运行，目前我国在这方面的发展相对落后，不同地区、相同地区的不同社区所能获得的具体服务千差万别。情感支持，是指提供家庭成员在个人心理和情感上的协助，主要通过对家庭的关爱表示来实现，包括安慰、鼓励、接纳、信任等。受扶持的对象，尽管在社会网络中往往处于弱者的地位，但是并不代表低人一等，不是被可怜的对象。被帮助者，最需要的，往往是尊重；要想帮助对方，最先要做的，往往是接纳对方。

缺乏支持或者过度依赖支持，都不利于亲子文化的良性发展。合理利用各种资源，建立有效的社会联系，并通过自己努力来获得社会认可，使得家庭建立与社会一致的价值认同，则有助于释放家庭压力，稳定家庭成员在家庭中的职责，及时解决家庭运行中出现的问题。从全社会来看，经济与社会发展是平衡的两翼，随着我国经济的不断发展，社会保障与扶持系统的发展相对落后，尤其是民间自助性的社会活动并没有形成成熟的文化氛围，具有很大的发展空间。建立一个有助于亲子文化生长的社会扶持系统，是当前我国社会发展的重要目标。

二、父母婚姻关系

婚姻关系是作为父母的丈夫与妻子之间的人际关系。由于亲子关系本身就是由亲代、子代所构成的人际关系，婚姻关系天然就是亲子关系的组成部分，因此它对亲子文化的影响是全方位的。婚姻关系不良，会直接导致亲子关系的破裂，且很难修复。有研究发现，除了社会情绪和学习能力，单亲家庭的孩子在身体发育上也要比双亲家庭的孩子差。这说明婚姻关系会直接对孩子的成长产生影响。此外，婚姻关系对亲代也有影响，不良的婚姻关系使得家庭运行出现不平衡，作为亲代就不得不付出更多的努力来弥补婚姻关系不良带来的亲职缺失。我们不可否认有很多单亲家庭，由于亲代的努力，使得孩子的成长尽可能不受影响,甚至更为优秀。但是这种优秀往往是指某一方面(例如能够考上好的大学),这种单一目标的达成不能掩盖全方位的亲子文化的缺陷,它无法通过金钱、亲代双方各自努力、子代自我努力,甚至是社会支持得到弥补。相反,为了弥补婚姻关系的不足,家庭会重新塑造出一种新的亲子文化来适应和接受婚姻关系破裂带来的负面冲击。这种新的亲子文化,可能会弱化情感与爱,转而更强调独立性、工具性和交易性,家庭结构进一步缩小甚至完全失去家庭的意义。

三、家庭成员人际互动

除了婚姻关系,家人关系(家庭成员之间的人际关系)也对亲子文化有着重要影响。除了婚姻关系,家人关系主要指亲与子、亲与亲、子与子的关系,包括在扩展家庭中的隔代关系。家庭关系的基石是情感交流,若家庭成员相互之间能够彼此了解对方的需求,就能够建立一种充满着爱与情感的亲子文化。父母与子女之间的互动,首先应该以尊重和关爱为主导,而非强权与顺服。亲代之间的关系,往往会成为子代的模仿对象。父母之间没有尊重,缺少情感交流,那么亲子之间的关系也往往会变成单向的要求与顺从,亲子文化会逐渐向简单粗暴的顺服文化演变。另外,二孩政策以后,家庭关系更多地开始体现在子代手足关系上。手足之间的相处,是孩子进入校园学习与进入社会工作的重要踏板。有研究发现,在独生子女家庭,由于缺少这种手足关系,会导致孩子长大以后缺乏合作、同情、竞争意识。通过手足关系,家庭能够建立更加完善的关系结构,亲子文化将会更加具有多元包容性,这种文化下的孩子可以发展出更为健全的人格。

四、教养方式

家庭教养方式的内涵很广,包括生养教全过程。亲代通过不同方式的亲子互动,以达到传递情感、认知、价值观的目的。教养方式并不等同于具体的教育方式,而是一种贯穿于日常生活的亲子关系处理方式。例如,父母采取言传身教、以自身行为作为榜样、严厉与关爱平衡的教养方式,子代会表现得更加自信,心理更加健康,社交能力也更强;而如果父母的教养方式偏向于专制独断、言大于行,孩子的幸福感就会持续降低。这个道理多数父母都明白,但是在现实生活中却不易做到。原因在于,日常亲子交流,面对的是琐碎生活情境中的问题,而非大是大非的教育道理。父母面对孩子的一些行为问题时需要做出选择,是快速让孩子顺服以解决问题,还是以长期亲子文化营造为目的,这实际上不是一个教育方法的问题,而是一个治家方略的问题。采取开明的教养方式,需要家长付出更多的努力,包括克制自己的负面情绪,凡事都能够站在相互尊重和理解的情感角度,而这样的亲子文化往往是慢热的,但是可以带来持续、长久的亲密而温暖的情感。这并不是说建立一个等级明确、权威严明的亲子文化就一定是错误的,但是从很多心理研究来看,过分严厉加上疏于关心,最终会加剧孩子的焦虑和抑郁心理。

第五节　互联网与社交媒体对亲子文化的影响

不可否认,互联网已经成为亲子沟通的重要工具。关于网络科技和相关产品对亲子文化的影响,目前人们更多地将讨论的焦点集中在新科技的应用是否会占用家庭生活,从而导致亲子关系破裂。一个最具讽刺的现象是,当人们在大肆批判这种现象的时候,这种批判行为往往是借着微信等互联网工具来传播和讨论的。实际上,网络科技并非亲子关系的对立面,而是亲子关系的新载体。

一、互联网提供了新的亲子沟通渠道

亲子互动的主要方式是沟通,而沟通的渠道早已经从面对面、书信、电话发展到今天的微信、网络视频等。当今,父母和孩子都无差别地暴露在互联网之下,如果家长和孩子在沟通互动中,能够合理使用网络资源,将会对亲子关系产生积极的影响。同样的,也因为家长和家庭在信息素养、理念、文化层次等方面的差异,使得互联网背景下的亲子互动行为产生很大的差异,进而带来亲子文化的差异性。一般来说,越是信息素养高的父母,越容易接受互联网上的创新沟通方式,也越容易就新理念、新观点与孩子达成一致,从而形成一种互联网群体所独有的亲子文化。这种网络化的亲子文化,更多地体现为全社会群体的价值认同,以及基于网络的经验共享和一致行动。我们暂且不论这种亲子文化是否有助于中国家庭亲子关系的健康发展,而是要认识到,互联网化的亲子文化,起源于互联网群体,其与传统亲子文化(线下亲子文化)具有天然的对立性。网络群体认为传统亲子文化存在诸多弊端,且已经不适应当前的全球化和现代化趋势。有趣的是,这种观点往往在网络上进行分享,并得到互联网群体的认同和快速传播,却无法在网络上与传统亲子文化的赞成者进行直接对话。在互联网上,传统亲子文化具有"主场"劣势,从而造成一种错觉——互联网化的亲子文化已经占有绝对优势,并正在替代传统亲子文化。这种亲子文化的网络隔离和自我强化,本身就违背了亲子文化乃是基于不同主体之间沟通的基本原则。

过去亲子沟通的主要方式,是依赖语言并配合恰当的行为(如游戏),但是在今天互联网的帮助下,富媒体(文字、图片、动态)和跨通道(视觉、听觉、动感)

的沟通方式,不仅使得亲子互动可以有更多的内涵,而且还可以使得沟通主体在沟通中能够有着更多的思考空间和信息源,知识的更新和变化速度更快。随着年龄的增长,大多数父母的知识和沟通语言开始变得陈旧,而孩子随着快速发育成长,他们对互联网的适应性不断增强,也更容易接受网络带来的新感知和新观念。这使得父母的权威性被大幅度削弱,从而促使亲子沟通转而以更加开明、民主的方式进行。这对中国传统的以亲代的权威、子代的顺服为基础的亲子文化形成了极大的挑战。在这种挑战刚出现的时候,父母往往将原因归于互联网的负面作用,喜欢采取限制孩子使用互联网的粗暴对策,却很少从自身寻找原因。断网并不是解决这类冲突的有效方法,父母应该进一步思考自己与孩子之间是否已经出现比较严重的知识体系和沟通方式上的差异。既然家庭沟通无法满足孩子成长中的需要,那么互联网就会起到替代家长的作用以满足孩子的需要。

二、互联网带来新的家庭人际关系

互联网使得人们不需要局限于现实的人际网络,转而围绕兴趣爱好和短期任务目标,脱离时空限制形成新的社群。既然父母与孩子之间沟通不顺,那么孩子自然会从这种新的社群关系中寻找归属感和认同感。在传统亲子文化中,孩子的社会关系中包含了重要的同侪影响,它既是孩子的重要社会资源,也影响孩子日后的社会适应能力。在孩子中,使用网络社交媒体的年龄正在不断降低,在城市学龄前或低学龄儿童中,每天都有一段时间使用互联网的比例已经超过半数。尽管互联网能够极大地扩展孩子的知识体系,但是依赖互联网而建立的人际关系相当脆弱。越是在真实生活中缺少人际关系支持的孩子,越缺少现实中的人际沟通机会,其通过互联网来学习沟通互动的比例更高。尽管有越来越多的人认为,这种新的基于互联网的人际关系代表了新时代社会关系的改变,是一种新代替旧的过程,让孩子学会在互联网社会生存并没有什么不对。但是,正如我们前面所提到的,亲子文化产生于家庭,依赖于沟通。互联网的替代作用不能掩盖家庭环境的既有问题。我们需要做的不是去辩论互联网的优缺点,而是思考如何让家庭人际关系更加适合互联网时代的需要,让互联网为家庭服务,而不是成为对立面。尤其是对于青少年,现有的亲子文化,往往站在社会道德规范的层面来看待他们在成长期的发展问题(例如,应该成为一个怎样的人,应该具备什么品德),而现实中,青少年更需要被人所关注的是他们自身的现实需求与自主选择的权利。传统家庭中,在这段时期基本上都会出现一种暂时性的关系紧张。传统亲子文化往往将这种亲子冲突看作是一个必要的且会自愈的过程。而在当今,互联网自然而然地成为逃避冲突的避风港,这使得传统亲子文化中的自愈过程消失了。这种亲子冲突只是被长期掩盖，并没有得到实质性的治愈，对长期亲子文化的形成非常不利。网络一代甚至会形成一种现实家庭和网络世界的人格分离，而一旦孩子进入大学，就会完全释放自己，彻底脱离家庭。

三、互联网还会改变父母与孩子之间的依赖关系

如果父母因为工作繁忙，同时又有一定的经济实力，他们往往会在信息技术（手机、平板电脑、网络等）使用上尽可能满足孩子的需要，以弥补缺乏的家庭时间。这种做法由于没有主动关心孩子的心理需求和内心想法，对孩子健全个性的形成非常不利。

孩子在成长过程中需要父母能够理解他们的想法、宽容他们的错误、鼓励他们的行动，但是如果孩子与父母之间缺少必要的沟通时间，而这个过程又被互联网所替代，形成一种新的心理寄托，那么在孩子心目中家庭就会逐渐失去"心灵港湾"的地位，仅仅是一个物理上的栖息和暂时的依赖场所，那么亲子双方的心理距离就会被拉大，父母逐渐丧失亲职地位，沦为生活必需品的供应者，积累到一定程度，就会形成一种恶性的对抗性的亲子文化。

由于互联网让未成年的孩子有机会更早地接近成人世界，形成一种虽然接近但是又有较大距离的半虚拟真实社会，会让他们形成一种对父母所处世界的误解和扭曲。父母不再是孩子心目中的权威和社会化的重要引路人，有些孩子甚至会质疑父母。孩子倾诉的对象不再是父母，也不是现实生活中的朋友，而可能是在网络世界中具有同样扭曲世界观的网友。毫无疑问，在信息时代，孩子具有了更早离开家庭的能力和条件。一个孩子过早地脱离对家庭的依赖，往往被很多中国父母认为是一件好事，这个过程也往往伴随着具有明显社会舆论导向性的价值观（如诗和远方、冒险、创业等）。然而，在亲子文化上，势必会出现家庭观念更加淡薄、社会化交友更加开放、短期满足感更强、家庭约束力减弱、对社会风险的预判力减弱等问题。

第六节　宏观经济对亲子文化的影响

宏观经济是家庭的大环境，通过对家庭成员形成生活压力，进而对亲子文化塑造带来重要影响。尤其是在经济衰退时期，亲子文化会面临重塑的压力。

在经济衰退期，亲子互动的大环境被多方面地削弱。首要的，就是父母收入受到威胁。如果工作变得不稳定，甚至经济来源被完全剥夺，收入不足以维持家庭的运行，父母在情绪上也容易变得焦虑和易怒，直接影响与子代的互动

关系。潜在的,经济环境恶化也会导致夫妻关系紧张甚至破裂,对家庭造成难以挽回的影响。

当经济出现衰退的时候,父母就要更加努力地工作来维持现有收入,需要分配更多的时间和精力在工作上。这个时候往往就很难有足够的心力去进一步关怀和陪伴孩子。由于经济衰退的影响是全方位的,在这种环境下就更容易诱发家庭运行、社会运行等方面的问题,如果父母在亲子沟通上难以倾注时间和精力,就会加速亲子关系的恶化。父母往往在这个时候,希望全部家庭成员能够体谅自己。例如,家长往往会在这种情境下要求孩子快快成长,不仅要体谅父母难处,还要分担家庭压力。这种希望个体自我改变的方式,对于维持家庭运行的平衡有一定的积极作用,但并不是绝对的,它实际上需要加倍的亲子沟通和互动来达成,否则只会形成一种以改善家庭收入为单一目标而牺牲一切(包括亲情或个别家庭成员利益)的亲子文化氛围,即便日后家庭经济状况得到改善,亲子文化也难以恢复。另一种情况是,经济衰退后父母因为失去工作而有更多的时间留在家中。同样的,在这种情境下,父母往往不是利用更多的时间来增强亲子关系,而是将自己的负面情绪通过权威式、命令式的方法向孩子传递,更喜欢惩罚孩子,剥夺孩子的自主性,往往伴随着更多的冲突。

换个角度来看待经济衰退,如果家庭出于削减开支目的,减少孩子玩高档玩具、看付费电视、参加补习班的开支,转而花更多精力设计亲子之间无须花钱的游戏、体育运动,甚至父母代替补习老师进行辅导、讲故事,自然可以促进亲子互动。此外,在困难时期,父母保持乐观、坚毅的心态,与孩子一起克服困难,在生活中寻找乐趣与意义,甚至在控制支出上与孩子协同决策,那么困难时期反而是改善亲子关系、塑造长远亲子文化的良机。

经济衰退的另一大影响是增加了家庭的突发事件避险难度。所谓"屋漏又逢连阴雨",当家庭经济产生压力时,心理上的焦虑容易影响对孩子的看护,从而导致孩子更加容易生病。这种身心上的病痛与经济状况的焦虑叠加影响,会产生极为负面的生活体验,一旦持续较长时间,甚至会让家庭成员完全丧失了维持家庭的信心。所以,在经济衰退期,家庭成员更要格外关注身心健康,尤其是对自己和孩子的看护与照顾,不能因为情绪上的不佳而导致孩子出现意外,甚至要更加强化对突发事件的防范与应对能力。

第三章　中国式家庭的亲子文化与伦理重塑

第一节　中国式家庭伦理重塑的历史依据

受小农经济的影响,古代中国的伦理观念主要建立在家庭的基础上,形成了独特、厚重的家庭伦理文化。孝慈精神、家训文化和亲权制度较为具体地体现了我国古代家庭伦理的内涵和特点——孝慈精神是中国传统亲子伦理宝库中最深厚的文化积淀,其核心是"父慈子孝",讲求的是亲子间双向对等的道德义务;家训文化作为古代中国家庭伦理的规训载体,其核心是"严慈相济",旨在睦亲治家、教子立身;亲权制度是用法律的形式确立了亲子间的伦理关系和主要内容,界定了父母的权利和子女的责任。这些伦理文化对古代中国家庭亲子关系的维系、和谐家庭风气的维护乃至全社会的基本稳定都起到了重要的作用,也为我们今天重塑中国式家庭的亲子伦理提供了重要的依据和丰富的素材。

一、孝慈精神:中国传统亲子伦理宝库中最深厚的文化积淀

在中国传统社会中,孝慈精神构成了亲子伦理中最核心的内容。孝慈精神的核心是"父慈子孝",这是"指血缘亲情所催生的、中国传统文化所养育的、用以指导调节家庭长辈和晚辈之间利益关系的价值观念,即长辈应关心爱护晚辈以尽慈道,晚辈应孝敬赡养长辈以尽孝道的思想意识"[①]。这种价值观念最早起源于西周时期,成型于春秋战国时期,并延绵数千年影响至今。

早在西周初期,人们就非常重视亲子关系,《尚书》中载"子弗祗服厥父事,

---

① 王常柱.权利义务观与亲子伦理精神的现代重建[J].兰州学刊,2014(7):1-6.

大伤厥考心；于父不能字（爱）厥子，乃疾厥子"，是不孝不慈的"元恶大憝"。① 可见，那时人们对亲子关系的理解已经有了"父慈子孝"的基本萌芽。"父慈子孝"的思想意识在春秋战国时期得到了阐发并得以定型，这其中发挥最重要作用的就是儒家。儒家亲子关系思想在承接西周传统的同时，融合自家学派思想发展形成了以"父慈子孝"为核心的孝慈精神。儒家对孝道有一本专论——《孝经》，因而人们对于儒家讲求"子孝"非常清楚。事实上，儒家也是最早倡导"父慈"思想的流派之一。孔子在《论语》中明确地把"慈"作为父对于子的道德规范，提出"慈孝则忠"（《论语·为政》），把"慈"与"孝"并列对等起来。另外，儒家"四书"之首《大学》明确提到"为人子止于孝，为人父止于慈"，"父慈子孝"也因此成为中国古代亲子关系至善境界的代名词。经过儒家思想长期浸润后的孝慈精神进一步充实了家庭亲子伦理的内容，并彰显出以下四个突出的特点。

1."亲亲"居首

《中庸》中明确指出，"仁者，人也，亲亲为大"，意指"亲亲"是所有人际关系的基础和内核。无论是个人层面的道德信念、价值观念、行为原则方面，还是社会层面对个人行为的约束、安排和规范方面，"亲亲"都是这两者的基础和出发点。对于这一点，按照"推己及人"的逻辑，一个人不爱自己的父母、孩子，不爱自己的亲人、族人，怎么可能去爱与自己无关的陌生人呢？因此，中国传统儒学的"亲亲"观念是从人类最基本的自然情感出发，向同情恻隐之心的"陌生人伦理"辐射再发展到"类关怀"的全球人文情怀，这是基于血缘关系到非血缘关系的推演。"亲亲"思想体现的是儒家"仁爱"的理念，也是探讨亲子关系的价值基点所在。

2.家国同体

《孟子·万章上》指出，"孝子之至，莫大乎尊亲"，意思是对父母的孝道就是对天地之生德的最初体现。因此，儒家的"亲亲"范畴不仅是家庭伦理的概念，更延展到家庭之外的社会和国家。"老吾老以及人之老；幼吾幼以及人之幼"（《孟子·梁惠王上》），儒家慈孝文化由内而外，推己及人，实现了从自然性亲子辈际关系向社会性代际关系的跨越，彰显亲亲而博爱、尊亲而爱人的慈孝仁义情怀。这有助于促进家族代际关系的和睦，形成尊老爱幼的良好社会道德风尚。② 另外，在奴隶制时期开始形成的宗法制主张君父一体、家国同构，这便引申出将子对父的孝指向臣民对君主和国家的忠诚，父对子的慈指向君主对百姓和臣民的体恤。

---

① 十三经注疏·尚书正义[M].第十一卷.北京：中华书局，1980：204.

② 杨红梅，孙红萍，张想明."父慈子孝"：儒家亲子间对等伦理原则与当代代际关系的梳理[J].湖北工程学院学报，2016(2)：13-18.

3.权义对等

儒家讲求"君君,臣臣,父父,子子"(《论语·颜渊》),"父父""子子"的意思就是说父亲要做得像个父亲,儿子要做得像个儿子。孔子用最凝练的语言表达了亲子双方都享有各自的权利,也需履行各自相应的义务。子女享有被父母疼爱的权利,并履行赡养父母的义务;反之,父母享有受子女孝爱的权利,并履行抚养子女的义务。这种权利和义务对等的主张体现了儒家关于家庭亲子关系对等的基本伦理原则。

4.心物合一

《论语·学而》中讲:"君子务本,本立而道生。孝弟也者,其为仁之本与。"就是说"亲亲"是仁的原生点,其基本要求就是"孝慈"。孝慈与爱、尊、亲、敬、忠、恕等道德情感和道德要求是紧密联系在一起的。"弟子入则孝,出则弟,谨而信,泛爱众,而亲仁。行有余力,则以学文。"其中"入则孝"是感恩教育,"出则弟"是尊重教育,"泛爱众"是关爱教育。所以,孔子认为,在慈孝问题上,不仅仅在于简单的物质赡养,而更重要的是心理上和情感上的顺、爱和敬,以及精神上的互相关心。

儒家"父慈子孝"所彰显出的孝慈精神是中华民族家庭伦理中最核心的要义,集中彰显了中国式家庭伦理的关系和内涵,对于当今亲子关系的维护和改善、维持家庭的和谐具有独特的道德关怀的精神价值、文化继承的教育价值和普适推广的实践价值。特别是孝慈精神中内蕴的亲子间双向义务结构,作为中国传统家庭伦理调节家庭成员关系的基本模式和伦理机制,对于协调当前家庭慈孝不对等的矛盾具有重要的价值。

二、家训文化:中国古代家庭伦理的规训载体

在古代大家族中,长辈经常给晚辈讲述自己家族兴起的历史、祖辈积累的一些经验和告诫,这就是中国家训的缘起。传统家训主要通过家书、家谱、家规、家训专著等文本形式记录下来。中国传统家训在商周时期就已经出现萌芽,《尚书·无逸》记载有周公劝诫其侄周成王要勤政无逸的事迹。汉魏时期是中国传统家训的定型时期,大量家训专著在这一时期产生,如刘邦的《手敕太子》、班昭的《女诫》和诸葛亮的《诫子书》等。中国传统家训经过几千年的发展,已然形成了内容丰富、思想深刻的家训文化,成为中华民族传统文化的瑰宝和中国人共有的精神家园,也成为当前重塑家庭伦理的宝贵资源。

传统家训作为中国人独有的治家规范,是中国古代规训家庭伦理的一个重要载体。千百年来,家训文化中"既有帝王将相对子女的教诲,也有其亲身经历的经验之谈;既有历代先贤教导子孙的书面文字汇编,也有典型人物模范事迹、美德懿行的辑录；既有父母长辈教导子弟的铭言、族长对族人的教诲训示，也有兄弟姐妹之间的劝谕；既有教化家庭成员的日常行为规范，也有预防后人行不法、不德之事的警言"①。传统家训涉及的领域很广，其最核心的家庭伦理内涵就在于"睦亲"和"教子"。

1. 睦亲

就睦亲治家而言，传统家训文化与儒家的孝慈精神不谋而合，把父慈子孝、兄友弟恭及营造和睦的家庭风气放在十分重要的位置。曾国藩曾指出孝悌是家和的药方，"家和则福自生，若一家之中，兄有言而弟无不从，弟有请而兄无不应，和气蒸蒸而不兴者，未之有也；反是而不败者，亦未之有也"②。北齐教育家颜之推也在其《颜氏家训》中强调兄弟姑嫂间要和睦相处，少生嫌隙，"各妻其妻，各子其子"。就亲子关系方面，传统家训除了对子女的家庭责任做出训示，强调子女要"用天之道，分地之利，谨身节用，以养父母"之外，同时要求父母要关爱和呵护子女的成长。这种互动式的伦理责任和情感输出与儒家的"父慈子孝"一样，对于维系和谐的亲子关系、维护和睦的家庭氛围以及维持家族的兴旺持续起到了很好的作用。

2. 教子

就教子立身而言，传统家训以"整齐门内，提撕子孙"为宗旨，特别强调"爱子当教之以义方"，所谓爱子贵在教子，家训记录和传承的重要价值也正在于此。诸葛亮在《诫子书》中告诫子孙"非学无以广才，非志无以成学"；其他，如"江南第一家"郑氏家族的家训教育子孙后代要多积德、勤行善："吾家既以孝义表门，所习所行，无非积善之事，子孙皆当体此，不得妄肆威福，图胁人财，侵凌人产，以为祖宗积德之累。"此外，比较有名的民间家训——福建汀州客家的严婆家训告诫族人要做到六个三——"三尊"（尊天、尊国、尊家）、"三重"（重母、重妻、重女）、"三严"（严教、严行、严省）、"三勤"（勤善、勤劳、勤进）、"三守"（守义、守礼、守成）、"三弃"（弃恶、弃非、弃伪）。可以看出，传统家训对子女的教育也多为儒家的为人处世之道，重在培养子女"忠、孝、仁、俭、廉、义"等优秀道德品质，致力于塑造子女"内圣外王"的理想人格。

传统家训表达了长辈对晚辈的殷切期望，表现出了"慈"之外的"严"，而这种"严"是充满"爱"的"严"。这样的家庭教育给予子女健康成长所需的良好环境和优质养分。而将子女培养成"有道德"的人，使得长辈在"付出"慈爱和教育的同时"收获"晚辈的孝爱和感恩，也能"收获"家庭的和睦和兴旺。古人以家训

---

① 田旭明. 修德齐家：中国传统家训文化的伦理价值及现代建构[J]. 江海学刊，2016(1)：222-227.

② 曾国藩. 曾国藩治家全书[M]. 长沙：岳麓书社，1997：2.

的方式对子女进行教育,从而建立良好的亲子伦理关系,启示现代的父母要多关注子女的性格养成和道德塑造。特别是在当今生养教不一致和父爱缺失成为中国式家庭主要特征的情况下,古人的家训更值得学习和借鉴。法国克里斯琴·施皮茨(Christian Spitz)博士曾经忠告人们,为人父母要"培育你们的孩子,多和孩子在一起",因为只有在父母亲情的关爱与关怀下,在良好的家庭教育氛围中,孩子才能更加健康地成长。

三、亲权制度:古代亲子法对亲子关系的调整

"亲权"这一概念是近代从西方引进我国的。在现代意义上,"亲权"主要是指父母基于其身份对未成年子女的人身、财产进行教养保护的权利和义务。"亲权制度"是基于亲权概念,涉及家庭伦理中亲子关系的一项重要民事法律制度,其中父母对未成年子女的抚养、监护和教育是亲权制度的核心内容。其实,我国古代也有与"亲权"相似的概念,那就是"父权"。"父"在《说文解字》中的解释为"矩也,家长率教者,从又举杖",可见,"父"字本身就内含了统治和权力的意味。由于宗法的传统和家庭在我国古代社会中的重要作用,统治者十分重视对家庭内部伦理关系的调节,以父权为核心的法律制度成为整个封建法律体系的重中之重。我国古代的亲权制度深受宗法和礼制的影响,从"君君,臣臣,父父,子子"到"君为臣纲,父为子纲,夫为妻纲",在古代中国这样一个家国同构的社会体系中,"管理的金字塔是由大大小小的血缘或拟血缘父家长们组成的——上至一国之君,中至一郡之守,下至一家之长,他们按照差序等级分别管理着大大小小的血缘或拟血缘群体"①。

中国古代的亲权制度也经历了一个形成发展的过程,最早可以追溯到西周时期的周公制礼。周公制礼秉持的"亲亲""尊尊"原则和精神,在当时既是一种道德规范,又是一种典章制度。而后经历战国时期的"礼法融合"以及汉代的"引礼入法",许多宗法伦理所确认的家庭内部的亲情义务逐渐被法律化。唐代时我国古代立法进入高峰期和成熟期,这时亲权制度也已经发展得相当完备,《唐律疏议》作为集唐代乃至中国古代法律之大成者,详细地规定了家庭伦理以及关于"父权"的一些条目,可以从中总结出古代亲权制度大体包含以下三个方面的内容。

1.财产权

家庭的全部财产都属家长所有,家长享有支配、处分这些财产的绝对权力。

---

① 汪兵.是所有权还是使用权:论中国父家长的权限[J].天津师范大学学报(社会科学版),2000(5):41-44.

《唐律疏议》规定："祖父母、父母在，子孙就养无方，出告反面，无自专之道。而有异财、别籍，情无至孝之心，名义以之俱沦，情节于兹并弃。稽之典礼，罪恶难容。二事既不相须，违者并当十恶。"意思是如果祖父母、父母在世，子孙未经过家长同意而另立门户、分割财产是有违孝道的。

2.主婚权

古代中国婚姻讲究的是"父母之命，媒妁之言"，子女婚姻全凭父母做主，父母可以命令子女与任何人结婚或离婚而子女不得有一丝的违抗之意，这一点得到了法律的确认和支持。《唐律疏议·户婚》明确规定："卑幼在外，尊长后为定婚，而卑幼自娶妻，已成者，婚如法；未成者，从尊长，违者，杖一百。"子女违反父母的意志会被杖打一百。

3.教惩权

教惩权由"教令"和"送惩"两部分权力构成，"教令"是子女要服从父母的管教，遵从他们的命令行事；如果子女违反家法或父母的意志，父母是可以对其加以责罚并以不孝的罪名向官府起诉，这就是"送惩"。《唐律疏议·斗讼》中规定："诸子孙违犯教令及供养有阙者，徒二年。"另外，律法中还体现了"为亲而屈法"的原则，"若子孙违犯教令，而祖父母、父母殴杀者，徒一年半；以刃杀者，徒二年；故杀者，各加一等……过失杀者，各勿论"。可见，父母杀害违反教令的子女受到的处罚远没有子女违反父母教令所受的惩罚来得重。

从律法的规定我们可以看出，中国古代亲权制度确实存在着较多弊端，比如它对家长权威的过度强调和捍卫显然会扼杀子女的基本自由和权利意识；它为维护"父权"而确立的"为亲屈法"的原则明显也是一种不平等的家庭亲子关系。尽管如此，古代亲权制度能够在封建社会延续几千年的历史事实却也让我们不得不承认它的合理价值：它在子女责任意识的培养以及家庭长幼之间亲情的维系等方面发挥了积极的作用。当前中国家庭中的亲子关系正面临严峻的挑战，我们有必要吸收和弘扬中国古代亲权制度中注重培育子女的孝亲精神和责任意识等积极合理的因素，从而构建符合时代发展的和谐的家庭亲子关系。

第二节　中国式家庭伦理的现状

中国传统文化中家庭亲子伦理的核心是"孝慈精神"，它具有亲亲居首、家国同体、权义对等、心物合一的特点，对传统家庭亲子伦理关系的调节产生了深远的影响。然而，随着社会的现代化发展，经济市场化、文化多元化、社交网络化、服务社会化、城乡一体化不断推进，传统家庭的规模、结构、功能都发生了不同程度的变化，亲子伦理"父慈子孝"的传统平衡机制也被逐渐打破。中国式家庭亲子关系面临种种道德困境,并导致诸多社会问题的产生。这既不利于亲代与子代之间的情感沟通和下一代的全面健康成长,也容易导致整个社会家庭亲子伦理观念的混乱,进而影响人们家庭生活和社会生活的和谐稳定。因此,理清"中国式家庭"亲子伦理关系的现状,分析当前家庭亲子伦理面临的道德困境和亲子伦理关系在不同层面上的冲突和矛盾,为中国式家庭伦理重塑提供现实依据是很有必要,也是很有意义的。

一、中国式家庭亲子伦理关系的现实剖析

"家庭是基于婚姻、血缘和收养关系而形成的最基本的社会细胞或社会组织。……自形成之日起,家庭就不是一个静止不变的组织,而是随着社会的变迁而不断进行着调适。"①在当前现代化和全球化的背景下,中国社会正处于经济转轨、人口流动、观念转变的历史转型时期,社会的转型既推动着中国式家庭的结构变革,也对家庭的伦理关系产生了重大影响。当下的中国式家庭,传统的"传宗接代、子孙满堂"的大家庭模式正在解体,家庭规模日趋小型化;家庭形式逐步稳定,以结构简单的核心家庭或主干家庭为主;"此外,还有 AA 制家庭、丁克家庭、周末家庭、空巢家庭、合同家庭、群居家庭、虚拟家庭甚至人与动物组成的家庭,它们都具有自身的'合法性'"②。这些后现代式家庭模式的萌生使中国式家庭的形式日渐多样化。综合上述特点,当今的中国家庭正处于传统、现代和后现代家庭模式共存的阶段。家庭伦理关系也因此表现出相当的复杂性和变动性,家庭伦理道德处于某种失序状态:"传统的家庭道德正在解体,现代家庭道德尚未形成,后现代家庭道德又滋生和蔓延开来。"③

现如今,家庭伦理道德的失序是"中国式家庭"伦理关系的突出表现,它在一定程度上削弱了家庭伦理道德的规范和约束作用,引起家庭伦理关系的紧张与冲突。特别是在家庭亲子伦理方面,现代化的快速发展使传统"父慈子孝"的亲子伦理观念和道德规范无法再协调亲子之间的代际关系,但与现代化相适应的新型家庭亲子伦理观念尚未形成,家庭亲子伦理面临诸多道德困境。同时,由于现代化冲击存在地域和群体的局限,家庭亲子伦理观念的变迁出现了城乡分化和代际分化,这更加剧了家庭亲子伦理关系在不同层面上的冲突和矛盾,削弱了中国式家庭应对亲子伦理风险的能力。

---

① 杨菊华,何炤华.社会转型过程中家庭的变迁与延续[J].人口研究,2014(2):40.

② 高乐田.传统、现代、后现代:当代中国家庭伦理的三重视野[J].哲学研究,2005(9):89-93.

③ 高乐田.传统、现代、后现代:当代中国家庭伦理的三重视野[J].哲学研究,2005(9):89-93.

二、中国式家庭亲子伦理面临的道德困境

传统中国式家庭的亲子伦理表现为一种"互惠伦理"，父辈与子辈以"血缘认同"为核心，在生命上互续、在物质上互惠、在情感上互通，以建构一种双向对等的亲子伦理关系。在这一伦理关系中，不仅蕴含着权利与义务的逻辑统一，还渗透着亲子间慈孝对等的爱和尊重。然而，受现代化发展的影响，中国式家庭亲子伦理关系出现了权利和义务不对等、慈孝不对等、生养教不对等等种种道德困境，并由此引发了溺爱与啃老、养老问题，留守儿童问题，家庭德育缺失等一系列社会问题。

（一）权利和义务不对等

现代社会随着社会家庭结构和亲子关系的变化，亲子伦理关系中的权利和义务表现出失衡的趋势，即父辈过于强化自我义务，而子辈过于注重自我权利。特别是随着计划生育政策的执行，子女数量大大减少，社会竞争日趋激烈。一方面，父母担心孩子在激烈的社会竞争中处于劣势，便倾尽一切有限的时间、精力和金钱给予孩子尽可能好的教育和关怀，可以说为了孩子的发展和未来，父母愿意做出任何的牺牲。最为典型的就是中国父母特有的陪读行为，从小学、中学到大学，从学士、硕士到博士，有些父母甚至不惜举家搬迁，就为了能够继续照顾孩子的饮食起居。另一方面，从小被疼爱甚至溺爱长大的子女容易出现自我中心化的趋向，他们不再认为父母的生养是天大的恩情，而是将其看作父母理应履行的义务。同时，他们看重自我权利的保护，在亲子关系中追求自我利益的最大化，对父辈的财产和劳力进行无限制的榨取。近年来，我国日益扩大的"啃老族"队伍就是父辈与子辈权利义务不对等的产物，成年的子女不仅不能承担起赡养老人的义务，而且要继续占用老人的积蓄。可见，亲子伦理关系已经从双向权利义务关系走向了子代的单向权利。

（二）慈孝不对等

中华民族一直以来提倡"百善孝为先""孝子之至，莫大乎尊亲""人不孝其亲，不如草与木"等观念。然而，自古以来就是慈爱常见，孝爱难觅，正如"痴心父母古来多，孝顺子女谁见了"。现代社会，"慈孝不对等"的矛盾困境更是突出，父母抚养儿女，大爱无私，如飞流直下；而子女尽孝赡养老人，如逆水行舟，困难重重。随着老龄化社会的到来，家庭亲子伦理的脆弱和社会养老制度的不完善都让养老问题面临越来越严峻的挑战。尤其是社会发展带来人口的大规模流动，许多子女离开父母外出务工，亲子间经常性的面对面互动日益减少，亲子关系淡化疏远，"空巢老人""独居老人"的比例逐渐上升。这些老人往往年老体弱、无人赡养、就医困难，同时对儿女的思念让老人缺乏精神慰藉、孤苦寂寞。

不少老人会产生自责的倾向,不断回想自己是否有对不住孩子的地方,是否没有尽到做父母的责任;或者有责怪子女的倾向,觉得子女对父母不孝,只在乎自己而不顾父母。可见,"尊老爱老""孝义为先"这些传统的亲子伦理教化在现如今已经难以为继了。

(三)生养教不对等

"父慈子孝",父母慈爱在前,子女孝顺在后,父母慈爱的抚养教导是子女孝顺父母的前提条件。"一般说来,子代的抚养都由父母亲代完成,但由于现行社会的种种因素,子代的生养教链条出现了断裂,父母往往只行使了'生育'的责任,而抚养与教育的责任却交由隔代或由社会化的方式来承担……"[①]可以说,隔代抚养和抚养方式完全社会化是当前亲子伦理关系面临的突出问题之一。

隔代抚养有其两难境地。一方面,老人照看自己的孙辈能够在一定程度上充实自己孤独的晚年生活,缓解子女不在身边的情感缺失;但另一方面,承担监护孙辈的职责会加重老人各方面的负担,而且"隔代抚养对儿童言语能力、执行功能、心理理论发展有一定影响"[②],主要是父母与祖父母有着不同的教育理念和教育方式,祖孙代较大年龄差下也存在一定的代际沟通问题。当前,随着"二孩政策"的全面放开,将会有更多的(外)祖父母承担起抚养者的角色,隔代抚养的道德困境也将更加突出。

抚养方式的社会化主要是将孩子的抚养寄托于社会,比如育婴机构、月子阿姨、保姆、寄宿制学校、辅导机构等。亲子间的亲密关系虽以血缘关系为天然纽带,但也需要后天的培育加以维护,比如日常生活中的沟通交流、父母亲的言传身教、亲子间的抚慰关怀。因此,抚养方式完全社会化容易导致亲子沟通的缺失,使亲情疏离;也可能造成家庭教育的不到位,不利于孩子的健康成长。

此外,有的父母亲干脆"不养不教",比如弃婴;抑或是"扭曲教养",诸如家庭暴力、性别歧视、重智轻德、包办溺爱,等等。在如此生养教不对等的环境下成长起来的孩子,容易形成任性妄为、自私自利、一切以自我为中心等不良性格,自然不懂得孝敬父母,也无法承担起赡养父母的责任。

综上种种道德困境可以看到,现代社会的中国式家庭亲子伦理关系表现出单向度倾斜的明显取向,亲子伦理关系的失衡不仅带来诸多道德两难问题,时常触碰到社会伦理道德的底线;而且还造成了诸如养老问题、留守儿童的教育等一系列不容忽视的社会问题,影响到社会的稳定和发展。

---

① 张彦.价值排序与伦理风险[M].北京:人民出版社,2011:244.
② 郭筱琳.隔代抚养对儿童言语能力、执行功能、心理理论发展的影响:一年追踪研究[J].中国临床心理学杂志,2014(6):126-130,35.

三、中国式家庭亲子伦理道德困境的多重动因

现代社会,中国式家庭亲子伦理关系在现代与传统的碰撞、个体与社会的冲突、西方亲子伦理的影响、城乡亲子伦理的差异作用、代际亲子伦理的矛盾中,面临着种种道德困境和一系列社会问题。要破除道德困境,解决亲子伦理冲突带来的社会问题和矛盾,必须正视道德困境背后产生伦理冲突的根源,即亲子伦理关系在五个层面上的差异、碰撞与冲突,构建与现代社会发展相适应的新型家庭亲子伦理。

(一)现代与传统的碰撞

传统的家庭亲子伦理关系以小农经济和父权至上的大家长制为基础。改革开放后,现代社会的发展加快了传统小农经济和传统家长制的解体,也对传统亲子伦理提出了新的挑战。

一方面,改革开放带来了大规模的人口流动,人们离家工作、求学,拉开了亲子间的空间和时间距离,亲子关系日渐疏远。这不仅是对"父母在,不远游"的传统孝文化的颠覆,而且,大规模开放的代际流动往往造成道德价值观的代际分化,有些子女长期在外务工受到现代都市开放的道德价值观的影响,与父母亲传统的观念产生分歧,从而加剧亲子关系之间的冲突和矛盾。

另一方面,网络化、信息化时代已经到来,子代由于思维活跃、善于创新而表现出比亲代更快更强的学习能力。因此,亲代的经验和权威受到了挑战,他们需要在各个领域向年轻人学习,这便是美国人类学家玛格丽特·米德在其著作《文化与承诺:一项有关代沟问题的研究》一书中提到的"后喻文化"。随着"后喻文化"的出现,传统的"文化反哺"模式被打破,亲代的经验优势不复存在,反而由于身体和脑力的日渐衰弱而处于弱势地位。亲代地位的下降一定程度上对传统"父慈子孝"的观念产生了冲击,也削弱了子女行孝的道德认同。

(二)个体与社会的冲突

家庭是社会和文化的产物,不同的文化和社会环境下,家庭的规模、结构和功能不尽相同。改革开放以来,中国社会家庭规模趋于小型化,"421"家庭的数量激增,一对夫妻赡养 4 个老人,抚养 1 个孩子,这无疑加重了年轻一代的经济负担和精神压力。同时,社会保障制度和社会服务体系的日渐完善,促使家庭中的部分功能向社会转移,比如养老功能、教育功能等。然而,家庭情感满足功能的不可替代性和社会服务资源的极度有限,使得个体和社会在教育和养老问题上的冲突日益外显。

此外,社会主义市场经济体制重视个人价值,带来了个人主体意识的觉醒,人们开始意识到"只有个人才是这个世界最可真切体验的。离开了个人,社会

只是一个虚假的概念,因此社会不能在人之外,更不能在人之上。不存在社会的人,只存在人自身的社会性"①。由此个人与家庭、社会相分离,催生了个体独立化倾向的形成。然而,"个体化时代的个人追求成为生存伦理的主要原则,这时候道德原则已经从家庭利他主义走向了自我利己主义"②。自我利己主义的观念容易激化个体与社会的冲突矛盾,有的子女以自我为中心,造成了权利义务不对等、慈孝不对等的道德困境;有的父母以自我利益为先,导致生养教不对等的伦理问题。

(三)中外亲子伦理文化的差异

西方家庭伦理以夫妻伦理为核心,亲子关系需要服从于夫妻关系。也就是说,夫妻双方根据自己的婚姻情况决定是否要孩子,孩子因父母的决定而被带入这个世界,没有选择权。因此,"为了这样的一个行为,父母就给自己套上了一种责任,即要尽己所能创造一个令自己孩子满意的状态"③。这便是康德的亲子权利观,由于子女同意被出生和养育的缺席,父母养育子女成为一种责任,不要求回报。可见,西方的亲子伦理关系是一种"契约责任伦理",它是单向的权利义务关系。而中国式家庭的亲子伦理关系,费孝通先生提出这是一种"甲代抚育乙代,乙代赡养甲代,乙代抚育丙代,丙代又赡养乙代"④的双向"代际互惠伦理"。

当今,全球化潮流下多元文化相互碰撞,中国人对亲子伦理的认识受西方亲子伦理观念的影响,双向互惠的亲子伦理关系受到冲击。人们开始将父母的生育抚养之恩看作是亲代对子代应尽的义务,这种想法淡化了子代对亲代的报恩情结,也削弱了子女赡养父母的责任感。没有了这种责任感,人们对"尽孝道"便失去了强烈的价值认同,甚至以各种借口为自己的不孝行为辩解。就此,以"孝"为核心的道德责任感随之弱化,亲子关系的伦理冲突日益加剧。

(四)城乡亲子伦理的不同

现代城市中,随着社会养老保障制度和社会服务体系的引入,亲子间抚育与赡养的"反哺"模式已经或正在被打破。而在社会养老保障制度尚未完全建

---

① 戴茂堂. 中西和谐思想比较:以伦理学为视野[J]. 湖北大学学报(哲学社会科学版),2013(6):10-17.

② 朱静辉. 当代中国家庭代际伦理危机与价值重建[J]. 中州学刊,2013(12):107-112.

③ [德]康德. 道德形而上学·奠基[M]. 杨云飞,译. 北京:中国人民大学出版社,2013:101.

④ 费孝通. 家庭结构变动中的老年赡养问题:再论中国家庭结构的变动[J]. 北京大学学报(哲学社会科学版),1983(3):7-16.

立的农村,子代仍是父母最主要的赡养者,农村亲子关系中传统的"反哺"模式仍占主导,"养儿防老"的亲子伦理观深入人心、影响深远。从当前子代对亲代赡养的城乡分野可见,城市亲子伦理关系"功能性"的需求已经被削弱,取而代之的是亲子间"情感性"的伦理需求;而农村亲子伦理关系仍停留在"功能性"需求层面。

城乡亲子伦理关系,无论是各自所呈现出的特点,还是城市亲子伦理观念对农村的影响,都对中国式家庭亲子伦理关系产生不小的影响。对于城市的子女来说,家庭养老压力向社会转移,容易让子代忽视亲代情感上的伦理需求,使亲代缺少子代的关怀和情感的慰藉,产生孤独感和心理失调等问题;农村子女大部分在城市务工,受到城市亲子伦理关系影响而难以认识到"农村子代养老负担的减轻很大程度上建立在老年人主动和被动降低生活水准、延长劳作时间的基础上,远未达到'体面'养老的状态"①。农村父母出于对日后养老的期待,不得不继续以过度的"付出"来"交换"子代的赡养,从而加剧亲子间权利和义务不对等、慈孝不对等的伦理困境。

(五)代际亲子伦理的矛盾

代际亲子伦理的矛盾伴随着代际权利的转移而产生,传统亲子关系中,父代具有至高无上的权威,他们掌握家庭的财政权、管理权和话语权。然而,快速的现代化进程使得子代凭借其相对亲代更优的学习能力和善于创新的优势,逐渐获得经济上的独立地位,甚至能超过父代的收入而掌握家庭的经济大权。随着经济权的转移,家庭的管理权、话语权等也开始实现从父代向子代的过渡。这便意味着父代失去了传统家庭中的核心地位,代际关系的重心出现下移。父代权威和地位的下降,难免造成其内心的失落和孤独,代际间的冲突和矛盾便由此产生和凸显出来。同时,由于现代社会代际流动频繁,代际自由度相对提高。这在一定程度上加速了现代自由平等代际关系的建立,但是代际间束缚的降低也伴随着代际关系功能的弱化,比如代际沟通减少,亲情关系疏远;亲子间的权利和义务界限日益淡化,甚至不复存在。长此以往,亲代与子代之间的代际矛盾和冲突将不断激化。

"亲子伦理是以塑造亲代与子代之间和谐的亲情关系,促进下一代的全面健康成长为目标,提升亲子关系质量的一种全新伦理教育模式。"当前,中国式家庭亲子伦理面临的道德困境,事实上都是家庭亲子伦理关系在不同层面上冲突和矛盾的外显,也就是说,中国式家庭亲子伦理关系遭遇的现代与传统的碰

---

① 王跃生.城乡养老中的家庭代际关系研究:以 2010 年七省区调查数据为基础[J].开放时代,2012(2):101-121.

撞、个体与社会的冲突、西方亲子伦理文化的影响、城乡亲子伦理的差异、代际亲子伦理的矛盾,导致并加剧了当前的道德困境。而中国式家庭的亲子伦理在这五个层面上的差异、碰撞和冲突都是社会现代化发展的产物,因此,要打破家庭亲子伦理关系面临的道德困境,需要构建起与现代社会发展相适应的新型家庭亲子伦理体系。

第三节　中国式家庭伦理重塑的理论依据

面对当前亲子教育面临的突出问题,若要破除亲子伦理中的道德困境,需要构建与现代社会发展相适应的新型家庭亲子伦理。这种伦理体系的构建,既需要根植于中国传统文化的土壤,也需要直面变化着的社会现实。本书的基本观点是:中国式家庭伦理的重塑,需要引入"界限伦理"的理论依据,即要廓清家庭内部的"边界意识",构建中国式家庭"界限伦理"的伦理基础。

一、界限伦理的含义

界限伦理是在尊重子代自主性价值原则的基础上,预留子代的物理和心理上的生存空间,并且使这种空间与外界保持一定的界限的伦理原则。界限伦理就是要给亲代和子代都划分自己独立空间的明晰的边界。这种边界,特别是精神边界是指自我存在所需要的空间、时间、自由意志、自我责任、个人主权和情感距离等。个体作为行为主体的存在,就意味着边界的存在。在亲子关系中,无论是亲代和子代,他们都是独立存在的个体,都应具有自身合理的边界,界限伦理正是在这样的基础之上提出的。

界限伦理提出的现实背景是父母亲代包办一切、外界指令太多等现象层出不穷。比如在学龄儿童的教育问题上就需要廓清界线。在当下中国,随着社会经济水平和受教育程度的提高,子代的教育日益成为家庭生活领域的重要内容。然而,在这一问题上,中国式家长往往习惯于对子代的教育大包大揽。他们为孩子报内容各异的兴趣班、补习班,却往往忽视了子代的性格特点和兴趣差异,从而挤占了子代自由选择并发展自身兴趣特长的空间,也压缩了子代自由支配的时间与空间。此外,外界亦习惯于对其他家庭的儿童教育发表议论。七嘴八舌的谈论与比较,造成了诸如"别人家的孩子"等一系列问题,给子代心智的健康成长造成了不利影响,也给和谐健康的亲子关系的构建和维护带来挑战。在这种情况下,中国式家庭亲子关系的重构就需要引入界限伦理,廓清亲子关系中的边界意识,为子代的成长预留物理和心理的空间。

而在理论方面,界限伦理也是基于家庭伦理的其他视角所遭遇的边界而引发的。譬如,基于血缘的亲子伦理价值排序会遭遇养之恩与生之恩的道德困境,而基于父子等级的亲子伦理价值排序则会产生孝顺与自由自主之间的道德困境。具体而言,如同在当下中国式家庭普遍存在的慈孝不对等的问题中,边界意识的缺失也是一个不能被忽视的诱因。传统中国的家庭伦理是建构在亲子关系的双向义务结构之上的。亲代对子代的慈爱以及子代对亲代的孝爱,是亲子关系保持和谐稳定的基础和纽带。但在近代,随着西方"自由平等"观念的涌入,中国传统的伦理基础受到了冲击。"过分膨胀的个人主义养成了六亲不认的社会风气,强调权利而忽视义务的诉讼制度导致人与人之间的紧张、冲突、霸道和计较的心态,也带来了亲情之间的唯利是图的争夺和同胞骨肉的自相残杀。"①因为亲代对子代的慈爱多出自人类的本能,这些影响所带来的子代孝爱的缺位,最终造成了亲子关系中慈孝不对等的道德困境。

二、界限伦理与关怀伦理、仁爱伦理的比较

在亲子关系方面,伦理学领域的研究已经形成了一些经典的理论,其中尤以西方的关怀伦理和东方儒家的仁爱伦理为代表。它们都强调亲子关系中的爱与关怀,并且在伦理关怀的前提和基础方面与界限伦理存在着共通之处。然而,这些现有的亲子伦理理论谈论的多为亲代与子代之间的关爱,从而与界限伦理存在着显著的差异。

（一）界限伦理与西方关怀伦理的差异

"关怀"是 20 世纪 70 年代随着女性主义的发展而流行起来的一个伦理学范畴②,关怀伦理也被称作女性关怀伦理③。哈佛大学的教育学教授卡罗尔·吉利根(Carol Gilligan)认为:"女性对世界有与男性不同的憧憬,女性和男性分别用关怀和正义来构建人与人之间的关系。从女性不同的声音来看,社会关系的破裂是各种社会不平等现象、各种伤害的根源,重建以关怀为基本特征的关系将是女性所认为的解决途径。"④可见,关怀伦理强调的是一种基于女性视角的关爱。这种关爱建立在对女性的天性认知的基础之上,并且往往是自然无私的。而界限伦理则主张要预留各自独立的空间,明晰亲子双方各自在其相互关系中的责任与义务。这种对边界意识和权责关系的强调,与出于母性本能的关

①　刘军平.儒家"亲亲相隐"的伦理依据和法律诉求[M]//郭齐勇.儒家伦理争鸣集:以"亲亲互隐"为中心.武汉:湖北教育出版社,2004:740.

②　田广兰.公正与关怀:民生制度与实践的伦理原则[J].道德与文明,2011(3):45-50.

③　李丹萍.西方关怀伦理与儒家仁爱伦理的对比[J].学术交流,2015(9):40-45.

④　[美]卡罗尔·吉利根.不同的声音:心理学理论与妇女发展[M].肖巍,译.北京:中央编译出版社,1999:64-65.

怀伦理具有内在的差异性。

（二）界限伦理与儒家仁爱伦理的差异

仁爱是儒家建立起来的东方伦理学流派。儒家的学说又被称作仁学，儒学经典《论语》中蕴含着丰富的"仁"的思想，儒家的五伦就将"仁"放在首位，而所谓"仁者，爱人"便是儒家强调仁爱的突出示例。这种"仁爱"的伦理思想亦是将关爱作为其理论核心。"樊迟问仁。子曰'爱人'"（《论语·颜渊》），"仁也者，仁乎其类者也"（《吕氏春秋·爱类》），强调的都是一种对人的关爱。在儒家看来，"'爱人'的具体内容就是尽自己最大的努力去尊重、同情、体贴、关心、帮助他人，以爱己之心爱人"①。在此意义上，如同西方关怀伦理一样，儒家仁爱伦理同样以仁爱为核心，表现着人的自然真实情感，因而与界限伦理存在着明显的差异。此外，不同于西方关怀伦理的女性视角，儒家仁爱伦理缘于封建社会的父权制度。儒家的"仁爱"是在严格的等级关系中展开的，义务和权利极不平等的"爱"。"亲亲而尊之"（《原性》），"人之有爱，本由亲立；推而及物，自有等级"（《朱子语类》），等等，其所体现的都是一种建立在等级差别基础之上的爱。较之于尊重子代自主性和自由意志的界限伦理，这种差别之爱亦显示出了仁爱伦理与前者的差异。

三、界限伦理的基本价值原则

亲子教育的界限伦理廓清了家庭成员内部的边界，预留了亲代与子代之间各自独立的空间，与传统的父母亲代包办一切的关怀伦理、仁爱伦理存在着明显的差异。当然，作为构建新型亲子关系的伦理依据，界限伦理自身也需要建立在以下几个基本价值原则的基础之上。

（一）自主原则

人之所以为人，很大程度上便在于人作为行为主体，能够进行自主地选择，从而将自己从外在的、强制的限制中解放出来。因而，对于亲子伦理，乃至一切伦理问题的讨论，首先应该建立在自主原则的前提和基础之上，应当认可和尊重每个人的主体存在，认可并尊重主体的自由意志和自我决定能力。界限伦理建立在尊重子代自主性价值原则的基础之上，并为子代的自由意志和自我选择预留了足够的空间。无论是亲代还是子代，在亲子关系中，只有基于自主原则，充分尊重彼此的自主空间和自由意志，才能够确立亲子关系中的"界"和"线"，从而为破除亲子伦理困境寻找出路。

---

① 李丹丹.西方关怀伦理与儒家仁爱伦理的对比[J].学术交流,2015(9):40-45.

（二）爱的原则

爱是一种情感，是个体内在的心理体验，它所体现的是人们内心持有的与所爱对象结合为一体的意愿，包含尊重、给予、沟通、共荣四个基本要素。① 家庭是以爱为本质的直接的、亲密的伦理实体。在家庭内部，爱的伦理价值就在于它是联结家庭成员使其目标统一、情感共融、体验共享的桥梁和纽带。"作为家庭伦理的核心原则，爱的原则是亲子关系中的基本原则，而且这种爱是双向的、互动的。爱的原则不仅是平等、尊重、权利与义务对等诸原则的基础，而且还延伸出理解、关心、爱护、责任等具体价值规范。爱的原则贯穿于亲子生活的始终，对亲代和子代具有安抚和心理慰藉、温暖、亲密等情感功能，从根本上保证了亲子关系的和谐与幸福。"②在亲子关系中，父母对子女施以慈爱，这是一种自然质朴的无私之爱，而子女则应对父母尽以孝心。和谐幸福的亲子关系应建立在两代之间这种适度、妥帖的爱之表达的基础之上。

（三）关怀原则

在卡罗尔·吉利根的基础上，斯坦福大学的教育学家内尔·诺丁斯（Nel Noddings）十分明确地建立起以关怀为核心的道德教育理论，并指出"关怀作为一种联系或遭遇，是根植于人类生活的属性，并不是强加的属性，所有人都希望被关怀"③。内尔·诺丁斯的教育理论将关怀作为调节人际关系的基本原则："关怀是处于关系中的一种生命状态，而非一套具体的行为方式。"④作为内含于界限伦理基本价值中的关怀原则，强调一种发自内心的自觉的关怀。界限伦理真实的生活基础，正是在这种真正的关怀中建立起来的。

（四）责任原则

自 20 世纪下半叶以来，"责任"成为了西方应用伦理学思想的核心范畴。作为一种伦理思想，责任原则超越了传统伦理学对于个体行为的讨论，进而对人类社会的集体活动进行探讨。不同于传统伦理学以"己"为本位的简单道德思维，责任原则给亲子关系带来了更多关于人与人之间的应然性的思考。詹姆斯·斯特巴认为，把道德视为不偏倚的观念容许涉及对孩子进行日常照顾这样

---

① 王苏.爱：家庭伦理的核心原则[J].学术交流，2008(3):38-41.

② 张彦.价值排序与伦理风险[M].北京：人民出版社，2011:250-251.

③ 石中英，余清臣.关怀教育：超越与界限——诺丁斯关怀教育理论述评[J].教育研究与实验，2005(4):28-31.

④ ［美］内尔·诺丁斯.学会关心：教育的另一种模式[M].于天龙，译.北京：教育科学出版社，2003:36.

一种特殊的父母式的义务观念。① 并且通过以下几个方面对此进行了论证：来自社会地位的论证，认为父母是一种社会角色，与其他角色一样，本质上就包含了一些特殊的义务，因此就要恪守与之相应的责任；来自于亲近的论证，即父母被指定对他们自己的孩子负有特殊的责任，因为他们的处境更有利于照顾自己的孩子；来自于人善的论证，即基于爱的关系是具有重要意义的个人善，爱与被爱都是过一种丰富而令人满意的生活。很多父母认为对孩子付出自己的爱是令自己幸福的一部分，进而为了与自己的孩子建立起爱的关系并从中引出由个人善念出发的论证所预想的益处，赋予孩子的益处优先性。② 无论从哪个方面，都可以看出父母对孩子所负有的特殊责任。父母是孩子的第一任老师，是孩子成长过程中教育与营养的提供者，也是向孩子施以仁爱的行为主体。在亲子关系内部，亲代具有义不容辞的责任。当然，这种责任并不是包办一切的，而是要坚持有所为有所不为的原则，在恪守为人父母的责任的同时，从而将界限伦理落到实处。

上述四种原则均与界限伦理有着深刻的内在联系，并在后者的构建过程之中发挥着相应的作用。自主原则强调子代在亲子关系中的自主性，从而为界限伦理的确立奠定了基础；爱的原则联结了家庭成员之间的情感，从而为界限伦理下的两代关系架构起亲密的桥梁；关怀原则强调亲子之间出于内心的关怀，从而为界限伦理的建构提供了真实的生活基础；而责任原则则对亲子关系的权责与义务做出了应然性的思考，从而有利于界限伦理在亲子关系中发挥实际作用。

四、界限伦理的意义与价值

（一）有助于增强亲代的责任心

在中国，传统意义上的父母不仅是子代衣食住行的提供者，更是子代从教育到医疗等一切事务的护航者。这种保姆式的亲子关系往往容易造成两个极端：其一，亲代对子代大包大揽，致使子代自主能力缺失；其二，亲代索性对子代采取"放养"，进而造成子代成长过程中的监护缺失。这两个极端都会带来亲代责任缺位，不利于子代的健康成长，也不利于良好亲子关系的营造。亲子关系中的界限伦理主张廓清亲代与子代之间的边界，给亲代和子代划分清晰边界，

---

① ［美］詹姆斯·P.斯特巴.实践中的道德［M］.李曦，等译.北京：北京大学出版社，2006：140.

② ［美］詹姆斯·P.斯特巴.实践中的道德［M］.李曦，等译.北京：北京大学出版社，2006：144-148.

从而使其都具有自我存在所需要的空间、时间、自由意志、自我责任、个人主权和情感距离。廓清这种精神边界的目的，在于明确亲代与子代各自的空间、权利、责任与义务，进而有助于亲代在亲子关系中做到"有所为有所不为"，从而能够以足够的精力来尽到为人父母的责任，增强其作为亲代的责任心。

（二）有利于廓清亲代与子代之间的界限，增强子代自主性

在中国，由于核心家庭在近年来逐渐占据较大的比重，同时加上计划生育政策带来的副作用，亲子关系领域出现了越来越多的亲代包办一切的现象。当下中国的家长往往容易陷入对子代的过度干涉，进而束缚了子代的自由意志和独立能力。当前社会普遍存在的一个现象就是"有一种冷，叫作妈妈以为你冷"。中国式家长往往容易基于自身的主观感受而试图去包办子代的一切事务，这种过度的"爱"，实际上造成了子代自主性的缺失，并因此对子代的成长造成一系列负面影响。在此意义上，界限伦理提出要廓清亲代与子代之间的界线，尊重子代自主性价值原则，从而给子代预留出一定的物理和心理上的生存空间。这种界限意识有助于增强子代在亲子关系中的自主性，提高子代对自身作出自主决定的能力，从而有利于子代的健康成长。

（三）有利于平等亲子关系的形成

传统的中国式家庭在亲子关系领域容易产生两类问题。在一些家庭中，亲代秉持着父子等级关系的传统，维护自己在家庭内部不容置疑的地位，不注重与子代之间的沟通与交流，进而在一定程度上损害了子代在做出选择时的自主性。而在另一些家庭中，子代受所谓"自由"观念的影响，片面地强调自我在家庭关系中的自由，进而忽视子代对于亲代的孝与敬重，以及子代对亲代所具有的义务。界限伦理的提出，正是要廓清亲子关系中的两代关系，既提倡保护子代在亲子关系中的自主性，也力图唤醒子代在亲子关系中所具有的义务。由此，界限伦理在亲子关系领域的提出和构建，有利于形成代际平等的亲子关系。

构建亲子伦理的目标在于促进亲代与子代之间和谐的亲情关系，从而促进子代的健康成长。中国式家庭由于长期以来的社会基础、思想观念及政策措施的影响，形成了权利义务不对等、慈孝不对等、生养教不对等的一系列道德困境。在此情形下，中国式家庭亲子伦理的重塑，就需要廓清边界意识，引入界限伦理的理论依据。在亲子教育过程中，界限伦理为亲代和子代各自预留了独立的物理和心理上的空间，有助于明确各自的权利与义务，增强亲代的责任心及子代的自主性。合理恰当的界限、健康和谐的亲子关系，必然会对亲代和子代

双向关系和道德素质产生良好的影响,并由此促进当代中国亲子关系的全面提升。①

第三节 中国式家庭伦理重塑的视角与进路

中国式家庭伦理的重塑体现在传统大家庭到现代家庭共同体的转变与建构之中。这种转变与建构伴随着传统大家庭亲子文化的解构、现代家庭共同体对传统大家庭的替代、现代家庭共同体亲子伦理的介入,也是一个中国式家庭伦理廓清边界意识、构建界限伦理的过程。因此,中国式家庭伦理的重塑亟须构建与现代化发展相适应的新型家庭亲子文化,传统大家庭到现代家庭共同体的建构亦亟须亲子伦理的价值引导。

一、传统大家庭亲子文化的解构

社会学将传统家庭分为核心家庭、主干家庭、大家庭。我国的传统大家庭结构主要为有共同血缘关系的父母和已婚子女或已婚兄弟姐妹的多个核心家庭组成的大家族模式,这样的传统家庭结构通常有男尊女卑、长子及其兄弟有平等继承权、父母之命媒妁之言三个主要特点。这些特点充分体现了丈夫、妻子、子女之间的关系,其中亲子关系是维系家庭关系最重要的纽带。在家庭这个稳定结构的"铁三角"中,费孝通将夫、妻、子女比作三角形的三个顶点,认为"婚姻的意义就在建立这社会结构中的基本三角,夫妇之间不只是男女间的两性关系,而且还是共同向儿女负责的合作关系——夫妇和亲子,这两种关系不能分别独立,夫妇关系以亲子关系为前提,亲子关系以夫妇关系为必要条件。这是三角形不能短缺的"①。

中国传统社会的核心与基础正是以亲子关系为核心的传统家庭,亲子之间的血缘关系是凝聚家庭、社会乃至国家的纽带,由此形成了以传统家训为载体、以孝慈精神为核心的传统大家庭亲子文化和亲子伦理。

小农经济为中国传统"家国一体"的社会体制提供了经济基础,儒家学说则论证了这种体制的合理性并说明了其伦理意义。中国传统社会的人伦关系在"亲亲也,尊尊也,长长也,男女有别,此其不可得与民变革者也"(《礼记·大传》)中已有体现,儒家将"亲亲"发展为仁的概念——"仁者,人也,亲亲为大"(《中庸·第十九章》),而"仁之实,事亲是也;义之实,从兄是也"(《孟子·离娄章句上》),在这里,儒家又进一步阐发了"仁"的"事亲"之"实"、"义"的"从兄"之

① 张彦.价值排序与伦理风险[M].北京:人民出版社,2011:252.

"实"，实际上就是将"仁义"的本质解释为孝父母、敬兄长。孝文化成为传统大家庭亲子文化的核心，也是中国传统社会基本的道德规范，它作为"一个扩展性和伸缩性极大、层次性和适应性颇强的道德规范，上推有'慈''仁'，下推有'悌''忠'，旁推有'听''顺'"①。以孝为核心的传统大家庭亲子文化依据其独特的载体经历了数千年的传承和发展，这个载体即为家训，家训文化亦是亲子文化的重要组成部分。家训文化抽象出了诸多修身、治家、教子之道，这些核心文化也反映了儒家的孝慈精神。在传统大家庭结构中，中国式家庭伦理吸收了儒家的孝慈精神和家训文化，所形成的传统大家庭亲子文化在一定程度上规范了亲子伦理秩序。

　　随着中国近代社会的思想启蒙和西方民主科学思想的传入，中国传统儒家文化受到了新文化运动和五四运动支持者的批判，传统家庭伦理也遭受了强烈的冲击，传统大家庭亲子文化在内容和结构上逐渐被解构。新文化运动和五四运动倡导的"独立之精神，自由之思想""尊重个人独立自主之人格，勿为他人之附属品""脱离奴隶之羁绊，以完其自由自主之人格"等思想推动了个人独立的趋势，家庭成为束缚个人自由的"牢笼"，"传统的宗法家族制度被推向了启蒙进步的反面。在批判宗法家族制度的同时，家庭观念也失落了，家庭成为约束人、摧残人的魔窟，与之相关的家庭伦理成为罪恶的根源"②。传统家庭亲子文化的大家庭观念逐渐被个体独立意志所取代，以血缘为纽带的亲子关系被批判为剥夺自由的封建礼教，传统大家庭亲子文化的内容被新文化运动和五四运动传播的独立自由思想所解构。与此同时，支撑传统大家庭亲子伦理的儒家思想与独立自由的价值观念产生冲突，家国一体和个人优先的取舍在结构上消解了传统大家庭的亲子文化。随着经济体制和思想文化的变革，传统大家庭形式不可避免地失落在中国社会的变迁之中，传统亲子伦理的式微、新的家庭形式对传统大家庭的替代激发了重塑亲子伦理的需求。

二、现代家庭共同体对传统大家庭的替代

　　传播独立自由之精神的新文化运动和五四运动消解了传统大家庭的亲子文化，工业化的发展和现代化的理论则彻底瓦解了传统大家庭的结构。随着农业社会向工业化、城市化社会的转型、男女平等思想的广泛传播、科学技术的革新、人口数量的控制，封闭大家族的家庭结构模式已经无法适应现代社会，新的家庭结构模式在现代社会发展中应运而生，现代家庭共同体逐渐替代了传统大

---

①　张彬.中国传统家庭伦理的现代转换[J].南京政治学院学报,2000(2):96-99.
②　赵庆杰,王立华.近现代中国社会家庭的伦理解读[J].求索,2009(10):101-103.

家庭。现代家庭共同体对传统大家庭的替代过程既包含现代家庭共同体的建构过程又内含中国式家庭伦理的重塑。

现代家庭共同体以工业化、城市化为基础,在市场经济语境下,从婚姻制度、家庭结构、家庭关系、家庭功能、家庭伦理五个方面进行了建构。

（一）婚姻制度方面

传统大家庭往往遵从父母之命媒妁之言,婚姻的主要目的在于巩固家族之间的关系和孕育后代,而"近代以来历次思想解放运动都提出了'婚姻革命'的口号,要求建立起男女社交公开、恋爱自主的婚姻制度,使男女当事人成为婚姻的主体"[①],现代婚姻制度更为尊重独立个体的意愿,并在法律上对婚姻关系进行了规定和保护。

（二）家庭结构方面

传统大家庭呈现氏族的规模,家庭人口众多。在工业化、城市化过程中,家庭规模小型化,家庭人口逐渐减少,家庭结构以一对夫妻及其未成年或未婚子女为核心的家庭模式居多。"经典的家庭现代化理论提出了几个基本假说,其首要条件即是家庭变迁的一元化模式。只有核心家庭才能最大程度地满足个人主义和平等主义价值观,满足工业化和城市化的要求。传统大家庭妨碍了个人的自由,阻碍了工业的发展。因此,现代家庭的表现形式只能是核心家庭,或者说,现代社会中占据主导位置的应该是核心家庭。"[②]

（三）家庭关系方面

随着女性地位提升,现代女性普遍参与社会工作,收入分化和经济独立改变了男主外女主内的传统分工方式。现代家庭共同体中的夫妻关系从以男性为主"夫主妻从"转变为"夫妻平权",甚至"男弱女强"的女性主导关系。家庭伦理关系从以亲子关系为轴心转变为以夫妻关系为轴心,传统大家庭庞大的亲属网络被弱化。

（四）家庭功能方面

现代家庭共同体对传统大家庭的替代最为显著的一点就是家庭功能的变化。在小农经济主导的封建社会,传统家庭既扮演"生产单位"的角色,又具有"消费单位"的功能;同时传统大家庭还承担着一些社会职能,如承担子女的家庭教育,担负大家庭中长辈的养老,大家庭手工作坊的技艺传承,等等。这些传

---

① 李桂梅.略论近代中国家庭伦理的嬗变及其启示[J].伦理学研究,2003(1):65-70.

② 马春华,石金群,李银河,等.中国城市家庭变迁的趋势和最新发现[J].社会学研究,2011(2):182-216.

统大家庭的家庭功能在现代已经部分或全部转变为政府和社会的职能。

（五）家庭伦理方面

家庭伦理是家庭中人与人之间的道德关系，是家庭精神生活中的重要组成部分，是家庭表现为上层建筑的一个方面[①]，也是现代家庭共同体最重要的部分，婚姻制度、家庭结构、家庭关系、家庭功能的转变直接反映在家庭伦理上。现代家庭共同体的建构必然对家庭伦理产生深刻的影响，进而产生亲子伦理的道德困境，亲子伦理的代际问题越发突出。廖小平指出："与传统社会家庭代际关系的极端不平等不同，现代社会中家庭代际关系日趋平等。代际成员间子女一方的平等、平权意识也越来越强……一种新的'重少轻老'的代际不平等始露端倪，传统'孝'的真义开始蜕化。"[②]

与传统大家庭相比，现代家庭共同体在重塑家庭伦理上面临着传统与现代的碰撞、个体与社会的冲突、城市和乡村亲子伦理的差异、代际亲子伦理观念的矛盾等困境，解决这些问题需要中国式家庭伦理廓清边界意识，构建界限伦理。

三、现代家庭共同体建构的伦理介入

经济制度的市场化、个人主体的社会化、社会生活的现代化和价值观念的多元化不同程度地影响了现代家庭共同体的建构，层出不穷的家庭矛盾和冲突呼吁构建适应时代的新型亲子伦理来"治疗"家庭亲子关系的"空心病"。

现代家庭共同体最深刻的伦理问题是家庭代际伦理问题即亲子关系问题。结构功能主义是家庭社会学中影响较大的学派，它从家庭和社会的相互影响中研究家庭，认为家庭是具有稳定性的社会组织，个人服从家庭是社会稳定的前提。但是现代社会的民主思想增强了家庭中代际关系双方的平等意识，子女对父母的服从不再是盲目的，这也影响了家庭关系的主轴由亲子关系向夫妻关系倾斜；现代家庭共同体代际关系双方的平等化愈加凸显了父慈子孝这一双向义务的伦理要求，然而"市场经济、家庭结构变迁和独生子女政策等的综合效应使家庭代际关系出现了'逆倾斜'的现象，即由原来的'老年本位'向'青年和少年、儿童本位'、由'长者中心'向'少者中心'、由'尊老抑少'价值取向向'重少轻老'价值取向的逆转"[③]。家庭代际伦理的重心转移造成了代际亲子矛盾，现代家庭共同体结构的小型化激化了代际亲子伦理问题，如长辈等对下一代的慈爱过度，造成了孩子个体发展的不均衡，"重智轻德"的倾向更加导致亲子关系的紧

---

① 潘允康.研究家庭社会学[J].天津社会科学,1984(4):46-51,72.

② 廖小平.中国传统家庭代际伦理的现代转型和重构[J].东南学术,2005(6):81-86.

③ 廖小平.中国传统家庭代际伦理的现代转型和重构[J].东南学术,2005(6):81-86.

张,同时溺爱子代还会造成父慈子孝双向道德义务中"孝道"的缺失。现代家庭共同体建构过程中的亲子关系伦理失范需要界限伦理的介入,廓清中国家庭伦理的边界意识。

在现代家庭父辈与子辈之间人格的平等关系基本确立的基础上提倡"父慈子孝""生养教反哺"等双向义务,不仅成为可能而且是必须的。中国式家庭伦理的重塑包含了对传统大家庭亲子文化的去芜存精,以及重新定义"父慈子孝"等传统大家庭亲子文化的精华,使之适应现代家庭共同体的需要、现代社会市场经济和精神文明的建设。

从传统大家庭的式微到现代家庭共同体的建构过程中可以看出,传统并不与现代完全对立,而是相互包容、相互补充的。传统大家庭的式微和现代家庭共同体的建构是家庭适应中国社会变迁的必然选择;从家庭文化学和家庭社会学的视角分析现代家庭共同体的伦理冲突,并对现代家庭共同体进行伦理介入是当代亲子伦理重塑的现实路径,亲子文化与亲子伦理在不同情境下亦有不同的内涵和价值准则,而不论是何情境,都需要廓清亲子伦理的边界意识,构建界限伦理,在解决具体问题中重建中国式家庭伦理更具有当代意义与价值。

第四章　边缘儿童的关怀

在重点描述典型的中国式家庭与亲子文化之外，我们也不能忽视儿童群体中的边缘化人群。广义上来说，边缘儿童是指在生活环境、生理特征、行为方式、价值观等方面与普通儿童有所差别，并且所受的关注较少或者不被社会接纳和认可的儿童群体，包括留守儿童、流动儿童、单亲儿童、残疾儿童、流浪儿童等。本章重点探讨的是由于家庭原因而被"边缘化"的儿童，或者由于儿童存在生理、心理等缺陷而被"边缘化"的普通家庭中的儿童。这些边缘儿童及其家庭有着与普通儿童群体不尽相同的生存环境，因此其亲子文化也有所区别。

本章将针对留守儿童、单亲儿童、残疾儿童、被领养儿童这四类边缘儿童的亲子关怀问题，分别从以下三个方面展开讨论：一是概括性描述当代中国边缘儿童及其家庭亲子关系的情况；二是对边缘儿童及其家庭亲子互动、亲子教育、亲子关系的构建和维护中产生的问题及其成因做出探讨；三是对边缘儿童的关怀和救助做出分析，重点探讨应如何构建和维护良好的亲子关系。

第一节　留守儿童关怀问题

虽然留守儿童早在 20 世纪 80 年代中期农村青壮年劳动力大规模进城开始就已经出现，但该群体真正引起社会广泛关注却是在 21 世纪之后，留守儿童就学难、看护难等诸多问题在大众传媒上屡见不鲜，而学界也对留守儿童的生存状况、心理发展等方面进行了深入的调查与研究。

众所周知，家庭是构成社会的基本单位之一，是由具有婚姻关系和血缘关系的成员组成的人类生活中最重要的社会基本群体/单位。对于普通儿童而言，身处父母共在的双系抚育中，亲子关系上有着地理空间上的充分接近，心理认同方面也有密切互动作为基础。① 但对于留守儿童而言,父母中一方或双方的外出改变了原有的亲子关系。因此从家庭入手,了解、改善留守儿童的家庭模式和亲子关系,对于改善留守儿童的成长现状意义重大。

一、中国留守儿童家庭概况

随着我国工业化和城市化的步伐加快,大规模的人口迁移使得不能跟随父母一起迁移的留守儿童日益增多。吕利丹等根据 2015 年全国人口 1‰抽查数据估算,我国约有留守儿童 6877 万人,占全国儿童总数的 25.4%,其中农村留守儿童约 4051 万人,占农村儿童的 29.4%,占留守儿童的 58.9%;而城镇留守儿童数量 2826 万人,占城镇儿童的 41.1%。相较于 2010 年的数据,农村留守儿童数量减少了 776 万人。② 从地域分布上看,农村留守儿童主要集中在我国中西部劳务输出大省如四川、河南、安徽、湖南等地,同时广东、江苏等东部发达省份比例也很高。③

全国妇联的农村留守儿童生存状况调查报告显示,将近半数的留守儿童父母都外出,其中近 1/3 的农村留守儿童与祖父母一起居住,有 10.7%的留守儿童与其他人一起居住。④ 同时还有 3.37%的留守儿童单独生活,由于留守儿童基数大,我们可以推算出该类独居的儿童可能有 205.7 万名,对于身心尚未发展成熟的儿童而言,这是亟须解决的。

在此背景下,留守儿童的亲子教育变成隔代抚育、寄养甚至独立生活的模式。他们的家庭模式变为单亲监护型、祖辈监护型、亲朋监护型和自我监护型。⑤ 这些非典型性的家庭模式使得留守儿童的生存和成长环境与普通儿童大不相同,在一定程度上也导致了留守儿童在社会适应、心理发展、情感表达等方面的失调。

受经济条件、工作时间、迁移距离等因素的影响,留守儿童与父母见面周期漫长。有关调查显示,近 30%的留守儿童在一年内只能见父母 1~2 次,而超过 15%的儿童甚至一年都见不到一次。据此比例可以推算,全国有近 1794 万名

---

① [加]大卫·切尔.家庭生活的社会学[M].彭钢旆,译.北京:中华书局,2005.

② 吕利丹,等.新世纪以来我国儿童人口变动基本事实和发展挑战[J].人口研究,2018,42(3):65-78.

③ 全国妇联课题组.全国农村留守儿童、城乡流动儿童状况研究报告[J].中国妇运,2013(6):30-34.

④ 全国妇联课题组.全国农村留守儿童、城乡流动儿童状况研究报告[J].中国妇运,2013(6):30-34.

⑤ 罗静,王薇,高文斌.中国留守儿童研究述评[J].心理科学进展,2009(5):990-95.

农村留守儿童一年只能见父母1~2次；有921万名儿童一整年都见不到父母。① 而除见面外，留守儿童与其父母沟通联络也十分稀少。对留守儿童亲子间以电话或网络方式联系的次数所做的调查显示，有4.3%的留守儿童在一年内与父母没有任何联系，10.2%的留守儿童联系1~2次。② 这样的数字对于有着庞大基数的留守儿童而言显然是触目惊心的。

从联系内容看，留守儿童与父母联系时，75%的情况下是父母对子女的教导和交流，且以询问学习成绩和叮嘱要听话为主要内容，占所有交流内容的45%；了解子女的身体健康和安全状况位居其次，占所有交流内容的15%；再次才是询问子女的心情和温饱等问题。子女对父母的交流和诉说内容仅占所有聊天内容的25%。留守儿童关心父母，叮嘱父母注意身体占子女与父母交流内容的50%，占全部交流内容的13%；还有部分儿童关心父母在外情况，相关交流内容占儿童与父母交流内容的20%，占所有交流内容的5%；再次是告诉父母自己需要买的东西；向父母诉说烦心事仅占留守儿童与父母交流内容的8%，占所有交流内容的2%，这是非常小的份额。③ 正是由于见面、联系次数稀少，亲子互动缺乏，留守儿童和其父母成为彼此"最熟悉的陌生人"。

二、留守儿童问题表现及成因

(一)问题及其表现

就留守儿童而言，由于父母单方或双方长期在外，导致其家庭在功能发挥过程与功能发挥结果方面存在一些不利因素，如缺少父母关爱、家庭气氛冷清、家庭教育质量下降等。因而留守儿童被普遍当作问题儿童，其中安全和心理健康是该群体最引人注意的两大问题。

在安全层面，49.2%的留守儿童曾遭遇身体上的伤害，而该比例在普通儿童中是42%。④

在心理层面上，根据中国科学院心理研究所课题组2009年对中国留守儿童研究的述评⑤，在群体特征上，留守儿童的心理状态在以下几个层面表现出迥

① 段成荣，等.我国农村留守儿童生存和发展基本状况：基于第六次人口普查数据的分析[J].人口学刊，2013(3)：37-49.

② 李亦菲.拨开留守的"迷雾"：中国留守儿童心灵状况白皮书(2015年)[Z].北京：2015.

③ 段成荣，等.我国农村留守儿童生存和发展基本状况：基于第六次人口普查数据的分析[J].人口学刊，2013(3)：37-49.

④ 心文.全国农村留守儿童状况调查[J].中国生育健康杂志，2008(4)：232.

⑤ 心文.全国农村留守儿童状况调查[J].中国生育健康杂志，2008(4)：232.

异于普通儿童的特点。

1. 自我意识层面

留守儿童在自我意识层面普遍存在既自卑又自我的倾向，通常他们对自己的智力和外貌表现出较低的评价水平，但在与人交往的过程中又表现出一定的自我主义，拒绝被评判。

2. 心理健康层面

相较于普通儿童，留守儿童情绪比较不稳定，这导致该群体容易出现恐惧、敌对、偏执、强迫、人际关系敏感等问题。因此，留守儿童表现出焦虑和抑郁的比例明显高于非留守儿童。

3. 压力应对层面

留守儿童更多是事情的外部归因者，认为挫折的出现多由于外部的原因，并较多采用幻想、合理化、退避等应对方式。

4. 社会行为层面

留守儿童群体比非留守儿童更容易出现社会越轨行为，其社会适应不良的情况也更为突出。尤其是在人际交往上，由于父母单方或双方外出使得大多数留守儿童比较内向，有一部分儿童会面临欺凌，而部分则表现出一定的攻击性。根据一项小规模研究，14～16岁的留守儿童中有37％曾经想过自杀，12％有计划自杀，6.3％曾经自杀但失败。当父亲或母亲离开家工作时，儿童有60％以上的可能考虑自杀。[①] 而在青少年犯罪率方面，该比率近年在我国增长了13％，其中留守儿童的犯罪率更比其他青少年群体高70％。[②]

5. 生活质量层面

父母外出工作一方面固然为家庭带来更多的收入，提升了留守儿童的物质条件；但另一方面，父母管教的缺失，祖父母、寄养者等看顾不力，使得留守儿童发生意外、遭遇人身伤害的可能性高于普通儿童。

(二)问题成因

家庭功能理论指出，个体的适应能力往往与其家庭功能的现状密切相关。家庭功能是指家庭系统中家庭成员之间情感联系、家庭规则、家庭沟通以及应对外部事件的有效性。[③] 家庭实现其基本功能的结果与其亲密度和适应性之间

---

① 李光友，陶方标.14～16岁留守儿童心理状况及自杀倾向分析[J].中国公共卫生，2009,25(8):5-7.

② 尚晓援.中国儿童福利政策报告2011[R].北京师范大学壹基金公益研究院，2011：201.

③ 方晓义，等.家庭功能：理论、影响因素及其与青少年社会适应的关系[J].心理科学进展，2004(4):44-53.

是一种曲线关系,亲密度和适应性过高或过低均不利于家庭功能的发挥,平衡型家庭比不平衡型家庭的功能发挥要好。留守儿童问题,虽然根源是城乡二元体制,但直接原因却是体制之下家庭中亲子关系的残损使得家庭功能发挥不足所致,主要原因有以下几点。

1.亲子关系残缺或断裂

我国家庭以核心家庭和主干家庭为主。其中核心家庭中产生了由父、母、儿童组成的稳定的三角结构,这种最为基本的三角结构成为衡量家庭结构完整性的重要标志。而在留守儿童的家庭中,由于其父母一方或双方的长期缺位,原有的三角结构被打破:在某种程度上,父母一方外出的半留守儿童家庭会出现夫妻关系断裂、亲子关系残缺;父母双方皆外出的完全留守儿童家庭会出现夫妻关系断裂或外移、亲子关系断裂。

2.家庭模式变化和偏离

父母外出后,留守儿童的监护人发生了变更,原先双亲抚育的家庭模式出现异化。从原来的核心家庭和主干家庭转变为:①由父亲或母亲单方监护的单亲家庭;②由祖父母或/和外祖父母代为监护的隔代家庭;③由教师、邻居或父母的同辈亲戚及朋友代为监护的寄养家庭。这种重新组合的家庭模式使得儿童在成长中已经适应的家庭系统、成员关系被改变,从而影响家庭功能的正常运作。[①]

3.家庭功能的变迁和部分削弱

家庭功能相关理论认为,家庭基本功能是为家庭成员生理、心理、社会性等方面的健康发展提供一定的环境条件,并且家庭必须进行一系列的任务来保证功能实现。[②] 正由于留守儿童家庭模式的变化与偏离,其家庭功能也有一定的改变,甚至出现极大的削弱。

在家庭的经济功能上,对应的任务为满足家庭成员的物质需要。由于父母外出获得了更多的经济效益,留守儿童家庭经济产出相较于周围其他非留守儿童家庭较高。留守儿童获得的物质条件在一定程度上优于周围非留守儿童,其家庭的生活水平、教育支付水平也因此高于周围非留守儿童的标准。

在家庭的情感功能上,尤其是情感反应能力和情感卷入程度这两个方面,留守儿童家庭都比普通家庭显示出了较大的削弱状态。儿童与父母建立的依恋关系可以使得儿童获得更大的安全感,创造其健康成长的条件。留守儿童由

---

① 吕吉,刘亮.农村留守儿童家庭结构与功能的变化及其影响[J].中国特殊教育,2011(10):59-62.

② 徐夫真,张文新,张玲玲.家庭功能对青少年疏离感的影响:有调节的中介效应[J].心理学报,2009(12):65-74.

于与父母的分离,这种依恋关系也被割裂。而隔代抚养的祖辈、寄养家庭的亲眷及留守儿童自身都无法代替父母在儿童早期发展中的这种关键角色,这导致留守儿童自我情感处理能力的降低。

同时,家庭作为儿童早期社会化的主要场所,承担着儿童获得人际交往技能、培养道德观念等诸多责任。亲子之间频繁的人际接触、耳提面命可以使儿童更好地实现早期的社会化目标。但亲子关系的缺失与断裂,却使得留守儿童家庭教育处于真空或缺失的状态。

三、留守儿童关怀策略

留守儿童问题的形成是我国城乡二元户籍制度使然,但前文我们已经提及,留守儿童问题出现的直接成因是父母离开子女造成的家庭功能受损、亲子关系残缺和断裂。那么解决留守儿童问题,对其给予充分关怀的措施就是让留守儿童能够有机会跟随父母进城,跟随父母一起流动。换句话说,就是让"留守儿童"变成"流动儿童"。我国研究留守儿童、流动儿童问题的段成荣教授就曾经提及"作为整体组成部分的留守儿童和流动儿童,是可以相互转化的"。留守儿童转变为流动儿童,是人口迁移的内在要求,也是城市化的内在要求,同样也是千千万万留守儿童及其家长的本能要求。2005—2010 年的五年间,全国流动儿童规模增速明显快于留守儿童的增速,这一事实也客观地反映了儿童和家长的需求。

当然由于一些现实因素,留守儿童转化为流动儿童还受到很多条件的制约。对于没有条件转变的留守儿童,其身处的家庭、学校和社会需要做出更多的努力。留守儿童家庭功能的残缺,意味着学校和社会需要尽力弥补,承担起帮助留守儿童正常社会化的责任,在生活上关爱,在学业上督导,在人格上健全,在道德上引导。但这不是本部分所要叙述的重点,故不一一详谈。

而对于留守儿童家庭,目前的流动父母固然有疲于工作的原因,导致对子女的管教有心无力;但也有父母对儿童的成长推诿责任,以不在儿童身边为理由,拒绝关心,放弃行动;也有父母虽然十分关注儿童,但往往只是一味说教,对子女真正的内心需求不予理会。因此要重新构建良好的亲子关系,流动父母应当关注好以下几点。

(一)积极行动,主动弥补

流动父母不在子女身边,并不意味着没有教养子女的责任。事实上,越是不在身边,越应当积极主动地采取行动,主动弥补亲子分离、家庭拆分给子女带来的伤害。对于流动父母而言,首先必须建立起为人父母的责任感,端正好态度,才能够在长期分离中,维持较好的亲子关系。

（二）主动与子女的照顾者沟通联络

留守儿童家庭照顾模式主要包括由父亲或母亲单方监护的单亲家庭,由祖父母或外祖父母代为监护的隔代家庭,由教师、邻居或父母的同辈亲戚及朋友代为监护的寄养家庭。无论是哪一种模式,在外的父母都必须加强与子女照顾者的沟通与联络。儿童成长中会遭遇各种显性与隐性的问题,如果不在子女身边,子女又不愿提及,那么父母是很难发现的。只有时时关注,保持与实际照料者如祖辈、亲眷、教师等的联系沟通,才能有的放矢,及时了解子女成长与发展的现状和困难。

（三）增加联络次数,丰富交流内容

调查发现,流动父母与留守儿童的联络与沟通不仅次数稀少而且内容贫乏。无论在次数上还是内容上,都不能和非留守儿童家庭相提并论,这是值得特别注意的问题。留守儿童家庭的亲子沟通应注意如下几点:①放低姿态,给儿童机会以了解父母的生活;②尊重儿童,多了解儿童的日常,适时提出意见与建议;③控制尺度,既要从儿童的成长与情感需要出发考虑问题,但又不一味地迁就、溺爱。

（四）关注子女的身心健康,尤其是心理健康

流动父母对子女的关注多聚焦于生活和学习,对子女心理方面的健康发展和人格完善却不够重视。针对这一不足,流动父母需在了解子女成长现状的基础上,对其学习生活中的不良价值观及时引导,同时关注子女在不同发展阶段的心理需求,尽可能地提供条件加以满足。

（五）多与子女见面交流

要维持良好的亲子关系,既需要多沟通、了解,更需要一定程度的肢体互动。家庭生活的习惯影响甚至情感卷入,很大程度上是通过共享身体上的亲密接触实现的。条件允许下,父母要创造条件多与子女见面,比如在寒暑假、节庆日接子女到身边,或者在假期自己回乡小住。加强亲子近距离互动对于维护和弥补残缺的亲子关系是必不可少的。只有通过面对面的接触和交流,才能巩固子女与父母之间原有的依恋关系,才能真正关切到因父母远离而无法承欢膝下的留守儿童,才能弥补幼小心灵因家庭分割而造成的伤害。

第二节 单亲儿童关怀问题

单亲家庭是指只有父亲(母亲)一方与其未婚的、年龄在 18 周岁以下的、不具备独立生活能力的子女共同生活的家庭。从历史上看,单亲家庭作为一种家

庭形式早已存在,其发生源可以概括为以下四种方式:丧偶、离婚、未婚、分居。

单亲家庭的家庭结构由传统核心家庭的父母子三角模式转变为直线型互动模式,以单系抚育为主。和完整的家庭相比,因家庭结构的特殊性,单亲家庭往往要克服更多经济、社会和感情方面的问题。单亲儿童要经历家庭破裂或家庭异常带来的极大痛苦,相较于同龄人而言承受着家庭的不完整所带来的消极影响。因此,对于单亲家庭而言,他们所面临的亲子关系问题往往更加严重。

一、单亲儿童家庭概况

全世界大约有 16% 的儿童生活在单亲家庭中,且单亲母亲抚养成为单亲家庭的一个主要趋势。① 2006 年,美国有 1290 万个家庭为单亲家庭,其中 80.6% 的单亲家长是女性。在 2013 年人口普查中,17.8% 的新西兰家庭是单亲家庭,其中五分之一为单亲母系家庭。② 在英国,约有 8%~11% 的家庭为单亲家庭。英国政府的统计显示,52% 的单亲家庭低于政府界定的贫困线(住房成本之后)。③

在中国,随着从计划经济向市场经济转变,中国的婚姻关系、家庭制度发生了巨大变化,尽管婚前性行为、婚外恋、离婚、独身、自愿不育以及同性恋等反传统家庭形式的规模和影响力还无法同西方相比,但中国的婚姻家庭关系已在打破传统单一的标准模式,微露出从单元到多元的萌芽,其中单亲家庭数量越来越多。

据国家卫计委 2014 年《中国家庭发展报告》披露,我国单亲家庭已超过 2000 万户。单亲家庭比例逐年上升,2010 年为 2396 万户,成因以离异为主,70% 为单亲母亲家庭。④ 单亲家长的年龄构成以 35~45 周岁为主,但逐年来看,28 周岁以下的单亲家长人数也呈现上升趋势,可推断单亲家庭子女也越来越呈现低龄化。单从我国离婚率增长上就可见单亲家庭的数量呈逐年增长的趋势(见图 4-1)。

从单亲家庭的类型来看,离异单亲家庭是最主要的单亲家庭模式,占我国单亲家庭总体数量的 80% 以上。离异对于单亲儿童而言可能会造成重大影响。美国学者 Pearlstein、Popenoe 等的研究表明,在美国,单亲家庭对儿童的学校教育以及社会生活都可能造成不良影响,还可能导致犯罪、吸毒、未成年怀孕、贫

① Rampell C. Single parents, around the world [N]. The New York Times,2010.
② Statistics New Zealand,2013Census: about families and households [Z]. 2014.
③ United Kingdom Office for National Statistics. Labour market statistics [Z]. 2006.
④ 中华人民共和国国家卫生和计划生育委员会. 中国家庭发展报告[R]. 2014.

困和福利依赖等问题。① 我国学者傅安球等设计了"儿童认知发展评价量表"，对全国 27 个省区市 1733 名在校小学生进行测试，其中包括 900 多名父母离异儿童和 800 多名完整家庭儿童，并通过大量个案研究得出结论：单亲儿童的智商指数和学习表现与完整家庭儿童相比有很大距离，且证实离异对儿童情感、情绪变化、问题行为和亲子关系等方面具有长期的负面影响。

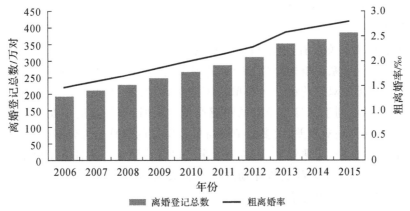

图 4-1　2006—2015 年中国历年离婚案件数和粗离婚率②

　　从单亲家庭的家长来看，在世界范围内，单亲母亲是单亲家长的主体。在美国，80.6％的单亲家庭是单身母亲为家长的。而单亲母亲作为主要照料者的趋势与传统双亲家庭育儿趋势中父母照料的比重相符合，事实上与男性相比，女性在所有儿童照顾中的比例超过 2/3，在某些情况下甚至是百分之百。从某种意义上来说，这是由于女性社会性别角色的固化，使得传统观念认为大部分的儿童保育责任都应当落在女性身上。

　　同时值得注意的是，未婚母亲和儿童组成的单亲家庭也越来越成为单亲家庭的一个重要模式。美国人口普查局 2015 年的调查显示，每 10 个儿童中有 4 个是由一个未婚母亲所生。③ 随着我国市场经济的推进，女性地位也在稳步提升，这种趋势在一定程度上也推动了我国未婚单身母亲的出现。

　　① William I V. From family collapse to America's decline: the educational, economic, and social costs of family fragmentation[J]. Teachers College Record, 2011; Popenoe D. Families without fathers: fathers, marriage and children in American society[M]. New York: Routledge, 2011.

　　② 中华人民共和国国家统计局. 中国历年离婚案件数、离婚率、孤儿总数、收养儿童案数[Z]. 2018.

　　③ US Census Bureau. Household relationship and living arrangements of children under 18 Years[Z]. 2015.

在我国传统观念中,家庭中较大的经济收入来源于丈夫,妻子的收入低于丈夫其至没有收入。但随着市场经济的发展,男女平等的观念越来越深入人心,女性收入在家庭总收入中的比重也在逐渐向男性靠拢其至超过男性。但一人独立支撑家庭,承担养育未成年子女的责任还是容易给单亲家庭造成经济困难。对于单亲子女而言,其生活水平与质量相比于双亲皆在时是下降的。因此从经济状况看,单亲家庭由于家庭劳动力的缺乏,在一定程度上缺少更充裕的物质条件。

从家庭亲子关系看,由于彼此互动的增加,单亲家庭的家长与子女通常会有更加紧密的关系。根据社会等级论的观点,在双亲家庭中,等级制度明显,子女有来自父母的双重约束。而在单亲家庭中,只有父(母)子关系,家庭内部的等级性减弱,有利于父母与子女的情感交流。同时,单亲家庭子女的家庭生活环境、生活条件相对较差,大多数子女与单亲父母的情感依恋较强,更能善解人意,在日常生活中,成熟较早,更易为单亲父母分忧解难。并且由于单亲家庭的家庭规模缩小,亲子之间交流互动的频率也大大增加,因此单亲家庭的亲子关系相较于双亲家庭更为紧密。

二、单亲儿童问题表现及成因

事实上,仅从负面探讨单亲家庭对子女的影响是不合适的,生长在单亲家庭的挫折经历也会给单亲儿童的成长生活产生一些正向作用,并使得儿童发生积极性的改变,如儿童的自立愿望得到加强,有利于亲子间的情感交流,子女的生活技能得到增强,有利于儿童的身心发育。但不可忽视的是,单亲家庭对儿童有着多方面的负面影响,我们需要从这些问题入手,从亲子层面对单亲儿童进行关怀。除去前文已经提及的单亲家庭较双亲家庭经济来源减少、物质条件下降外,单亲儿童面临的主要问题和成因包括以下几点。

(一)问题表现

1.单亲儿童性别认知出现偏差

单亲儿童容易产生性别认知偏差,尤其是性别不同的子女和家长之间,容易发生性别角色的移位。[①] 父亲和母亲在家庭中拥有两种截然不同的生理性别和社会性别,两者并不能被完全替代。而在单亲家庭,由于缺少父母中的一方,单亲家长的性别角色对于子女而言会变得模糊而混乱。

主要原因有三点:首先,单亲家长必须"又当爹又当妈",身兼父母双重角色,方能够让子女获得家庭内社会化的动力;其次,由于当今社会市场分工为男

---

① 　员丽萍.论单亲家庭子女人格的培养[J].长安大学学报(社会科学版),2003(4):59-64.

女平等创造了条件,使得男性和女性本身的性别差异发生弱化,家庭分割更使其性别角色不再是鲜明的;再次,性别角色社会化的重要机制是模仿,当父母中一方缺位尤其是同性家长缺位时,单亲儿童就丧失了可以近距离模仿和追随的社会性别角色。因此对于单亲儿童尤其是低龄的那部分群体而言,容易使其产生性别角色的混乱,在性别认知的过程中发生偏差。

2. 单亲儿童社会适应能力较弱

有人对单亲家庭子女结伴难易、好朋友数量、交往关系的亲密程度等方面进行过研究。结果发现,不管形成单亲家庭时子女年龄的大小,在社会适应能力方面都或多或少地受到了一些影响。比如:幼儿在心理行为上更多地表现为退缩;小学生情绪低落,或较多地引发行为问题;初中生焦虑严重;等等。

(二)问题成因

1. 单亲家庭的家庭结构变异

与留守儿童家庭一样,单亲家庭的家庭结构发生了变化,由原本核心家庭的父母子三角模式转变为父(母)—子形式。这种家庭结构的变异导致家庭关系不再稳固,缺位的父(母)角色使得儿童原本的认知被打破,原有的习惯必须重新建立。同时,这种家庭模式的变异也导致原本的双亲抚育转化为单亲抚育,单亲抚育固然能够在家庭教育方面产生更为统一的意见,但同时也容易导致专制、片面化、儿童教育培养策略失当等问题。

2. 亲子教育方式失效

在一些单亲家庭中,单亲家长对于儿童的看顾并不能完全满足儿童的全部需要,在较大的生活、心理和经济压力之下,单亲子女的抚养者容易在亲子教育方式上走向偏颇。这种亲子教育方式失效主要表现在以下方面:第一,亲子关系定位发生误差。一些单亲家长将自己定位为监管者、控制者,属于专制型家长,对子女有较高的期望。资源交换理论认为,专制型父母主要通过滥用惩罚、不良监控、负强化等方式对子女进行教育,此种教育方式下的儿童也倾向于以消极方式对父母做出反应,形成了亲子间的消极互动。久而久之,就导致了儿童的攻击行为和反社会行为。同时由于家庭模式变化,单亲家长的教育方式会导致专一片面,持久过高的期望和消极的批评教育使得儿童成长的自尊需求被剥夺,对自我认知产生否定和怀疑,从而导致自卑、自责等问题。有些单亲家长则是典型内部归因者,将离异、丧偶等家庭解体的原因归结于自身,故而在亲子关系中倾向于做无条件的妥协和付出。该类家长在失去伴侣后将子女视为家庭的唯一,容易发生溺爱现象。在此关系中成长的儿童常表现出自控能力差、情绪不稳定、自我中心等问题。第二,在单亲家庭的形成中除了儿童,单亲家长本身也承担着痛苦和压力。一方面他们需要承担家庭全部的经济负担,面对来自家庭外的工作压力;一方面他们也必须适应家庭中夫(妻)角色的缺位,兼任父母的双重角色;同时他们也将面临社会舆论的"有色眼镜",其父母要求重组家庭的压力,等等。对于单亲家长而言,在一系列的问题中找到平衡点进行解决是需要时间的,有的甚至无法协调。如果将压力带到家庭,会使原本不堪重负的儿童更加难以适应家庭解体带来的影响,也难以在成长的后期适应社会。

3. 心理失衡

由于受到家庭解体的冲击,单亲儿童在心理上遭遇创伤,致使心理失衡,甚至引发社会越轨行为。单亲家庭在剧烈的社会变动中毕竟是一个脆弱的、不稳定的社会组织。其结构的不完整,限制了其功能的发挥,单亲家庭功能中问题解决、沟通、情感反应和行为控制以及整体家庭功能均较低[①],使得单亲儿童更加难以调节个人的心理和行为。而这种心理失衡更使得单亲儿童很难在社会交往中获得正常体验,人际关系上的失败则会导致孤僻、冷漠,无所适从等负面情绪,形成一个恶性循环,甚至可能引发社会越轨行为。

(三)心理创伤难以治愈,容易造成社会越轨行为

对于单亲儿童而言,家庭解体的创伤是很难消除的,单亲儿童心理创伤最明显的表现就是心理封闭、个性自卑、抑郁、猜疑、嫉妒、孤独,甚至冷漠,厌恶交往,逃避与他人接触。

该问题的主要成因:首先,家庭破碎本身就代表家庭关系紧张、至亲去世、未婚生育等很多方面的不幸,而由这些不幸引发的家庭解体、分崩离析产生的则是更为持续而深刻的影响和作用;其次,在处理应激事件时,单亲儿童需要一定的社会支持机制介入使其更好地处理和整理生活,但由于单亲家长不重视,很可能导致单亲儿童陷入家庭解体冲击引起的情感和行为上的机制紊乱,使心理创伤难以愈合;最后,这种心理创伤必定会对单亲家庭子女的社会性,尤其是对亲子关系、同伴关系等人际关系造成不良影响,导致单亲儿童难以产生信任从而难以建立亲密关系,而社会交往的缺乏往往使其心理创伤更难痊愈。

三、单亲儿童的关怀策略

单亲抚育特别是离异、丧偶等突发事件对儿童产生的巨大影响是不可估量的。为尽量消减这方面的不利影响,需要社会、学校以及单亲家庭自身做出努力,从以下三个方面入手,采取相应的单亲儿童关怀策略。

---

① 方晓义,等.家庭功能:理论、影响因素及其与青少年社会适应的关系[J].心理科学进展,2004(4):44-53.

（一）三位一体，共促儿童身心发展

家庭、学校和社会是单亲子女每天都要接触的环境，单亲子女处于这三者相结合的成长环境中，三者对于其教育都负有不可推卸的责任。因此，家庭、学校和社会应充分认识到这个问题的严峻性和迫切性，形成坚固的三位一体的教育结构，共同促进单亲子女身心健康发展。

在学校教育中，教师应注重因材施教，对于单亲家庭的子女，应当从关爱的角度出发予以教育和管理，避免单亲儿童的自尊心受到伤害，而不利于其健全人格的养成；而对于社会，应当为陷入危机的单亲家庭以及单亲儿童提供更多的支持，包括为家长设立子女教育咨询机构，为儿童提供托养机构，等等，使单亲家庭能够获得更多的外界资源，从而增加家庭系统自身的抗逆力。

（二）两种模式，稳定亲子关系

对于单亲家长而言，有一种观点是家庭"代替模式"[1]，即在家庭解体后重组家庭。这种建议认为离婚后对儿童最有利的做法是迅速地创造一个新的核心家庭来替代以前的家庭，强调以创造一个新的家庭来使儿童的生活重归稳定，弥补先前的创伤。但这种方法的前提是，离开家庭的父亲（母亲）的家庭权力应当被让渡到进入家庭的继父（母）身上，而继父（母）必须能够履行好缺位父（母）的全部责任，使得儿童也能够接受这个新的核心家庭。

另一种观点认为，应当从"持久模式"的角度出发[2]，主要适用于离异、分居等亲生父母均健在的单亲家庭。这种观点认为不论单亲家庭是否重组，亲生父母与儿童的频繁接触都是非常重要的。从这种模式的角度看，一方家长的缺位并不意味着家庭关系的结束，亲子关系仍然可以在家庭外延续，亲生父亲（母亲）依然承担着与儿童构建亲密依恋关系的责任和义务。但这种模式沿用在重组家庭时，必须将儿童对继父（母）和亲生父（母）的角色加以区分，以免产生混淆。

（三）爱与尊重，重视家庭教育

虽然单亲家庭的家庭结构不完整，但不能因此忽略了正常的家庭教育。

第一，对于单亲家长而言，自身要建立起积极乐观的心态，才能引导子女健康心理的养成。家庭解体导致的痛苦无论是对于家长还是对于儿童都是深刻而持久的，但父（母）亲作为成年人，相较于儿童具有更强的抗逆能力和抗压能力，切不可在悲伤和愤懑情绪中难以自拔和颓废消沉，忽视儿童的存在，无视儿

---

① ［加］大卫·切尔.家庭生活的社会学［M］.彭钢旎，译.北京：中华书局，2005.
② ［加］大卫·切尔.家庭生活的社会学［M］.彭钢旎，译.北京：中华书局，2005.

童成长中的变化或粗暴抹杀儿童稚嫩的情感,倘如此,就是做家长的自我意识的丧失。家长应坦然而勇敢地面对现实,振作起来为儿童创造一个良好的家庭氛围。单亲家长要以宽容的心态立身行事,对子女健康的身心发展担负起应尽的责任。

第二,建立良好的沟通机制。由于受到心理创伤,单亲儿童通常是敏感脆弱的,家长在教育中一定要注意建立良好的家庭沟通机制,晓之以理,动之以情。沟通是家庭功能的重要维度,家庭成员通过沟通,实现问题解决、角色分工、情感介入和行为控制。沟通也是家庭成员间解决问题的重要途径,单亲家长和儿童共同面对家庭成员缺位的困境,单亲子女在此时会产生更强烈的自我意识和自主性,希望获得来自外界更多的尊重和理解。如果单亲家长仍将子女视为懵懂稚子,不给予更多尊重和理解,很可能会导致亲子关系紧张,子女疏远父母甚至叛逆。因此,在一个单亲家庭中,旨在解决问题的沟通尤为重要。这种沟通对于维护亲子关系和家庭功能都具有深刻意义。

第三,不隐瞒和欺骗,营造开放、温暖、支持型的家庭环境。家庭环境对亲子关系具有非常重要的影响,在温暖、支持型家庭环境中,亲子沟通更为开放,亲子间能够耐心地讨论彼此间的分歧,沟通中出现的问题就较少。单亲家长在营造家庭氛围和环境时需要冷静、理智、放弃原本的不良情绪,对于儿童可以坦诚地以其能够理解的方式说明情况,甚至可以使其参与家庭决策。至于在什么时间、用什么方式告诉儿童,还要根据儿童年龄大小、个性特征、情感成熟程度来具体分析。只有儿童理解了家长,才能面对现实、承担责任,与家长共同克服困难,亲子沟通和亲子关系才会不断得到改善和提高,从而向良性循环发展。

第四,培养单亲子女的独立性,成为权威型父母。父母要求性是指父母对儿童成熟与合理行为的期望和要求程度;父母反应性是指父母以接受、支持的方式对儿童的需要做出反应的程度。对儿童具有较高要求性又具有较高反应性的父母属权威型父母,他们对儿童温暖而严厉,对儿童的需要能做出反应,并给予儿童合理的控制,故能最理想地促进儿童的适应性行为和能力的发展。由于家庭结构的变化,单亲家长在教育子女时容易陷入专制型父母或溺爱型父母的误区,这些教养方式并不利于单亲儿童的健康成长和实现社会化。只有对子女有较高的期望,又能够对子女的要求做出及时合理的反应,才能满足和支持儿童成长,培养其独立性和社会适应能力。

第三节　残疾儿童关怀问题

残疾儿童是指在心理、生理、人体结构上,某种组织、功能丧失或者不正常,部分或全部丧失日常生活自理、学习和社会适应能力的儿童。残疾类型包括视力残疾、听力残疾、言语残疾、肢体残疾、智力残疾、精神残疾、多重残疾六类。残疾儿童是一个特殊的儿童群体,由于其肢体、智力等方面功能的不足,更需要家庭、社会的支持,促进其实现正常社会化。

长期以来,残疾儿童的照料和服务主要依靠以家庭为主的非正式支持系统。这个系统主要由残疾儿童的父母组成,在非正式支持系统中,以父母为主的家庭成员是为残疾儿童提供支持和服务的主体,扮演着极为重要的角色。残疾儿童家庭除了要担负起对残疾儿童的生活照料、经济和医疗支持外,还需要提供情感支持。但正是由于家庭成员在照顾残疾儿童时承担了重要的角色,残疾儿童父母也承受着较大的负担和压力。角色紧张理论认为,对于照料者来说,他们要承担不同的社会角色,如照料者、劳动支柱、开导者等诸多角色,在一定程度上,更容易增加照料者的压力和负担。因此,对残疾儿童家庭的问题、需求进行分析,提出相关的策略,对于残疾儿童的关怀和服务具有重要意义。

一、残疾儿童家庭概况

据联合国儿童基金会的保守估计,截至 2013 年,世界共有超过 9300 万名残疾儿童,他们往往缺少正常受教育的机会,缺乏常规的医疗服务,极少能在社会上发出自己的声音。[①] 在我国,截至 2015 年,全国约有 0～6 岁残疾儿童167.8 万人,每年新增 0～6 岁残疾儿童约 19.9 万人,其中智力残疾所占比例最高。0～14 岁残疾儿童超过 900 万人,占全国同龄儿童总数的近 3%。残疾儿童的身体发育、精神和心理发育及人格健全发展与正常儿童存在差距,成长后在就学、就业、婚姻等方面也将面临困难,因此更需要家庭、社会给予支持。

从经济条件来看,残疾儿童家庭收入普遍较低。2013 年度城镇残疾人家庭人均可支配收入 15851.4 元,农村残疾人家庭人均纯收入 7829.9 元,都远低于我国同年度城乡居民家庭人均可支配收入的 26955.1 元和 8895.9 元。[②] 一方面是由于残疾人本身需要的医疗器械、治疗等都需要经济支持,另一方面是由于残疾导致了就业方面的困难或局限。

从家庭结构来看,残疾儿童家庭中核心家庭占绝大多数,主干家庭次之,单亲家庭在残疾儿童家庭中也占有相当比例,明显高于普通儿童家庭。据《2013年度中国残疾人状况及小康进程监测报告》的统计,2013 年度,17 岁及以下残疾儿童中父母双方为监护人的占 85.4%,父母一方为监护人的占 5.5%,父母

---

① 　UNICEF. The Introduction of Disabled Children[R]. 2017.

② 　胡晓毅. 我国残疾儿童家庭生活质量与家庭支持现状[J]. 中国康复理论与实践,2016(10)14-21.

以外人员为监护人的占 9.1％，①父母监护更有利于残疾儿童成长。

从家庭关系来看，有研究发现，残疾儿童的父母关系不容乐观。父母关系较好的只占半数，有相当数量的家庭由于残疾儿童的存在、家庭经济拮据等原因，夫妻关系冷漠甚至破裂。② 美国的一项研究发现，"残疾儿童家庭的离婚率是一般人口的 10 倍"，无论该残疾儿童家庭的残疾儿童是被安置在机构中还是待在家里，父母因残疾儿童的缺陷而导致拥有健康儿童的期望破灭，这种悲伤都将是以一生为代价的"慢性悲伤"。③ 婚姻是家庭的基础，夫妻关系是一切家庭关系的基础和起点，夫妻关系是亲密还是冷漠，是和谐还是矛盾重重，将直接关系到残疾儿童的发展和教育。

而在残疾儿童家庭中的兄弟姐妹们也拥有了不同的感受和反应，有研究表明，这些儿童同样饱受羞耻、尴尬等负面情绪的困扰，希望能通过特殊的渠道来宣泄自己的负面情绪，并能够帮助他们应对家庭状况。④ 残疾儿童家庭的父母通常只能照顾到身负残疾和缺陷的儿童，却忽视其他子女的理解和感受。这些儿童需要向别人解释残疾兄弟姐妹的病症，他们为此感到困惑和内疚，因为自己的健康和残疾兄弟姐妹的不同形成鲜明的对比。他们也会因为未来可能产生的照顾残疾兄弟姐妹的责任和负担感到焦躁，认为自己可能无法拥有正常和成功的人生。

而在亲子关系上，残疾儿童对父母表现出更多的依恋。但很多的残疾儿童家长在发现他们的孩子患有残疾到完全接受这个事实首先要经历痛苦的心理历程，然后开始面对来自经济、个人、家庭、社会的多方面压力。尤其是在照顾儿童的过程中，残疾儿童家长缺少有效的社会支持机制，难以获得也不愿寻求更多的帮助，因此往往身心俱疲。这种压力作用下的疲惫感对于亲子关系是有弊无利的，敏感的残疾儿童往往会体会到家长的情绪，导致自卑、内向。事实上，对于残疾儿童而言，他们并不愿被简单地标记为"残疾人"，他们更希望自己拥有和健康儿童一样的机会——无论在教育、工作和社会化上，他们都希望得到尊重。也只有在得到爱与尊重的基础上，残疾儿童才能更好地建立自尊自信，充分发展社会适应能力。

---

① 中国残疾人联合会.2013 年度残疾人状况及小康进程监测报告[R].2013.

② 张福娟,曾凡林.残障儿童家庭教育环境研究[J].心理科学,2000(1):48-51,126.

③ Kandel I, Merrick J. The birth of a child with disability: coping by parents and siblings [J]. The Scientific World Journal,2003(3):741-750.

④ Cook G. Siblings of disabled have their own troubles[J]. The New York Times,2006.

二、残疾儿童问题表现及成因

残疾儿童首先是儿童,其次才是需要特殊照顾的儿童。残疾儿童需要特别的护理和教育策略,而家庭是残疾儿童生活、康复与教育的主要单位,因此残疾儿童家庭会面临特殊的问题,其状况对于残疾儿童的成长有着十分重要的影响。

(一)问题及其表现

对家庭而言,残疾儿童的出生或发现儿童有残疾是一个剧烈的创伤性事件。许多关于残疾儿童父母情绪反应和调整的研究表明,大多数父母需要经历一个调整过程,才能开始接受现状。Blacher 的研究发现,这需要经历三个阶段的调整。首先,父母经历一个以震惊、否认和怀疑为特征的情绪危机时期;然后,是一段时期的愤怒、内疚、抑郁、耻辱、自尊、对儿童的排斥和过度保护交替出现的情绪;最终,父母到达第三阶段,他们接受他们的孩子。[①] 根据在几年的时间里对 130 个参与者的观察结果,Anderegg、Vergason 和 Smith 发展了 Blacher 提出的模型,他们称之为悲伤周期,包括三个阶段:面对、调整和适应。在适应阶段,残疾儿童家长将会面对一系列问题,限制或者说阻碍其进入更好的抚养者角色。[②] 总体而言,残疾儿童家庭将面临如下四个方面的问题。

1. 残疾儿童家庭压力较大

关于残疾儿童父母压力、家庭功能与社会支持方面的诸多研究,得出了一致的结论,认为残疾儿童的父母由于心理和精神上的折磨,呈现出高水平的压力,而且压力多是由于照顾残疾儿童造成的。与此同时,与正常儿童的父母相比,残疾儿童父母存在更多的婚姻和家庭问题,他们对儿童的未来感觉更悲观,对儿童目前的行为和身体状况也更消极。

2. 残疾儿童家庭与外部联系削弱

对于残疾儿童家长而言,非常需要从资讯、专业、服务、经济和精神方面获得支持和援助,但由于祖辈、亲属、朋友对于残疾并不了解,在我国当前社会中又比较缺乏专业人员进行协助,故而残疾儿童家庭通常比较缺乏有效的社会支持系统。残疾儿童家庭在缺乏这种社会支持的现实下,通常只能困于家庭照顾残疾儿童,而其自身的精神问题、压力问题等都无法得到有效的纾解,堆积的压

---

① Able-Boone et al. An informed, family-centered approach to public law99-457: parental views[J]. Topics in Early Childhood Special Education,1990,10(1):100-111.

② Anderegg M L,Vergason G A,Smith M C. A visual representation of the grief cycle for use by teachers with families of children with disabilities[J]. Remedial and Special Education,1992,12(2):17-23.

力只能对家庭造成更为负面的影响,从而产生家庭内部的恶性循环。

3.残疾儿童家庭功能受损

如果一个家庭有残疾儿童,那么这个家庭会比没有残疾儿童的家庭经历更多的苦难。其家庭成员因为残疾儿童将有更多经济、心理和身体上的负担,同时家庭的不稳定性增加,家庭功能减弱。家庭的基本功能是为家庭成员生理、心理、社会性等方面的健康发展提供一定的环境条件。为实现这些基本功能,家庭系统必须完成一系列任务以适应并促进家庭及其成员的发展。而在残疾儿童家庭,由于儿童残疾障碍使得家庭负担增加,家庭关系紧张,致使原本的家庭功能受损,不能再为家庭成员提供身心发展的良好环境,有可能对残疾儿童家庭成员造成一定的心理障碍甚至心因性疾病。

4.残疾儿童家庭关系紧张

残疾儿童家庭由于子女肢体或心理障碍等因素,使得家庭经济负担增大,社会压力增加,导致残疾儿童父母陷入紧张的生活状态,长期处于焦虑和抑郁的情绪中,使得夫妻关系甚至家庭关系处于剑拔弩张的状态。父母作为残疾儿童的主要照料者,本是互为支持的关系,但由于双方压力都未能得到及时纾解,导致夫妻关系冷淡,甚至走上家庭破裂的道路,这无论是对子女还是家庭本身都没有益处。而一旦家庭破裂成为单亲家庭,除了要面对照顾残疾儿童的压力,还需要面对家庭结构不完整的冲击,可谓雪上加霜。

(二)问题成因

家庭是一个有机系统,它由一组互相依赖的单位组成。在家庭系统内,每一单位如夫妻次系统、亲子次系统都有它特定的功能和作用。这些单位彼此相依、互相影响;单位的转变影响整体,整体的改变也影响单位。① 因此对于残疾儿童家庭问题的成因不能单从残疾儿童本身或就残疾一事论事,而应当从残疾儿童家庭这个大系统来看子女残疾这一事实对于整个系统的作用。事实上,残疾儿童家庭的问题就是其家庭系统功能障碍的体现。

首先,对于正常运行的家庭系统而言,子女发生残疾产生了直接的压力源。子女发生残疾,使得整个家庭系统处于被该事件冲击的状态,导致家庭系统出现不稳定甚至发生一定功能障碍。这种不稳定和功能障碍是在压力事件下,残疾儿童家庭本身的家庭资源有限及家庭不合理信念共同作用的结果。

1.外部资源的限制

残疾儿童家庭系统所具有的家庭资源分为外部资源与内部资源两种。外

---

① 桑标,席居哲.家庭生态系统对儿童心理健康发展影响机制的研究[J].心理发展与教育,2005,21(1):24-27.

部资源是指家庭系统之外的如朋友、同事、其他社会系统,可以为家庭系统正常运行提供支持与帮助。对残疾儿童家庭而言,以物质手段获取的有偿资源、通过一定社会网络实现的无偿物质帮助和精神帮助的总和即社会支持。残疾儿童家庭能够以物质手段获取有偿资源,但这必然加剧家庭的经济负担,对于家庭来说,无疑是雪上加霜。这种有偿资源的获取,事实上增加了家庭压力,因此家庭系统在获取这类资源方面会保持谨慎态度。而当前我国的残疾儿童家庭能够获得的无偿社会支持还是较为稀少的。无论是我国政府和正式组织主导的正式支持,还是社区主导的"准正式支持"都无法真正覆盖到所有残疾儿童家庭。虽然我国目前的残疾人关爱事业在稳步发展,但由于起步较晚,仍然无法满足残疾儿童家庭的需求,特别是由社会工作专业人士和组织提供的专业技术性支持还是十分缺乏的。另外,由于子女残疾,父母与外界的交流逐渐减少,甚至退出了原本的社交圈,导致通过个人网络所能获得的社会支持也日益减少。

2. 内部资源的约束

残疾儿童家庭的内部资源方面,由于儿童残疾导致医疗护理支出较多,这往往使得家庭经济资源减少,甚至难以满足基本需求。在情感支持方面,爱与关心是家庭资源的根基,家庭面对压力时,其成员提供的感情支持与精神安慰也是最有效的资源。然而这种家庭资源,也会因对残疾儿童日复一日的照顾以及可能需要终身照顾残疾儿童的压力而被消磨,导致原本的家庭功能受损。

3. 不合理信念的影响

残疾儿童家庭不合理信念的作用也是家庭系统功能出现障碍的原因之一。部分残疾儿童家庭有"糟糕至极"以及"过分概括化"的不合理信念。"糟糕至极"是指认为子女身患残疾是无法弥补的,是家庭结束的象征,对于自己来说是人生的结束,导致家庭陷入恐慌、抑郁、集体焦虑的情绪和氛围当中。而"过分概括化"则是认为子女残疾这一事件对于子女而言、对于家庭而言都意味着厄运。这些不合理信念导致家庭系统中个体忍受限度的降低,倾向于以责难的方式解决问题,采取低效率的沟通方式,最后致使家庭关系陷入僵化甚至解体。家庭结构的崩陷与重组、解体引发的后续恶性反应,都有可能导致家庭系统的功能彻底丧失。

以上这些因素共同导致了残疾儿童家庭系统的结构紊乱、功能失效,使得残疾儿童家庭系统产生功能障碍。

三、残疾儿童关怀策略

当前对于残疾儿童的关怀,多从儿童个人出发,但对其所处家庭却不够重视。从前文的讨论中,我们可以发现,一个家庭一旦有了残疾子女,就会引发诸多困难,而这种困难将对家庭原有的生态系统造成破坏,导致家庭系统功能出现障碍,而系统的功能障碍又对残疾儿童的成长造成消极的影响。由于残疾儿童家庭是不可分割的整体,各个家庭成员联系紧密,因此对于残疾儿童的关怀策略,也需要以家庭为单位,针对残疾儿童家庭的问题与成因,提出合适的关怀策略与建议。

在以往的研究中,有学者提出残疾儿童"家庭支持"的概念。家庭支持并不是单单指针对残疾儿童个人的支持体系,而是从残疾儿童家庭出发满足家庭的需求。家庭支持的主要依据是"视家庭为一个整体"(family as a whole)的理论,一方面由于残疾儿童的主要照料者是其父母,他们很难离开家庭(特别是父母),因此不能将残疾儿童福利与家庭福利分离。[①] 另一方面,由儿童残疾产生的医疗费用、教育费用、照顾费用等大大增加了家庭的经济负担,因此通过提供养育支持可增加残疾儿童的福利,促进家庭稳定。残疾儿童家庭支持不仅针对与残疾儿童养育有关的家庭需求,也能够满足家庭因为压力产生的心理、社会等方面的需求。根据家庭支持的原理,可以发现家庭支持不仅提供资源和服务,还能够强化家庭功能,使残疾儿童的身心得到稳定发展,而且通过提高家庭生活质量来增进家庭的自立能力。在实践中,可以具体化为以下几点。

(一)加强与社区、社会的联系,动员既有资源

残疾儿童家庭是处于社会中的系统组成部分而非孤立的单位,要解决其面临的困境,需要社会、社区的联动,需要动用所有可用的资源。对残疾儿童家庭的支持,就是通过增强残疾儿童家庭与外界各方的联系,建立起另一种依赖关系,以此来强化共同体意识,实现家庭支持。

残疾儿童家庭只有通过增强联系,才能更及时有效地调动可以获得的人力资源和物质资源以及社会援助。这也要求社会、社区要建立合理的机制,为残疾儿童家庭提供动员社会资源的机会,促使其家庭功能的恢复和实现,如提供培训使残疾儿童家长获得更科学的养育残疾儿童的资源、知识、技术等。同时,家庭成员也须积极主动参与社会联系,寻求支持,比如参与残疾人家庭自助社团等,通过非正式组织寻找和利用资源。

(二)以"优势视角"而非"问题视角"看待问题

残疾儿童家庭因儿童残疾陷入困境,不意味着其自身看待此事就只能从家庭问题的视角出发。在不同的视角下,家庭可以采用不同的思维方式和解决架

---

① 金炳彻,张金峰.残疾儿童家庭支持体系研究综述[J].残疾人研究,2014,13(1):24-27.

构。如果以优势视角看待问题，肯定残疾儿童家庭可以获得的资源、已经建立的优势，更全面地开发家庭的潜能，更能帮助残疾儿童家庭从挫折中解脱出来。

家庭支持模式的理论基础，是从肯定人际关系出发，为人的潜能提供支持，将看待"残疾"这个事件从问题视角转化至优势视角。残疾儿童家庭成员应当坚信自身的发展潜力，以及家庭所拥有的可以帮助家庭走出困境的内在与外在资源。通过强化这种信念，也通过社会支持等帮助在事实上强化残疾儿童家庭成员的力量，满足他们的福利需求，最终促使残疾儿童家庭可以自主自立，走出困境。这也能够使家庭在日后面临困难时，可依靠提升家庭成员自尊心和内在动机的强化来增加家庭力量，最后解决问题。

从问题视角到优势视角的转变，需要家庭成员对家庭资源、信念的合理认知，在一定时期或许也需要专业人员的介入。但总体上，优势视角强调的是家庭成员已经存在力量和能力，介入方向不是专家主导的方式，而是改变看待问题的视角，鼓励残疾儿童家庭更积极主动地应对。

（三）家庭良好分工，加强责任分担和合作

残疾儿童家庭需要重组并重启家庭内部功能，各个家庭单位良好运行，才能保持家庭生态系统的正常运作。这意味着在家庭中，需要确立良好的分工关系，强调责任共同分担和家庭合作。换言之，在残疾儿童家庭之中，每个家庭成员都应该做出符合其角色期望的承诺，并且对家庭实现承诺，在各自的位置上做出有成效的努力。

特别是对残疾儿童而言，父母不能一味地照顾其至溺爱，必须使儿童明白家庭中其他成员同样也依赖着他（她）并且也期待他（她）通过努力为家庭做出有价值的贡献。随着时间的推移，残疾儿童也能够发展出某种实现家庭承诺的能力，乐意为家庭行动起来。这一方面可以减轻父母照顾子女的负担；另一方面，也可以提升残疾儿童的自尊与自信，促进其良好心理状态的发展。

（四）视家庭为整体，提供一体化服务

将残疾儿童家庭作为整体提供一体化服务，是对家庭外的正式组织以及非正式组织提出的相关要求。在提供相应的支持和帮助时，必须将受助者定位为家庭整体而非残疾儿童个体，由此为残疾儿童提供教育、医疗、康复、福利，为抚养者提供所需的保健、精神健康、教育等综合性服务。这种服务模式强调一体化的服务、以家庭需求为中心的服务、以社区内正式和非正式支持体系为基础的服务等，这些服务可以是以社区为基础的服务，也可以是由社会团体出面提供的服务。

同时，在对残疾儿童家庭提供支援和帮助时，需要注意尊重家庭成员的信仰和价值观，并保护家庭成员不会因外在压力而影响他们的信仰和价值观。以此方式来促进、发展、维持所有家庭成员之间健全、稳定的关系,恢复家庭生态系统的功能。

第四节 被收养儿童关怀问题

一、被收养儿童概况

被收养儿童是一个特殊的儿童弱势群体,指不满 14 周岁的,因各种原因失去亲生父母或被亲生父母遗弃,或亲生父母无抚养能力的婴幼儿童,被有条件满足其健康成长的需要和教育能力的人收为养子女的未成年人。

现代儿童收养起源于 19 世纪美国的一场孤儿迁移运动,这一大规模儿童迁移运动推进了新的收养制度及相应法律法规的完善,而后在罗斯福执政期间,最终确定了以核心家庭为单位安置儿童是一种妥善安排的观点。这种观点以及相关法律的实施使得美国无监护人的儿童被家庭收养成为一个趋势,并扩散到了全球。英国和威尔士于 1926 年通过了世界上第一部正式的收养法;荷兰于 1956 年通过了相关法律;瑞典于 1959 年在法律上承认被收养儿童的家庭成员身份;西德于 1977 年颁布了关于家庭收养的第一批法律。我国于 1991 年通过了《中华人民共和国收养法》。[1] 目前,从全球范围来看,儿童收养的法律实践趋于成熟,各国儿童收养的趋势趋于稳定,美国则拥有世界上占新生儿比例最高的收养儿童数量。表 4-1 统计了西方几个代表性国家的儿童收养情况。

表 4-1　7 国儿童收养情况

国家	收养儿童例数/人	婴儿出生数/人	收养出生比/%
英国	4764(2006)	669601(2006)	0.71
爱尔兰	263(2003)	61517(2003)	0.43
意大利	3158(2006)	560010(2006)	0.56
新西兰	154(2012/13)	59863(2012/13)	0.26
挪威	657(2006)	58545(2006)	1.12
瑞典	1044(2002)	91466(2002)	1.14
美国	约 127000(2001)	4021725(2002)	3.16

资料来源:根据维基百科数据整理得到。

---

[1] O'Connor S. Orphan trains: the story of charles loring brace and the children he saved and failed[M]. Chicago: University of Chicago Press, 2004.

据国家统计局统计,2015 年中国孤儿数量为 502105 人,而当年中国家庭儿童收养登记总数为 22348 件,其中中国公民收养登记数为 19406 人,外国公民收养登记数为 2942 人。面对如此大规模的孤儿群体,目前的主要安置方式有国内收养、涉外收养、家庭寄养、机构集中养育等,其中前两种方式构成了我国被收养儿童的主要来源,除此之外,还有未经有关部门登记的非法收养的情况。图 4-2、图 4-3 反映了 2008—2015 年我国孤儿数量以及 2006—2015 年我国儿童收养情况。①

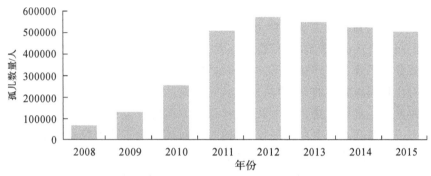

图 4-2　2008—2015 年中国孤儿数量

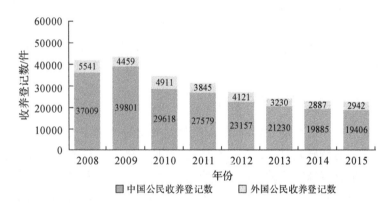

图 4-3　2008—2015 年中国家庭儿童收养登记情况

图 4-3 显示,我国家庭儿童收养件数近年来呈现缓慢下降的态势。这种情况与我国孤儿群体的庞大基数是不相匹配的。从 2006 年到 2015 年,我国家庭儿童收养件数每年平均下降 7.92%,从一个侧面反映了作为政府救助不足的有力补充的家庭收养,目前正面临着重重阻碍。

_____

① 中华人民共和国国家统计局.中国历年离婚案件数、离婚率、孤儿总数、收养儿童案数[Z].2018.

国内外家庭和个人想要收养儿童主要有以下困难：第一，我国对于收养儿童的家庭和个人有严格的限制，这种要求并非不合理，但在具体的操作上，收养中心等官方机构缺乏一定的灵活性。很多有意愿并且有能力收养儿童的家庭因不具备收养资格而无法进行收养。第二，收养门槛和成本过高。我国目前的收养机构和相关法律法规尚不完善，存在收养程序烦琐和机构乱收费等现象。如要进行收养，往往要经过层层审批，周期很长、程序烦琐，让很多人望而却步，大量的收养需求难以通过合法渠道得到满足，导致登记的合法收养数量逐年下降。

由于政府对孤残儿童救济力度和广度的缺陷，家庭合法收养又面临困难，导致民间不合法的"事实收养"普遍存在。事实收养是指收养双方未办理收养公证或登记手续，便公开以养父母养子女关系长期共同生活的行为。这种行为并不符合我国新修订的《收养法》，并且对儿童的健康成长也有一定的危害性。事实收养的儿童在户籍、上学、就医、社保等方面的权益无法得到有效保障，严重侵犯了儿童基本的生存发展权利，同时也间接影响了收养家庭的和睦生活，有碍和谐社会的建设。如河南兰考"爱心妈妈"袁厉害事件，此事将非法事实收养的行为推到风口浪尖，也引起社会对孤残儿童福利问题的重新关注。

家庭无疑是儿童健康成长的最重要的环境。通过收养行为，儿童进入新的家庭，从法理和情理上建立起新的家庭关系，对于其社会化、身心的健康发展都有重大意义。虽然我国家庭收养的现状不够乐观，但不可否认这一方式对于失去家庭、失去父母陪伴的孤儿而言是一种较好的选择。

二、被收养儿童问题表现及成因

收养不是一个简单的安置问题，而是要在养父母和养子女之间重新构筑起父母—子女式的情感联结，即亲子依恋，这并非易事。大量的收养儿童在心理健康等方面是有特殊需要的。国外研究发现，收养儿童的社会问题和情绪问题的发生率是普通儿童的3～10倍。收养过程中容易出现种种问题，比如如何理解和面对养子女进入新家庭的适应过程？如何帮助养父母和养子女重新建立健康的亲子关系？下文将对被收养儿童与新家庭建立亲子关系过程中的问题及成因进行探索。

一个家庭收养一个儿童，将经历双方融合、彼此适应，然后建立新的家庭的过程。在此过程中，儿童将面临新的抚养者以及新的家庭生活环境，而养父母也将面对没有血缘关系的子女，承担新的责任和义务。在双方彼此互动的过程中，儿童与养父母投入情感、行为的交流，构建起新的亲子关系和依恋关系。但在彼此磨合的过程中，不可避免会遇到障碍。由于这是个双向互动的过程，其面临障碍的因素也主要来自两个方面：一是来自儿童的阻碍，二是来自抚养者的阻碍。

（一）来自儿童的阻碍

这种阻碍来源于儿童被收养之前不良经历的影响和作用，来源于其自身的心理发展状况，比如身份认同、心理认知、自尊发展水平等的影响[①]。

首先，儿童被收养之前的经历将影响其进入新家庭以后的适应状况和亲子关系重新构筑的难度。对于寄养在机构的儿童，Rutter 等的研究表明，机构寄养历时越长，儿童显著脱抑制性童年依恋障碍的发生率越高，这意味着机构寄养儿童所遭遇的疏忽照顾或伤害等行为对其形成长期稳定依恋关系造成了困难。[②] 而对于频繁变更不同寄养家庭或机构的儿童而言，对于稳定的亲子关系的期待度更低，也将更有可能表现出一定的依恋障碍。同时，还有一部分特殊收养儿童，在被收养前遭受不良经历，对其构成心理创伤，很可能会使他们处于矛盾之中，既期望进入新的关系中享受温暖，又害怕新的关系不能满足自己的情感需要，同时难以从过去的阴影中走出来。

其次，儿童的心理发展状况也将影响其进入新家庭的历程，尤其是其情绪、认知、身份认同、自尊等心理特征的发展。[③] 对于被收养儿童，若在被收养后没能够及时顺利地展开养父母与养子女之间的互动，将导致亲子沟通失效，很大程度上会使被收养儿童经历不良的情感体验，导致情绪不稳定，引发亲子交流和沟通上的恶性循环。同时，如果儿童年龄较大，已经萌生一定的自我认知和身份认同，这种先入的认知，特别是诸如"我是被抛弃的""没有人爱我"等观念将会使其更敏感和脆弱，导致建立正常的亲子依恋关系的难度加大。同样的，较低的自尊水平也将导致收养者需要更多耐心去照顾儿童，改善其心理状况，促进双方的互相接纳。

（二）来自抚养者的阻碍

这方面的阻碍主要来自于抚养者也就是养父母对于儿童的理解、态度、抚养方式与技巧。首先，被收养儿童的创伤经历、心理情绪问题都需要抚养者的同情心和同理心。如果在和儿童进行交往和沟通的过程中，抚养者不能站在儿

---

①　王争艳，等.家庭亲子沟通与儿童发展关系[J].心理科学进展，2002(2)：73-79.

②　Rutter M，ColvertE，et al. Early adolescent outcomes for institutionally deprived and non-deprivedadoptees. I：Disinhibited attachment[J]. Journal of Child Psychology and Psychiatry，2007(48)：17-30.

③　马艺丹，薛威峰，郑涌.儿童收养研究中的心理学问题[J].心理科学进展，2010，18(3)：464-471.

童的立场设身处地思考,体会儿童的情绪和想法、理解儿童的立场和感受,并站在儿童的角度思考和处理问题,那么很有可能导致儿童拒绝沟通、拒绝交心的状况发生。①

其次,抚养者除了要对儿童被收养前的经历有清楚的了解和认识,还要持有真正的接纳态度。若抚养者对儿童的认知不合理,不能从心理上完全接纳,那么他们必将对被收养儿童表现出某种情感疏离、漠不关心的态度,对儿童造成二次创伤。还有一种情况是,抚养者在与儿童磨合的前期,可能被儿童的挑战行为挫伤,产生"落花有意、流水无情"的心理。这种情况下,如果抚养者放弃努力甚至不愿再付出行动,很可能导致先前的行动失效,亲子关系建立失败。

在对养子女进行抚育的过程中,抚养者可能表现出两种态度:一是对儿童关爱有加甚至溺爱,二是对儿童不够敏感。关爱有加固然没有错,但必须掌握好适度原则,否则可能导致儿童自理和自控能力的缺失,社会适应力降低。而对儿童不够敏感则是一个危险的信号,这意味着养父母不能对儿童的需求做出及时的反应,容易发生缺漏,引起儿童身心上的不适。因此,抚养者要关注儿童的真正需要,即使儿童的行为表示出不需要、不在乎、不愿意,也要给予儿童正面的、接纳的反应。

一般来说,儿童从寄养机构或其他福利部门进入收养家庭,意味着儿童发展的轨道开始往积极的方向延伸,能够很好地弥补与父母分离所造成的负面影响。但是,如果不能妥善破除上述两个方面的阻碍,导致养父母与养子女之间的亲子依恋关系无法建立,就很可能对被收养儿童造成二次伤害,导致其心理失衡。

三、被收养儿童关怀问题

首先,必须明确,由于收养前的不良体验,抚养者需要对被收养儿童付出更多技巧、耐心和毅力。当准备收养有一定戒备心理甚至已经有一定的依恋障碍的儿童时,更需要抚养者以爱与理解和适当的技巧去关怀儿童。因此在收养之前,收养者就应当做好充足的准备,能够在儿童面临压力和沮丧时随时给予安慰、支持、养育和保护,也能够在拥有自己亲生子女的情况下让养子女保持原有的亲子体验。如果没有这样的觉悟或者没有这样的条件,那么收养儿童对于儿童或者家庭而言都不是好的选择。

其次,对已经收养儿童的家庭,在抚养儿童的过程中必须形成一致的抚养策略,否则会造成家庭成员关系之间的割裂以及错置,即家庭成员的信息沟通

---

① 王争艳,等.家庭亲子沟通与儿童发展关系[J].心理科学进展,2002(2):73-79.

关系并非通过双方直接进行而形成了更为复杂的三角或以上的关系——家庭"三角缠"的关系。这会引发家庭关系的混乱,同时使儿童对抚养者信息传达产生困惑。从家庭做出收养的决策到如何对儿童进行照顾,这整个流程都应当是家庭共同决策的结果,每个家庭成员都应当参与其中,也都应理解并同意这个决定。尤其是有亲生儿童的家庭,被收养儿童作为一个没有血缘关系的兄弟姐妹进入,亲生子女必然会产生一定的不适,这就要求父母做好引导,促使被收养儿童与亲生儿童之间建立起亲缘关系、朋友关系。这有利于家庭的和睦,也有利于被收养儿童真正地融入。

再次,在养育儿童的过程中,养父母应当进行长期而细致的家庭观察,对儿童的心理、行为有一定的敏感度。这也意味着养父母应当对儿童的特殊心理、行为有相当的了解,并且能够根据状况做出相应的反应。被收养前的经历决定了被收养儿童和一般的儿童相比,可能有更多的消极情绪,更难形成依恋关系,因此在共同相处的过程中,儿童表现出的某些异常行为可能就具有一定的指向性,对于建立和维护亲子关系都具有参考价值。

最后,养父母与被收养儿童应当尽力建立起温暖、亲密和持续的关系。这是因为收养本身就存在保护性和危险性的双面性,养父母若不能与被收养儿童建立起正常的亲子关系,这将对儿童造成二次创伤,如形成混乱型依恋、反应性依恋障碍,这些心境障碍可能由于后续的不良心理体验发展成精神病理障碍。[①]因此,如果家庭内部的合理努力不能产生效果或者效果甚微,也可以考虑由相关专业人员如社会工作者、家庭治疗师介入,采用一定的亲子治疗方法对亲子关系进行建构。

【知识拓展】

同性恋者收养儿童是否合理?

2016 年 3 月 7 日,美国《华盛顿邮报》上刊载了 Melissa Castro Wyatt 由于同性恋者的身份被中国儿童和福利收养中心(以下简称收养中心)拒绝收养一名畸形足男童的经历,引起我国社会各界的广泛探讨。[②] 事实上,收养中心早在 2011 年就提出"不为同性恋者寻找收养对象"的意见,并从法律、医学、道德三个方面阐述了自己的理由,认为"同性恋婚姻不合法"

---

① 王争艳,陈文凤,骆方.依恋关系的丧失与重建——从依恋研究谈儿童收养[J].首都师范大学学报(社会科学版),2009(3):115-120.

② 于方.禁止同性恋领养,中国领养中心错在哪[EB/OL].(2016-03-10)[2019-03-08]. http://news.163.com/16/0310/07/BHPFLB0B00014JHT.html.

"同性恋属于精神疾病""同性恋违背社会公德",因此不符合收养儿童的标准。① 而同性恋者收养儿童的合理性一直是国内外争论的热点之一,下文是对已有观点做的简单归纳和分析。

1993 年,世界卫生组织把同性恋从公认的精神病名单中删去。1998 年,美国心理学会和美国精神病学会公开声明反对同性恋转变治疗,2001 年,《中国精神障碍分类与诊断标准》(第三版)将同性恋从精神疾病名单中剔除。这些事件标志着,从医学上看,同性恋并不是精神疾病已逐渐成为社会共识。收养中心据此将同性恋列为精神障碍及精神疾病是没有道理的。

就同性恋婚姻的合法性而言,截至 2020 年 3 月底全球已有荷兰、比利时等 32 个同性婚姻合法国家和地区②,但中国尚未通过允许同性恋婚姻的法令,因此,在我国同性恋者无法以家庭名义收养儿童。但根据我国《收养法》的规定,符合以下条件的个人可以收养儿童:(一)无子女;(二)有抚养教育被收养人的能力;(三)未患有在医学上认为不应当收养子女的疾病;(四)年满三十周岁。从该项条件来看,符合条件的同性恋者具备以个人名义收养儿童的法律权利。

虽然同性恋并非精神疾病,也具有一定的法律权利收养儿童,但对于同性恋收养儿童的讨论还需将其放在家庭中来看待,即一个同性恋者家庭对于儿童的影响和作用是否是积极的? 其构筑的亲子关系是否是健康的?

持反对同性恋者收养儿童意见的人们主要有以下观点:同性恋者可能对被收养的同性儿童进行性骚扰;同性结合家庭比较不稳定,不能给儿童提供更亲密稳定的依恋关系;儿童很可能由于父母的同性恋身份受到歧视;儿童很可能产生性别认同的偏差,更有可能成为同性恋者等。

从家庭而言,美国家庭研究会(Family Research Council)的研究表明,与异性婚姻相比,同性结合持续的期间短,性的专一性不够,缺乏责任与承诺,且家庭暴力更加严重。我国的同性恋相关调查也表明,多数同性恋者维持 3 年以下的短时间在一起的感情状态,极少数人能维持 10 年以上长久在一起的伴侣关系。③ 这种不稳定的伴侣关系自然不能形成更为稳定的

---

① 中国儿童福利和收养中心.同性恋者能否在中国收养子女[EB/OL].(2011-03-14)[2019-03-25].http://cccwa.mca.gov.cn/article/sysw/zxjd/201103/20110300141465.shtml.

② 李宁,戴建英,高静儒.2012 中国同性恋调查报告及对同性婚姻合法化的思考[J].中国性科学,2014(1):92-100.

③ 李宁,戴建英,高静儒.2012 中国同性恋调查报告及对同性婚姻合法化的思考[J].中国性科学,2014(1):92-100.

家庭结构以保障与儿童建立起良性互动的亲子关系,因此成为反对同性恋者收养儿童的主要论据之一。

而异性结合的婚姻观念是社会的传统主流思想,同性结合在现今中国乃至世界遭受反对甚至歧视。同性恋家庭收养的儿童如若生活于性观念不够开放的地区,很有可能在成长历程中遭受显性和隐性的歧视。这对于儿童身份认同和自尊自信的养成并无益处,甚至可能导致内向、怯懦的人格,社会适应能力低于平均水平。

关于同性恋家庭对于儿童性取向的影响,Biblarz 和 Stacey 的研究发现,由于同性伴侣的生活环境不同,同性伴侣的性倾向对在其家庭环境下成长的子女的性倾向有间接影响,同性伴侣家庭成长的子女更有可能成为同性恋者。[①] 虽然类似研究被持相反意见的人以"存在缺乏可靠数据支持、样本小、代表性不够、跟踪期间不长、跟踪范围不广以及研究方法不够规范"等问题进行了反驳,但不可否认该类事实确实部分存在。

对于上述反对意见,持认同观点的人也提出了自己的意见,如:家庭环境和家庭组成结构是考虑是否能够且适合收养儿童的主要因素,而非抚养者的性取向;没有证据支持同性恋者收养的儿童弱于异性恋家庭。

Crouch 等人对澳大利亚 390 个同性结合家庭的研究表明,同性结合家庭的儿童在儿童健康和福利方面表现良好,甚至优于普通家庭的儿童,尤其在家庭凝聚力方面优于常模群体。[②] 该调查也表明,正是由于同性结合家庭没有性别差异,因此在家庭分工中更加依据其个人兴趣进行分配而非根据已经设定的社会性别来确定角色义务,这使得同性结合家庭收养的儿童具有更强的包容性和适应性。Golombok 等的调查发现,在家庭福利和父母亲密度方面,同性恋家庭比异性恋家庭更有优势,同性恋家庭收养的儿童也比普通家庭儿童更不容易成为外部归因者。[③]

至于同性恋者对于儿童性取向的影响,有研究表明,性取向并非单纯

① Biblarz T J, Stacey J. How does the gender of parents matter? [J]. Journal of Marriage and Family,2010,72(1):3-22.

② Crouch S R, Waters E, et al. Parent-reported measures of child health and wellbeing in same-sex parent families: a cross-sectional survey[J]. BMC Public Health. 2014(14):635.

③ Casey P, et al. Adoptive gay father families: parent-child relationships and children's psychological adjustment[J]. Child Development,2013,85(2):456-68; Golombok S, et al. Children conceived by gamete donation: psychological adjustment and mother-child relationships at age7[J]. Journal of Family Psychology,2011,25(2):30-39.

是基因或环境所致,而是儿童成长生活中各种生物、心理、社会因素综合作用的结果。美国学者 Charlotte J. Patterson 对于男同性恋家庭收养的儿童的性取向做过研究,发现同性恋者抚养长大的儿童的性取向与社会大众性取向分布一致,该类儿童在性别认同发育方面也与普通家庭儿童并无差别。① 虽然此类研究也具有一定的局限性,但从现实情况来看,目前同性恋者的生长环境多为异性恋家庭,这也从侧面表明,同性恋家庭一定会培养出同性恋儿童的说法缺乏有力的事实依据。

总的来看,判别一个家庭是否能够收养儿童的标准,是该家庭是否具有适合儿童成长的环境,抚养者是否具备抚养能力、技能、耐心、情感等软性和硬性条件②,以及这个家庭是否做好了接纳新家庭成员的准备,并且能够建立起长久稳定的亲子关系。以上的标准,对同性恋者收养儿童持反对意见抑或是赞同意见者,都是成立的。简而言之,一切为了儿童,一切为了未来。若同性恋家庭也能为儿童提供良好的家庭环境,也能培养起健康而亲密的亲子关系,那将其纳入收养儿童合理化、合法化范围也未尝不可。③

① Patterson C J. Children of lesbian and gay parents: psychology, law, and policy [J]. American Psychologist, 2009, 64(8): 727-36.

② Gates G. Gay and lesbian families in the census: couples with children[M]. Urban Institute, 2003.

③ 刘志军,徐蕾蕾. 漂泊之伤:流动人口家庭亲子关系调查研究[M].北京:知识产权出版社,2018.

第五章　亲子关系与亲子教育

亲子关系与亲子教育有着紧密的关联，建立良好的亲子关系，教育是重要一环。亲子活动是人的活动的重要构成部分，人由小到大的整个成长过程，实际上都离不开亲子活动。教育家陶行知先生提出的"生活即教育"的观点，也同样适用于亲子关系和亲子教育。陶行知先生认为，"生活决定教育""生活是教育的中心""没有生活做中心的教育是死教育"。[①] 他的生活教育理论的"生活中心"学说，主旨是摆脱传统教育理念中单一的"书本中心"和"文化中心"的束缚，强调亲子教育应执着于亲子关系的实践，为如何开展亲子关系和亲子教育，提供了一种新的教育观念上的指引。

从亲子关系实践上来说，亲子教育是需要通过一定目标和内容的教育，才能真正得以实现。美国教育学者布拉特比尔（K. Brightbill）认为，教育并非那么狭隘、填鸭式、以文凭为导向，教育应有更深、更好的意义——一种思考及学习的过程。在他看来，教育应尽早且长时间于家庭、学校和社区的休闲活动中进行——借此培养技巧，并运用在日渐增多的亲子时间上，促进家庭亲情关系进入良性循环阶段，使家庭成员保持亲密的亲情关系。从教育的过程上来说，亲子教育是一种漫长而循序渐进的过程，除了亲情关系的培育之外，其中也包括相关技术的传授和扎实的练习。亲子教育实践过程可以让大家共同了解世界，认识人生，获得健康和稳定的情绪，欣赏和表现美感。从亲子关系和亲子教育来说，这既指一种生活方式和生存状态，也指一个活动过程、一种心理体验、一种情感的培育，同时又可以指一种期望和理想。按照陶行知先生的"生活即教育"的观念，亲子关系和亲子教育乃是人的一种自然本能的活动，同时也是一种文化的意识活动。生活有乐趣、有目标的人，亲子关系也会日趋亲密，日子也会过得趣味丛生，生活也将更有意义，也总是能够获得充沛的能量来迎接人生

---

① 　陶行知.陶行知教育文选[M].北京:教育科学出版社,1981:49,106,267.

的各种挑战,使得人生变得更加精彩。因此,在亲子教育上,除了要求人们掌握一定的技能之外,更重要的是要使人们真正地认识到亲子关系的重要性,理解亲子关系对每个个体理解和领悟生命价值和意义的重要性,并能够以更加从容的态度对待人与人(特别是家庭成员)的关系,从中获得亲情带来的极大快乐,以及因成员之间的密切协作而获得的精神快乐。如果说人在成长的过程中,会遭遇各种困境,遇到各种挑战,那么,良好的亲子关系及亲子教育实践的参与,往往会存在三种障碍:心理障碍、人际交往障碍、结构性障碍。这些障碍的形成,与个体成长过程中的教育方法、教育目标引导、成长环境紧密相关,与个体后天的情感培育和能力培养紧密相关。对于这些问题的解决,都需要在亲子关系和亲子教育中得以开展,使之能够形成一种良好的亲子关系和亲子教育观。

第一节　当前中国亲子教育环境现状与问题

亲子教育是以家庭教育为平台,以社区(社会)和专业幼儿园(含相关的学前教育机构)为依托,实行家园融合的模式,以提高人口素质,搞好学前教育为目标的教育。在我国,亲子教育有着悠久的历史,是中国传统文化教育所关注和所致力实践的重要教育环节。传统的蒙学教育经典读本《三字经》中就有"苟不教,性乃迁,教之道,贵以专。昔孟母,择邻处,子不学,断机杼。窦燕山,有义方,教五子,名俱扬。养不教,父之过,教不严,师之惰"的表述,并强调指出:"幼不学,老何为? 玉不琢,不成器,人不学,不知义。……蚕吐丝,蜂酿蜜,人不学,不如物。幼而学,壮而行。"千百年来,中国传统文化的传承一直贯穿在亲子教育之中,不少的家训和文人笔记,如北齐颜之推的《颜氏家训》,宋代欧阳修的《诲学说》、陆游的《放翁家训》,明代杨继盛的《杨忠愍公遗笔》、庞尚鹏的《庞氏家训》,清代曾国藩的《曾国藩家训》等,使中国的亲子教育具有深厚的文化底蕴,同时也给亲子教育带来源源不断的发展动力。

一般来说,传统的亲子教育是由家庭教育和私塾教育来承担的。进入现代社会,随着现代教育的普及,亲子教育除了由家庭教育承担之外,学校教育也肩负着重要的任务,这使亲子教育具有鲜明的社会性,扩大了亲子教育的社会内涵,推动了亲子教育的广泛发展,也使亲子教育进入一个家庭—社会互动、关联、密切配合的发展时代,并取得巨大的教育成果和成就,尤其是当代的亲子教育①,为我国的经济、社会发展做出了独特的贡献。总体而言,我国的亲子教育

---

① 当代亲子教育,主要是指中华人民共和国建立以来的亲子教育,其中又以改革开放以来的亲子教育为主。

环境得到了很大的改善,亲子教育行业的管理也逐步科学化、法制化、正规化。中共中央、国务院对统筹解决人口素质问题和学前婴幼家庭教育一直都极为重视,将亲子关系与亲子教育称为"亲子家庭教育",并要求各级党委和政府从提升人口素质上给予高度关注。据相关数据显示,我国每年约有 1500 万～2000 万新生儿,0～6 岁婴幼儿约有 1.2 亿人,[①]无论从哪个角度来说,儿童的健康成长,都关系到家庭的幸福、国家的富强、社会的未来。从科教兴国的战略高度和可持续发展的人口问题的战略上来看,认真搞好亲子关系和亲子教育,对提高国家人口素质,培养健康心理、体格、人格等各方面都得以茁壮成长的儿童,具有重要的价值和意义。

一、亲子教育环境现状分析

2015 年 10 月 11 日,教育部发布了《关于加强家庭教育工作的指导意见》,要求高度重视家庭教育,指出:"家庭是社会的基本细胞。注重家庭、注重家教、注重家风,对于国家发展、民族进步、社会和谐具有十分重要的意义。家庭是孩子的第一个课堂,父母是孩子的第一任老师。家庭教育工作开展得如何,关系到孩子的终身发展,关系到千家万户的切身利益,关系到国家和民族的未来。近年来,经过各地不断努力探索,家庭教育工作取得了积极进展,但还存在认识不到位、教育水平不高、相关资源缺乏等问题,导致一些家庭出现了重智轻德、重知轻能、过分宠爱、过高要求等现象,影响了孩子的健康成长和全面发展。当前,我国正处在全面建成小康社会的关键阶段,提升家长素质,提高育人水平,家庭教育工作承担着重要的责任和使命。各地教育部门和中小学幼儿园要从落实中央'四个全面'战略布局的高度,不断加强家庭教育工作,进一步明确家长在家庭教育中的主体责任,充分发挥学校在家庭教育中的重要作用,加快形成家庭教育社会支持网络,推动家庭、学校、社会密切配合,共同培养德智体美劳全面发展的社会主义建设者和接班人。"将以"亲子教育"为重要内容的家庭教育,提高到"培养德智体美劳全面发展的社会主义建设者和接班人"的重要途径来予以认识和重视,显示出党和国家对亲子教育工作的高度重视,为进一步开展亲子教育提出了具体的指引,也为搞好亲子教育创造了良好的环境。

中国儿童少年基金会联合北京师范大学家庭教育研究中心,在全国范围开展了中国儿童亲子教育现状大型公益调查,并正式发布《2016 年度中国亲子教育现状调查》报告,所得数据和相关结论指出,中国亲子教育状况有了进一步改善和发展,具体表现在:家长的民主意识、科学意识有了明显提高;家庭教育科

---

① 　国家卫生健康委员会.2018 年中国卫生健康统计年鉴[Z].2018.

学观念与方法的传播更加有效和多样化；家长更加注重儿童成长的全面性，特别是儿童健康人格的培养；家长的学习热情持续高涨；注重科学陪伴；关注亲子阅读；亲子参与度有所提高。① 这说明随着亲子教育工作的深入开展，建立亲密、良好的亲子关系，用科学方式建立亲子教育的理念，也越来越被重视，走科学化、规范化、实践型的亲子教育之路，成为整个亲子教育发展的大趋势。正是从这个角度来观察，当前中国亲子教育环境总体是处在一种向上发展的态势，一种逐步走向科学化的规范管理道路的状态，各种积极的要素都在得到不断的激活和优化组合，为推动中国亲子教育的良性发展，奠定了坚实的基础。具体的来说，主要表现在以下四个方面。

（一）政策层面

第一，党和政府对亲子教育（家庭教育）高度重视，专门发布文件在政策层面上进行明确的指引，给予亲子教育以具体的指导和强有力的支持，为中国的亲子教育发展指明了方向。教育部在 2015 年 10 月发布了《关于加强家庭教育工作的指导意见》（简称《指导意见》），分别从"充分认识加强家庭教育工作的重要意义""进一步明确家长在家庭教育中的主体责任""充分发挥学校在家庭教育中的重要作用""加快形成家庭教育社会支持网络""完善家庭教育工作保障措施"等五个方面，就以"亲子教育"为主要内容的家庭教育工作对各级教育主管部门和学校提出了具体的要求，制定了具体的任务。2015 年 10 月 20 日，教育部基础教育一司负责人就《指导意见》的有关问题回答了记者提问。有记者提问："出台《指导意见》的背景和意义是什么？"该负责人回答道："家庭教育是家长对孩子进行的教育，是家长的法定责任。《未成年人保护法》明确规定家长应当学习家庭教育知识，有关国家机关和社会组织应当为家长提供家庭教育指导。《教育法》也规定学校、教师可以对学生家长提供家庭教育指导。当前，加强中小学幼儿园家庭教育工作的指导非常迫切而且意义重大，主要表现为三点。一是贯彻党和国家对家庭教育的要求，二是促进学生健康成长和全面发展的需要，三是家庭教育工作现状也亟待改进。"同时，还有记者问："《指导意见》如何推动社会支持家庭教育工作？"该负责人解释道："《指导意见》就加快形成家庭教育社会支持网络提出了三点具体指导意见。一是要构建家庭教育社区支持体系。各地教育部门和中小学幼儿园要与相关部门密切配合，推动建立街道、社区（村）家庭教育指导机构，利用节假日和业余时间开展工作。二是要统筹协调各类社会资源单位。各地教育部门和中小学幼儿园要积极引导多元社

---

① 中国亲子教育现状调查报告：87%左右家长有焦虑情绪［EB/OL］.（2016-06-16）［2019-09-21］. http://world.people.com.cn/n1/2016/0616/c1002-28451054.html.

会主体参与家庭教育指导服务,利用各类社会资源单位开展家庭教育指导和实践活动,扩大活动覆盖面,推动有条件的地方由政府购买公益岗位。三是要给予困境儿童更多关爱帮扶。各地教育部门和中小学幼儿园要指导、支持、监督家庭切实履行家庭教育职责。要特别关心困境儿童,引导社会各界共同参与,逐步培育形成家庭教育社会支持体系。"①

第二,各地方政府和相关的教育主管部门也发布了相关的贯彻落实文件。江西省教育厅发布了《关于贯彻落实〈教育部关于加强家庭教育工作的指导意见〉的实施意见》(赣教基字〔2016〕3号文件),要求结合江西省的教育实际,就加强全省中小学幼儿园家庭教育和家校合作工作提出了具体的实施意见,并提出了"合力推动""科研指引""实践创新""营造氛围"等四个渠道,提出了具体的贯彻落实的实施意见。辽宁省教育厅关工委于2016年6月29日也发布了《关于进一步贯彻落实〈教育部关于加强家庭教育工作的指导意见〉的意见》(辽教关发〔2016〕12号文件),从八个方面提出了具体的贯彻落实要求。其他各省、市、自治区和生产建设兵团的教育部门也都分别结合各地亲子教育、家庭教育的实际情况,发布了相关的贯彻落实文件,为亲子教育、家庭教育的深入开展,打造了良好的政策环境。

第三,各地教育部门还围绕开展家庭教育工作实验区和示范校创建工作,充分培育、挖掘和提炼先进典型经验,以点带面,整体推进亲子教育、家庭教育。教育部遴选和确定了部分地区为全国家庭教育实验区,部分学校为全国家庭教育示范校。各地教育部门和中小学幼儿园也树立先进家庭典型,宣传优秀家庭教育案例,引导全社会重视和支持家庭教育工作,为家庭教育工作营造了良好的社会环境和舆论氛围。

(二)法律层面

国家开始制定相关法律,为保护未成年人成长提供法律保障,也为包括亲子教育、家庭教育的开展提供了法律支持,创造了良好的法律环境。1991年,《中华人民共和国未成年人保护法》经第七届全国人大常委会第21次会议通过,1991年9月4日,中华人民共和国主席令第50号公布。该法律在实践中也进行了修正,2012年10月26日公布《全国人民代表大会常务委员会关于修改〈中华人民共和国未成年人保护法〉的决定》。新修正的《未成年人保护法》分总则、家庭保护、学校保护、社会保护、司法保护、法律责任、附则7章72条,自2007年6月1日起施行。该法律条文明确规定:"父母或者其他监护人应当创

---

① 中国亲子教育现状调查报告:87%左右家长有焦虑情绪[EB/OL]. (2016-06-16)[2019-09-21]. http://world. people. com. cn/n1/2016/0616/c1002-28451054. html.

造良好、和睦的家庭环境,依法履行对未成年人的监护职责和抚养义务","父母或者其他监护人应当关注未成年人的生理、心理状况和行为习惯,以健康的思想、良好的品行和适当的方法教育和影响未成年人,引导未成年人进行有益身心健康的活动,预防和制止未成年人吸烟、酗酒、流浪、沉迷网络以及赌博、吸毒、卖淫等行为","父母或者其他监护人应当学习家庭教育知识,正确履行监护职责,抚养教育未成年人。有关国家机关和社会组织应当为未成年人的父母或者其他监护人提供家庭教育指导","父母或者其他监护人应当学习家庭教育知识,正确履行监护职责,抚养教育未成年人。有关国家机关和社会组织应当为未成年人的父母或者其他监护人提供家庭教育指导"。无疑,国家在立法层面上制定法律条款,为亲子教育的开展提供了有力的法律保障。

(三)社会文化层面

随着亲子教育的广泛开展,用现代的教育理念进行亲子教育实践也蔚然成风。由于以亲子教育为内核的家庭教育被广泛重视、接受,各地均结合当地的实际情况,制定了相应的地方法规,颁布相应的行政执行措施,并成立相关的指导机构,如成立"关心下一代工作委员会"(简称"关工委"),创办相应的教育辅导机构,如创办家长学校,家庭教育讲师团,各级群众团体,如妇联、团委及其创办的妇女学校、青年学院、青少年活动中心、文化馆、图书馆,以及相关的社区大学、社区学院和一些民间机构、家教机构、幼教机构、幼教学院、各级教育学会等,也大力开展亲子教育,开设相关的亲子关系和亲子教育课程,举办各种类型的亲子活动,形成了良好的亲子教育社会风尚。一些专门从事亲子教育、家庭教育的专家、学者也纷纷投身于亲子教育社会实践,开办专题讲座,为社会培养亲子教育人才。各级电台、电视台和网络新媒体也开设了与亲子教育相关的节目,组建开通家庭教育网,家教 QQ 群、微信群、微信公众号、微博群,用网络新传媒手段为亲子教育、家庭教育助力。举办与亲子关系和亲子教育相关的公益活动,在社会上营造了良好的亲子教育氛围,使现代亲子教育观念深入人心。

据中国儿童少年基金会联合北京师范大学家庭教育研究中心,2016 年 6 月在全国范围开展中国儿童亲子教育现状大型公益调查报告数据显示,中国亲子教育状况有了进一步的改善和发展,具体表现在:家长的民主意识、科学意识有了明显提高,家庭教育科学观念与方法的传播更加有效和多样化;家长更加注重儿童成长的全面性,特别是儿童健康人格的培养;家长的学习热情持续高涨;注重科学陪伴;关注亲子阅读;家长参与度有所提高,等等,表现出亲子教育社会文化环境获得整体改善的态势。

(四)产业层面

随着教育消费日益普及,亲子教育行业开始出现产业化的发展势头,取得较好的社会效益和经济效益。无论是对于家庭，还是对于社会来说，面对新世纪的挑战，孩子怎样才能脱颖而出？怎样才能成为具有创造力的儿童？都是备受关心和关注的问题。从孩子成长的角度来说，每个孩子天生都具有丰富的创造力，培养或摧残这种创造力的则是整个成长环境。文艺复兴时期的杰出人物达·芬奇，之所以能成为精通艺术和科学的全才，并不是靠单一的学校教育，关键是他在童年时期所获得的自由的教育方式以及给他心灵的启发所培育的创造潜能。

基于现实的环境，一些亲子教育机构应运而生。据"爱早教"机构发布的《2014 中国早教市场分析报告》显示，我国的幼儿教育市场发展迅速，2013 年就达到 2130 亿元人民币，并在 2014 年及以后的几年都呈上升趋势。早教机构遍地开花，巨大的市场机会也带动了资本进入，2014 年 7 月，森马服饰收购天才宝贝母公司香港睿稚集团，天才宝贝品牌独立运营。而此前，一直在北上广市场占有率较高的金宝贝、美吉姆集团都充满海外资本基因。国内二、三、四线城市则被价格更有优势的民办教育品牌占据，红黄蓝在 2011 年融资 2000 万美元，而东方爱婴早在 2007 年即获得 CID400 万美元的风投。2013 年，贝恩资本收购瑞思也再次激发了幼儿教育创业者的信心。数据显示，中等收入的家庭大都不愿意让孩子"输在起跑线上"，25～35 岁的家长群体对于幼儿教育的需求广泛而强烈，这给包括亲子教育在内的幼儿教育行业带来广阔的发展空间。一些人士认为，中国线下早教市场目前正在出现垂直细分化、专业化的现象，并且因新的理念、科技的引用，这种趋势会加快，建立品牌将是在亲子、早教领域里获得成功的重要因素。[1]

二、亲子教育环境问题分析

随着亲子教育的广泛开展，在实践中也存在一些问题，特别是相关的教育环境方面的问题还比较突出，归纳起来主要表现在以下几个方面。

（一）亲子教育的社会环境

由于各地区经济社会发展不平衡，各地亲子教育的社会环境不尽相同，存在不平衡现象。相比较而言，城市特别是大中城市，东部沿海地区的经济社会发展状况较好，亲子教育的社会环境整体状况较好，而中小城市、城镇、乡镇、广大农村地区和中西部地区社会经济发展状况较差，则亲子教育的社会环境也较差。因为亲子教育与社会环境存在较密切的关系，所面临的社会环境比较复

---

① 2014 中国早教市场分析：中等收入家庭重视早教[EB/OL].（2014-12-25）[2019-10-23].https://edu.qq.com/a/20141225/056688.htm.

杂,让人们常常会感到很难展开良好的亲子教育。良好的亲子教育必须依托儿童所处的社会环境的配合,只有在社会与家庭的共同促进下,亲子教育才会朝着良性的方向开展。宏观上来看,在多元化的社会文化取向的环境中,人们对亲子教育尚未形成一个整体、正确、良好的共识,教育的方式也存在良莠不齐的现象,在中西部经济社会条件较落后的区域,尤其是在广大农村地区还存在所谓"天养"的认识观念,缺乏科学的亲子教育理念,而在东部沿海经济社会较发达的区域,尤其是大中城市,却又不同程度上存在教育过度和教育异化的现象。据中国儿童少年基金会联合北京师范大学家庭教育研究中心,在全国范围开展的中国儿童亲子教育现状大型公益调查数据显示,从亲子教育的社会文化环境上来看,亲子教育中还存在教育过度、教育异化等问题。报告指出,教育过度主要表现在过早、过多、过快地灌输知识,为孩子设定过高的目标,过多占有孩子的玩耍时间,过密的言语和道理灌输等。教育过度会造成教育异化,所引发的亲子冲突与家庭焦虑等问题,已经在相当程度上构成了社会问题,影响了亲子教育社会环境的良性发展。

(二)亲子教育的家庭环境

从家庭环境来看,亲子教育同样存在区域、城市和农村、人群之间的不平衡现象,以及集中在亲子教育的家庭环境中的教育焦虑问题、功利性教育问题、代际教育差异问题、缺乏真正的"爱"的教育问题、攀比成风问题,等等,说明在亲子教育的家庭环境中还存在着很大的改善、提升空间。据中国儿童少年基金会联合北京师范大学家庭教育研究中心,在全国范围开展的中国儿童亲子教育现状大型公益调查数据显示,家长还需要补上"爱"的教育这一课。调查显示,87%左右的家长承认自己有过焦虑情绪,其中近20%为中度焦虑。在实践中,许多家长并不能够真正懂得和做到对孩子的理解、信任和欣赏。家长对孩子的"爱"里面隐藏了较多的功利性。实践表明,这种性质的"爱"很容易转变为"恨",加上攀比和不恰当比较,一些家长会产生恨铁不成钢的心理,导致家庭教育环境的恶化。①

(三)亲子教育的家长素质环境

从亲子教育的家长素质环境上来看,家长的素质还有待进一步提高,这对于改善亲子教育的亲子关系和家庭环境非常重要。一般来说,家长都希望自己的孩子成为栋梁之材,望子成龙、望女成凤的心理比较普遍,加上不恰当的纵向和横向的比较,往往会形成亲子关系与亲子教育的严重障碍。同时,还存在一

---

① 中国亲子教育现状调查报告:87%左右家长有焦虑情绪[EB/OL].(2016-06-16)[2019-09-21]. http://world. people. com. cn/n1/2016/0616/c1002-28451054. html.

些家长对孩子的放任、溺爱,或全权交由上一辈抚养等现象。从亲子关系上来说,随着孩子的成长,孩子和父母对事物的兴趣点不同,看待问题的方式、方法也不一样,这就需要家长能够及时学习新知识,了解新事物,跟上孩子的学习节奏,而不是一味地强力压制或放任自流,在这方面也就需要不断地为提高家长的亲子教育素质提供相应的环境支持,父母和子女之间的亲子教育环境,不可能依靠一次性的活动、一回被彼此感动的痛哭流涕,或者一时之间的触景生情而得以改善。形成良好的家庭教育以及融洽的家庭环境,是一个长期的、潜移默化的过程。

(四)亲子教育的市场环境

从亲子教育行业的发展上来看,具有市场化特点的亲子教育机构所存在的问题,也是影响亲子教育的环境因素。据报道,亲子教育机构内外管理体系的不健全以及所产生的问题不断出现。据报道,2014 年,多家幼儿教育品牌倒闭引起消费者广泛关注,通过立法来保障和引入第三方监管机制迫在眉睫。[1] 当前,以早教为主导的亲子教育机构主要采用连锁加盟模式,教育内容和方式的提供源,已被各类的早教亲子品牌黏合而进入市场。不过,随着规模化经营扩张,很多内容端的资源在执行阶段就会发生形变,如一直困扰很多早教机构的教师培训问题,面对较高的教师流失率,加盟店为了节省成本,往往会采用以旧带新的方式,替代专门教育机构提供的统一培训方式。这种师傅带徒弟的人传人的方式,必然无法适应现代教育的特点和需求,甚至容易造成教育内容扭曲。同时,由于缺乏第三方的有效监管,亲子教育机构的教育水准良莠不齐,不时发生一些负面事件,并产生纠纷。从目前的情况来看,制约以早教为主导的亲子教育机构发展的主要是内部因素,如内部管理制度不够完善、师资培训体系不够科学,教师素质不均衡等。

第二节　中西方亲子教育的对比

亲子教育自古以来就备受关注,形成了各种不同理念、不同方式、不同形态的亲子教育模式。陈独秀在《东西民族根本思想之差异》一文中指出:"西洋民族以个人为本位,东洋民族以家族为本位。"[2]基于中西文化理念的不同,就中西方亲子教育而言,中西方亲子教育受各自文化、教育传统的制约,各自走了不同

---

① 2014 中国早教市场分析:中等收入家庭重视早教[EB/OL].(2014-12-25)[2019-10-23].https://edu.qq.com/a/20141225/056688.htm.

② 陈独秀.东西民族根本思想之差异[J].新青年,1915,年第 1(卷第 4)号.

的道路,形成了不同的教育范式。当然,作为一种教育方式,自然也存在一些共性的地方,只是两者差异性更加明显。

从宏观上来说,中西方教育都注重亲子教育,强调对良好的亲子关系的培育。在中国,据史书记载,进入父系社会后就开始出现相对完整、系统的家庭教育,其中也包括亲子关系和亲子教育。《商君书》中就有"黄帝作为君臣上下之义、父子兄弟之礼、夫妇妃匹之合"的内容,所强调的是以礼制主导教育的家庭关系,构成和睦有序的家庭成员关系,其中也包括亲子关系。后来出现的各种家训、家书等对亲子关系和亲子教育的关注和强调,更是将其置于重要的位置。如流传广且影响大的《颜氏家训》就强调:"夫风化者,自上而行于下者也,自先而施于后者也。是以父不慈则子不孝,兄不友则弟不恭,夫不义则妇不顺矣。父慈而子逆,兄友而弟傲,夫义而妇陵,则天之凶民,乃刑戮之所摄,非训导之所移也。笞怒废于家,则竖子之过立见;刑罚不中,则民无所措手足。治家之宽猛,亦犹国焉。"其中的一个鲜明的教育观点是,和谐的家庭成员关系乃是做人治国之基。

在欧洲,古希腊时期著名的哲学家、教育家苏格拉底认为,通过教育可以使人获得情感和思想的熏陶及感染。他强调,人的美德包括父子之间的亲情、兄弟之间的友爱、朋友之间的信任等。这些都要靠教育来完成。在他看来,无知的人就是不道德的、可耻的。另一位古希腊著名的思想家、教育家柏拉图是欧洲教育史上第一个提出教育功能和意义的思想家,同时也是第一个提出幼儿教育思想的教育家。他的幼儿教育思想非常丰富,尤其是有关儿童身心全面和谐发展的教育思想,对包括亲子教育在内的幼儿教育产生了深远影响。在古希腊,教育分为缪斯教育(智育和美育)和体操教育(体育)两种,非常重视儿童各方面的均衡发展。柏拉图继承了古希腊传统的教育思想,指出包括亲子教育在内的幼儿教育在人的整个教育中占有重要地位。他尤其重视从幼儿时期开始就进行音乐和体操教育,主张"用体操来训练身体,用音乐来陶冶心灵",指出这是亲子教育的重要内容;并认为,为了发展人的理性,应根据不同成长阶段的学习心理来进行教育,设置不同的学习科目。他指出,0~3岁的幼儿应在育儿所里得到照顾,3~6岁的儿童应在游乐场里开展唱歌、讲故事、做游戏等活动,为进入学校接受初等教育做好准备。此外,古希腊著名哲学家、思想家、教育家亚里士多德也提出了包括亲子教育在内的儿童教育思想,他不仅最早明确地提出了体育、德育和智育的划分,而且也是最早根据儿童身心发展的特点提出按年龄划分教育阶段的主张。他把一个人的教育阶段按每七年为一个阶段来划分。0~7岁为第一阶段,以体育训练为主;7~14岁为第二个阶段,以德育为主;14~21岁为第三个阶段,以理智培养为主。在0~7岁时,父母应重视对幼儿的抚养,为其提供含乳分最多的食物。5 岁以前,孩子的活动以游戏为主,应保护孩子的四肢,使其健康成长,要经得起适当的锻炼,多进行户外活动,还应对幼儿讲述一些健康有益的故事。7 岁时,孩子应到国家办的学校里接受专门的系统教育,一直到 14 岁为止。由此可见,中西方在亲子教育方面,都具有关心儿童健康发展、搞好家庭成员关系的教育理念和思想,都为推动人类的教育发展贡献了卓越的智慧和文明的思想。

然而,由于文化和社会教育环境的不同,中西方亲子教育存在着一些不同之处,差异性比较明显。当然,认识这种差异性,并非评价谁优谁劣,而是通过比较差异,认识各自不同的特点,以便扬长避短,推动亲子教育和亲子关系的良性发展。概括来说,中西亲子教育和亲子关系的差异,主要表现在教育理念、教育内容和教育方式三个方面。

（一）教育理念的差异

中国文化的价值导向是注重个体在群体中获得良好的人际关系,强调个人品质在群体获得认同,以至在群体中具有领导才能。在这当中,家长往往以身作则,言传身教,通过树立榜样的方法来教育子女,使子女从中获得可学习、可效法的具体实践方式。在这当中,往往比较注重家长的主导性地位,家长的意志发挥较大的作用。这种教育理念同样表现在亲子关系和亲子教育上,其优点是家长的示范性强,使孩子在成长中能够得到家长具体而及时的指导,充分体现出家长对子女的爱护、体贴和关怀;同时,也突出了亲子教育的社会教化作用,重视对孩子的社会适应性教育,使孩子能够在成长中较快地适应群体、适应社会。其缺点是家长意志较强,对孩子的支配欲强,要求孩子顺从家长的意愿,强调孩子顺从、听话,往往要求孩子按照家长意志做事,容易出现家长大包大揽的现象。

需要指出的是,家长的作用在中华文化观念体系中占据重要地位。《墨子·天志上》就有"恶有处家而得罪于家长而可为也"之说,认为在亲子关系和亲子教育中,家长对子女教育具有不可替代的重要作用。首先,要求家长能够为孩子树立起榜样,起到示范、带头的作用,让孩子在成长过程中有明确的方向。其次,强调家长的应尽之责,《三字经》中就有"养不教,父之过"之说,即强调了父母对子女教育的责任,是无可替代的。再次,突出了家长对家教的重要性,认为家教是亲子教育的重要内容和环节。《颜氏家训》中有"人生小幼,精神专利,长成已后,思虑散逸,固须早教,勿失机也"的观点,指出要抓住早教的机会,从小抓起,培养孩子,助其健康成长。与此相关联,这种亲子教育理念突出了"孝顺"的独特性。受传统文化的规约和影响,"孝顺"在中国教育理念中占据重要的位置。"孝"一字,按《说文解字》的解释,其义是"子承老"之意,尊老是

"孝"的基本精神。《孝经》开篇就指出："孝者,德之本也,教之所由生也。"美国学者阿瑟·亨德森·史密斯(Arthur Henderson Smith)也指出："中国的孝,更应该引起我们西方人的注意。尊敬长者,是良好的社会风气。"[1]"孝"的中心内涵是孝、顺和敬,同时也是高尚人格的重要标准。常言道"百善孝为先","孝顺"的理念赋予亲子关系以丰富的人伦情感和秩序性,也表明了亲子关系中的上下从属关系和各自的职责,如规定了父母对子女的抚育义务、子女对父母的赡养义务,突出了其维护家族延续、团结、稳定的代际整合功能,保持了现实世界中代际生命的永恒性。

然而,这种亲子教育理念在长期的实践中也存在一些偏差,存在着诸如强迫命令偏多,说服教育偏少;孩子出错惩罚偏多,耐心教育偏少;强加孩子意志偏多,尊重孩子意愿偏少;不太愿意承认孩子的独立人格,包办替代做主等诸多现象。一些家长望子成龙心切,"光宗耀祖""衣锦还乡"的意识比较突出。如孙琼如在《中美家庭教育的比较与启示》一文中所指出的那样,中国传统的亲子教育、家庭文化贯穿着这种教育理念,表现出了强烈的家庭内部权威意识。强调服从和尊重,重视外部控制,总是把孩子看作是他们的附属物,十分看重他们单方面的塑造,忽视孩子的个性培养。他们忽视了孩子与成人的相互作用,忽视相互影响的过程和全面性,使孩子一直处于被动地位,无视孩子个体的存在。[2]

与东方传统文化相比,西方文化相对更加注重个性,体现在亲子关系和亲子教育上,就是比较注重从小培养孩子的个性发育和成长。如阿瑟·亨德森·史密斯所说:"在西方,孩子都自己奔赴能够培养自己的环境中去,完全由他们自己选择。孩子完全不必牵挂父母,父母不必特别牵挂孩子们。"[3]相比较而言,西方的文化和伦理观念主张以个人为本位,尤其是到了近代,这种个人本位的思想成为整个西方文化的首要原则,其核心是倡导人的自由与平等,并在各种人际关系中得到全面体现,如男女、老幼、上下、同辈同事等等,在父母子女之间也不例外。受这种文化的规约和影响,西方家长比较重视孩子的个性成长,注重孩子的独立人格。在情感方面,强调家长和孩子的关系不仅仅是亲人,同时也是朋友,愿意倾听孩子的心声,主张在各式各样的训练体验中让孩子明白该做什么,不该做什么;什么是对的,什么是错的,引导孩子明白其中的做人道理。同时,主张在训练中要求孩子自己劳动,从劳动中得到快乐,学到各种知识

---

① [美]阿瑟·亨德森·史密斯.中国人的性格[M].吴湘州,王清淮,译.延吉:延边大学出版社,1991:23.

② 孙琼如.中美家庭教育的比较与启示[J].教书育人,2002(14):2-5.

③ [美]阿瑟·亨德森·史密斯.中国人的性格[M].吴湘州,王清淮,译.延吉:延边大学出版社,1991:26.

和各种劳动技能,注重培养孩子的冒险和开拓精神。不过,需要指出的是,西方这种亲子教育理念也是讲条件的,如同费孝通先生曾以他对美国亲子关系和亲子教育的观察为例所指出的那样,美国父母对孩子的爱是有条件的,孩子必须在外面的竞争中取得胜利。他说:"父母的爱是有条件的,不在堡垒之外夺得锦标回来,父母的脸上难有笑容。美国的孩子们从小就明白,父母不会单因为你是他们的孩子就会爱你的。父母之爱不是孩子的权利,而是一种胜利品。"①因此,在这当中,也可以看出西方亲子教育理念所存在的缺陷,这就是过于强调个人至上,在一定的程度上也将导致个性不受约束的失范行为的发生,甚至造成性格的偏执,形成"单向度的人"的社会问题,给社会带来不利的一面,即容易造成孩子对父母情感和需求的忽视,以至于造成整个社会对老年人权利的忽视。如南怀瑾在《亦旧亦新的一代》中指出:"这是西方文化制度和社会习惯上的最大漏洞。"②费孝通对此更为鲜明地指出:"一个社会不给老年人一个安心之处,也就使每个人心里永远不得到着落。你想:若是你明明知道总会被人奚落,掉在冷宫里受罪,而且这运命一天近一天,你能平心地过日子么?一个人若把老年看成不幸,我觉得,他绝不能真正安心过日子的。"③一个健康的社会,当是一个和谐的社会,表现在亲子教育和亲子关系上也是如此。二者之间的关系应当是一种平衡的关系,如果只是单纯地强调受益的一面,就会导致另一面权益的失衡。

(二)教育内容的差异

在中华文化价值体系中,强调以家庭为本,认为家庭是维系社会的基础和细胞,家国一体,具有同构效应,追求国泰民安的大同理想。自古以来,无论是豪门官僚,还是庶民百姓,都十分重视家庭教育,为了处理家庭内部各成员之间的关系,维护家庭的和平稳定,需要特别重视亲子教育,重视家庭教育,其教育之主旨在于用传统美德和民族精神教育孩子,如忠于国家、重义轻利、勤奋好学、孝敬父母、友爱兄弟、自立自强、同情弱者、忠厚诚实、克己节俭、待人以礼、注重节操等,都是亲子教育、家庭教育的主要内容。受传统文化中"家国"情怀的影响,中国的亲子教育在内容设置上,较为注重围绕如何处理人际关系,如何建功立业、保家卫国,如何心怀感恩、知恩图报等一类的较为宏观的主题来进行设置、安排和规划。尤其是受中国传统文化关于生命与道德学说影响,亲子教育也十分重视生命、人伦一类的内容。家长在亲子教育上多是以道德作为最高

---

① 费孝通.美国与美国人[M].北京:生活·读书·新知三联书店,1985:171.
② 南怀瑾.亦旧亦新的一代[M].上海:复旦大学出版社,1995:47.
③ 费孝通.美国与美国人[M].北京:生活·读书·新知三联书店,1985:86.

价值取向,心目中的"好孩子"首先是一个懂事听话的孩子,家长也十分注重孩子的修身养性,培养其收敛含蓄的品格。反映在亲子教育上,也多是一些能体现中华文化"仁、义、礼、智、信、忠、恕"的内容,突出了中华文化所特有的厚人文、重道德的教育思想,对塑造孩子的道德人格具有深远的影响。

相比较而言,西方的亲子教育内容比较侧重于在日常生活中,结合生理成长、心理发育的特点来进行"做人的教育"的实践。特别是进入现代社会之后,西方的亲子教育更加注重培养孩子的独立性,如独立思考能力、独立自主能力、独立人格等,提出亲子教育要启发孩子对自然、对知识的好奇心与想象力,注重培养孩子的兴趣和创造力。曾芝兰在《论中美家庭教育的差异》中指出,在美国,家庭教育比较注重以亲子教育为重要内容。文章指出,按照现代观念,美国的亲子教育、家庭教育所提倡的是在家庭生活中,家庭成员(包括父母和子女等)之间相互实施教育,而这种家庭教育也是终身教育,既是学校教育的基础,也是它的补充和延伸。基于这种亲子教育理念,美国的亲子教育内容比较注重孩子的身心健康和学习潜能,以培养个性为目标,以不断提高孩子整体素质为宗旨,重在增强家庭成员之间的感情和影响力。[①] 孙琼如在《中美家庭教育的比较与启示》一文中也指出,在西方,学校教育中基本没有素质教育的内容,负责这方面的主要是宗教和家庭,《圣经·新约》就是绝大多数西方人的思想品德教科书。通俗地说,西方的亲子教育主要是教人做事,强调对知识的运用。[②] 在亲子教育的内容设置方面,多要求家长能够正确地倾听孩子的声音,并及时地与孩子进行有效的沟通,认为这是成功的父母必须具备的条件。同时,还注重孩子的偏差心理和行为,及时发现他们成长中出现的各种问题,强调父母应学会奖励与赞美孩子,以培养健康的人格素质。所以,亲子教育、家庭教育首先是对家长的教育,强调家长和孩子共同成长。孙琼如以自身经验为例,指出女儿在入学前所接受的教育内容就包括:"我们都是很温和的人,我们不伤害别人的感情;我们都很友善,互相帮助;我们努力学习,我们不浪费时间;我们爱护公物;我们去倾听别人,我们不打断别人;我们都是诚实的孩子,我们不掩盖真相。"进入现代社会后,西方亲子教育的体系比较完整、系统,内容设置也比较科学,整个亲子教育内容在儿童成长发展过程中占有重要地位。总的来说,西方亲子教育内容设置强调以孩子为主体,以父母为主导,以家庭为单位。亲子教育内容不仅强调与孩子的情感交流,还要能够促进孩子的心智发展,培养孩子的兴趣和认知能力,主张通过亲子游戏等形式让孩子们在娱乐过程中体验到学习的乐

---

① 曾芝兰.论中美家庭教育的差异[J].太原师范学院学报(社会科学版),2006,5(1):162-163.

② 孙琼如.中美家庭教育的比较与启示[J].教书育人,2002(14):2-5.

趣,吸引和提高孩子的注意力。

（三）教育方式的差异

中华文化主要以言传身教、诚勉规劝等方式来开展教育,注重环境对教育的影响。例如,《三字经》中有"昔孟母,择邻处"之说,讲的是亲子教育对育人环境的重视。《韩诗外传》中还有"孟母戒子"的典故,讲述孟母教育孟子学习的故事,说的是孟母用刀割断她自己织的布,以此告诫孟子读书不得半途而废,必须专心致志,从小养成自律的好习惯,这样才能真正有所收获,同时,无论是做人,还是做事,也都必须持有严谨的态度,通过自我约束来获得自我超越。显然,这种方式看似严苛,但对于从小培养孩子的顽强毅力和坚定意志是十分有益的。此外,"岳母刺字"的故事中还贯穿着浓厚的"忠君爱国"思想。尽管该故事出自民间,史书并无详细记录,但影响甚广,对于亲子教育来说更是如此。而"孔融让梨"的故事,提倡的是要用榜样的力量来进行亲子教育。《后汉书·孔融传》中李贤注曰:"《融家传》曰:'年四岁时,与诸兄共食梨,融辄引小者。'大人问其故,答曰:'我小儿,法当取小者。'由是宗族奇之。"在亲子关系和亲子教育上,强调的是要用榜样的力量进行示范教育,突出道德人格的感化功能与感染力量。因为榜样的力量是无穷的,是最具效仿性的。

相比之下,西方的亲子教育比较注重科目训练、技巧训练之类的教育方式,尤其是现代社会生活节奏快,家长往往因为工作忙而很少有时间跟孩子相处,所以更加注重让孩子在学校或相应的教育机构接受系统的亲子教育训练,讲究系统、全面和有针对性的训练方式,如蒙氏教育法①,强调以孩子为中心,反对用成人的方式进行灌输。在具体的教学中,要求提供充分的教具,充分发挥孩子靠感官来学习的功能作用,以激发孩子的学习潜能;同时,也强调学习环境、教育工具的作用,让儿童主动去接触、研究并形成自己的感知系统和知识体系。特别强调了要把握儿童的敏感期——0～6岁的儿童,在不同的成长阶段,会出现对不同事物的偏好,即为"敏感期"。蒙氏教育法强调要关注儿童的"敏感期",开发适合儿童的学习内容和学习方式,并强调家长才是亲子教育的关键,孩子的教育并不只限于学校一隅,整个社会环境的影响都十分重要。又如,感觉统合训练(sensory integration),讲究的是指大脑对个体从视、听、触、嗅、前庭等不同感觉通路输入的感觉信息进行选择、解释、联系和统一的神经心理过程,是个体进行日常生活、学习和工作的基础。流行的"杰奥感统训练课程",就是

---

① 以意大利教育家玛丽亚·蒙台梭利(Maria Montessori,1870—1952)的名字命名的亲子教育法。她撰写的《运用于儿童之家的科学教育方法》一书于1912年在美国出版,很快被译成20多种文字,有100多个国家引进该方法,欧美等地还出现了"蒙台梭利运动"。

基于这种教育方式来进行亲子教育训练的。还有像美国学者戴维·刘易斯（David Lewis）总结的做好家长的四十条建议，也集中反映了西方亲子教育文化的特点。[①] 像"杜曼闪卡"就是美国学者格林·杜曼（Glenn Doman）博士研发的一种亲子教育方法，其特点是用闪示的手法向孩子快速传达信息，以刺激儿童大脑相关神经通路，通过学习使孩子快速提高悟性和商情，培养良好的学习能力，锻炼超强的知觉能力。

第三节　重塑亲子教育理念

中西方亲子教育各有各的特点，各自的长处和短处，需要在相互学习、交流和取长补短中，依据现代社会发展的特点，重塑具有现代性价值特点的亲子教育理念，通过科学、完整、系统、整体的亲子教育理论和实践，构筑现代亲子教育体系。

重塑现代亲子教育理念，至少要使亲子教育具备两个最基本的特征：一是符合孩子的教育规律和成长规律；二是所取得的教学成果应具有广泛公认度，教育方法具有广泛的适应度和可操作度。在这当中应当做到三点：一是要正确处理孩子成长与成才的关系。从教育规律来讲，亲子教育的宗旨是使孩子将来实现成人和成才的统一。目前在亲子教学的设计上还普遍存在注重孩子成才教育的现象，教育教学的各个环节设计主要还是围绕如何使孩子掌握知识来进行的，针对"成人"的亲子教育还有所欠缺，对将来孩子长大成为一名合格社会人的意志品质教育、社会责任教育、人文精神教育等还重视不够。重塑亲子教育理念应当结合中西方亲子教育的各自优点和长处来进行，融中西亲子教育之长来进行重塑。二是要正确处理技术与育人的关系。针对孩子的特点，掌握好亲子教育技术是家长、教师的基本要求，现在的亲子教育还存在技术和育人分离的情况。一些家长、亲子教育机构的教师对单纯的亲子教育技术非常关注，但真正从孩子的成长，特别是从心理发育、精神成长方面来育人还做得不够。重塑亲子教育理念，应当认真处理好这两者之间的关系，不能单纯地陷入技术主义泥潭，忽视亲子教育对培育孩子心理、性格和精神成长的重要性。三是要正确处理知识传授与创新能力培养的关系。亲子教育既要对孩子进行知识传授，更要对孩子进行能力培养。在亲子教育和教学设计上，目前还比较注重对孩子的知识传授，注重知识传授的完整性、系统性，把孩子作为被动接受知识的客体，却忽视其创新能力的培养，忽视了质疑、批判、思辨能力的培养。重塑亲

---

① 水生.教育孩子四十条[J].农家之友，2000(11):41.

子教育理念,需要在认真处理这些关系的基础上,不断创新认识理念,结合中西方文化、教育的各自特点来重新进行设计、规划,创造、创新亲子教育体系。

针对孩子发育成长的特点,结合当今亲子教育发展状况,在实践中,我们发现注重"亲子沟通",通过"亲子游戏"的设计,是重塑亲子教育理念的最佳实践途径。

"亲子沟通"指的是在抚育孩子过程中,要善于通过与孩子做朋友,与孩子交心,更多地聆听孩子的心声,让孩子畅所欲言,说出自己的感受和所遭遇的问题,家长和教师再结合每个孩子的实际情况,给予认真的指导和热情的帮助。一位有着多年亲子教育经验的教师指出:"教育孩子有很多方法,如赏识、激励、管教、批评、惩罚等,但如果亲子之间的关系不好,什么教育手段都是徒劳的。关系是什么? 按照权威的解释是'事物之间相互作用、相互影响的状态,是人与人之间的某种性质的联系'。就亲子关系而言,彼此的关系建立在平等的基础上,是相互学习,共同成长的关系,而绝非一方管教另一方的关系,亲子之间保持密切的关系,是胜过许多教育的。因此,学会与孩子沟通,建立相互尊重、彼此平等的亲子关系,应成为教育孩子的核心问题。"从这个角度来说,亲子沟通是重塑亲子教育理念的关键。不少家长大多以为,沟通只是尽量挤时间跟孩子相处。然而,事实并非如此简单。教育专家认为,家长与孩子之间关系的好坏,并不在于与孩子相处时间的长短,而在于亲子沟通的质量,父母应学会如何在与孩子相处中进行良好的沟通,要充分地了解孩子的心理和所提出的要求,仔细分析他们的心理动机,学会平等地和孩子相处。在与孩子相处过程中,家长大都愿意花很多钱投资在孩子的学习上,而在亲子教育上的投入却很少,认真沟通则更少。教育专家指出,在对孩子的所有投资中,亲子教育应该占50%,因为亲子教育太重要了,而不少家长却无法理解,认为把孩子交给学校、老人、保姆,那就是学校、老人、保姆的事了。

在亲子沟通中,家长要善于放下身段,与孩子处在平等的地位上来交朋友,而不是高高在上,以家长的权威来干预、压制孩子的诉求。理解和尊重孩子,是亲子沟通中的重要一环。家长能否细心观察孩子成长中的每个变化,在与孩子相处中耐心倾听他们的诉求,能否用心去感受孩子的愿望、欢乐、痛苦、梦想和烦恼,都是亲子沟通所需要认真掌握的教育方法。不少家长注意到了孩子身体上的变化,却往往会忽视孩子心理、性格上的变化,常常会以为孩子不听话,没有认真去分析孩子成长中的心理欲求。在这当中,如果家长愿意听孩子的意见和解释,少一些责骂,多一些理解,那么,孩子也会更愿意和家长沟通。只要与孩子在沟通上没有问题,家长就会找到好的办法去了解孩子的内心,帮助孩子健康成长。唯有相互信任,才可能让孩子愿意把自己的心交给家长。一般来说,孩子年龄越小,亲子之间的信任度就越高,而随着孩子长大,这种信任度逐渐呈下降趋势。家长都要认真把握这一规律特点,改变这种情况的最好方法,便是在亲子沟通中让孩子感受到来自家长对他们的充分尊重与关怀。家长要不断扩大与孩子的沟通范围,除了学业、身体上的诉求,更要关心孩子的心理成长和精神发育,关心孩子的快乐与烦恼。

在亲子沟通中,家长一定要拥有一颗宽容的心。家长大都想在孩子面前树立"威信",这本身没错,然而,在树立"威信"过程中要讲究方式、方法,训斥、打骂孩子有时确实能让孩子服从家长的意志,却容易令孩子滋生逆反心理,产生适得其反的效果,要么让孩子内心充满仇恨,要么使孩子充满恐惧,产生畏缩心理,从小性格扭曲,长大也难以成为正常的人。一颗宽容的心,才会让孩子感受来自家长细致入微的关心和包容,才能让孩子在被尊重中遵从、信服家长。以宽容之心去对待孩子的错误,并非对孩子的错误放任不管,在孩子犯错误时,应给孩子认识、反省的时间和机会。孩子在宽容的氛围中认识到自己的过错,会感到愧疚,震撼他的心灵,所以,在亲子沟通中,一定要学会尊重孩子,多给孩子选择权。当孩子有了积极的心理状态,亲子沟通就自然会变得顺畅。在亲子沟通中,家长都要以身作则,给孩子树立一个榜样,在孩子的面前表现出积极、乐观的处世态度,多用赞美之词和身体语言,让孩子知道,无论在什么情况下,家长都是爱他,支持他的,不管自己说了什么或做了什么,家长都是他最值得信任的人,这样简单的几个字,就能够让孩子觉得受到了认同。有时不说话,而利用身体语言,如微笑、拥抱和点头等,就可以让孩子知道你是多么疼他。在沟通中要多说"我""我们",少说"你",或"你这个孩子""你真讨厌"之类的话,家长和教师应尽可能不用命令的口吻与孩子说话,不要总说"你应该……",而应常说"我会很担心的,如果你……"。这样,孩子就会从保护自己不被指责的状态下转而考虑大人的感受,这个时候沟通才可能有效。对于孩子的诉求,家长和教师不要急于做出评价,即使孩子的看法与大人不同,也要允许孩子拥有自己的想法。要充分考虑孩子的理解能力,举出适当的事例来支持自己的观点,并详细地分析双方的意见。家长不压制孩子的思想,要尊重孩子的感觉,孩子自然会敬重家长。要善于分享孩子的感受。无论孩子是报喜,还是诉苦,家长和教师都要暂停手边的工作,静心倾听,并表示出自己的想法或感受,倘若只是敷衍了事,孩子得不到积极的回应,日后也就不愿再与家长交流和分享感受了。要理解孩子的情绪。有时孩子也不清楚自己的情感反应,倘若大人能够表示出理解和接纳,他们会有进一步的认识。

在亲子沟通中,家长要认真观察孩子的个性,发展孩子的兴趣特长,及时注意孩子的反应与态度。一些家长由于工作忙碌,在和孩子沟通时常常会急着表达自己的意见和指示,很少认真把孩子的话听完,而是期望孩子乖乖地照自己的话做,最好不要有意见。这样,孩子就会感觉与家长难以沟通,代沟也必然越来越深。所以,家长与孩子沟通时的耐心很重要,不但要听完孩子的讲述,还要理解孩子所表达的意愿。要注意体会孩子的感受,及时了解孩子的身体、心理、性格等方面的发展情况,经常充实孩子的生活经验,家长要与孩子对谈的话题大部分来自生活实践,因此,在亲子沟通中,培养孩子一颗敏锐、好奇的心是很重要的。家长可以带领孩子观察身边的各种事物,如一花一草一木,路上车子的颜色、造型、品牌,街上行人的穿着打扮、说话内容,这些都可以成为谈话的题材,让孩子的观察力自然而然地获得提高。同时,还要经常变换一些新鲜的话题,不要老生常谈,给孩子一直唠唠叨叨的印象,要激发孩子的兴趣,譬如对孩子说,"猜猜今天我发生了什么事""你知不知道为什么小孩子最喜欢这个",以吸引孩子,激发孩子的兴趣和思考。家长应知道多大的孩子能够理解多少的话,如果只是尽说些孩子无法理解的话,或提出一些孩子达不到的要求,这不仅让孩子觉得辛苦、压力大,亲子间对话也势难继续,也很容易形成交流不畅而使双方之间产生代沟。总之,亲子沟通是一门奇妙的艺术,只要家长重视它,真正做到与孩子无话不说、相互信赖、相互学习,相信孩子,亲子沟通就会在重塑亲子教育理念中发挥重要的作用。

亲子游戏指的是在家庭内家长与孩子之间进行的,以亲子感情为基础而开展的一种活动。这项活动是亲子之间交往的重要形式,目的是培养孩子的认知,促进孩子的心理发育,提高孩子的自理能力。广泛开展亲子游戏活动,将会对重塑亲子教育理念产生积极的影响。

采用游戏活动来开展教育,在中西方都有优良的传统。在中国,儒家和道家都谈过"游"和"游戏"的功能和作用,如孔子提出"志于道,据于德,依于仁,游于艺"之说,庄子对"游""游戏"有广泛的论述,提出了游戏开展教育的思想。庄子所说的"游",含义很广,徐复观解释说:"按《说文》并无'游'字,七上'游,旌旗之流也……',《段注》又引申为'出游、嬉游,俗作游'。《广雅·释诂》称'游,戏也'之旒,随风飘荡而无所缚,故引申为游戏之游,此为庄子所用'游'字之基本意义。"在欧洲,德国哲学家席勒(Schiller)说:"只有当人成为完全的人时,他才游戏;也只有当人游戏的时候,他才完全是人。"[1]其意是说,游戏是人类的自由本性和完整人格充分展现的途径与证明,人们只有在摆脱了任何外在与内在的压力去做一件自己高兴做的事情也就是自由游戏的时候,生命才得以回归到本

---

① [德]弗里德里希·席勒.审美教育书简[M].冯至,范大灿,译.北京:北京大学出版社,1985:80.

真的自由状态,而生命的内容于是以美的形式呈现出来。荷兰学者约翰·赫伊津哈(John Huizinga)就大胆地提出"游戏人"的观念,宣称"我们"这个物种是"游戏的人",认为游戏不仅是日常生活的普遍娱乐活动,而且是人类共有的本性,是人作为类的存在的基本方式,也是人类各种文化的母体。① 此外,海德格尔、伽达默尔、维特根斯坦等也都提出过自己的游戏学说。正由于此,现代西方的思想家大多认为游戏是人自由地表现自我的一种形式。这种形式要求真正坦诚地对待可能性事物的世界,它或者通过竞技方式,或者通过演示(表演、模仿)某些情节、含义和情感的方式来得到展现。②

将"游戏"引入亲子教育,创建和开展"亲子游戏"活动,从重塑亲子教育理念来说,它不仅有益于家长和孩子之间增进感情交流,密切亲子关系,促进孩子的健康发展,而且对孩子在实践中获得相应的智力开发和能力锻炼,也具有重要的促进功能。孩子在亲子游戏中所获得的认知态度、技术方式和处理方法,以及与人交往的态度、方法等,对于他们成长都将产生深远的影响。

开展亲子游戏,重塑亲子教育理念,要求家长能够充分地领悟亲子游戏的重要功能和意义。在亲子游戏中,家长对孩子开展教育,第一是培养良好的生活习惯;第二是亲自跟孩子做亲子游戏,陪伴孩子,一道参与。研究表明,具有特定功能的亲子游戏,可以在丰富而快乐的育儿生活中,使孩子的潜能不断地被开发出来。家庭开展亲子游戏,要善于激发孩子的好奇心,培养孩子的参与能力和动手能力。一般来说,凡是新奇的事物、奇特的东西都会使孩子产生好奇心,而孩子受好奇心的驱使,也就会通过相应的游戏活动来学习,获得锻炼和成长。家长要为孩子创设一个良好的游戏环境,根据孩子的实际情况,设计与孩子相关的亲子游戏项目和活动,让孩子可看、可听、可触摸,能够从中获得充分的感知和体验。除了良好的"硬件环境",家长还要在亲子游戏中创设一种良好的"软件环境":一个温馨、和谐、民主、平等的心理环境和精神氛围。调查发现,在开展亲子游戏中,仍有不少家长把自己的意愿强加于孩子,干预孩子,而不是心平气和地与孩子一道开展游戏活动,往往会在游戏中对幼儿提过高的要求,强迫孩子玩不喜欢的游戏,甚至是对孩子大声恐吓、责罚,或把孩子当玩具逗乐等。这种所谓的"游戏",只会让幼儿对"游戏"失去兴趣,更不会主动地提出玩游戏的愿望了。在与幼儿进行亲子游戏时,家长应该放平心态,只有这样,家长才会对孩子有一个正确的期望值,从而科学地开展亲子游戏。此外,在设计亲子游戏内容时,不能千篇一律,一定要参照孩子年龄和发展水平、兴趣倾向

---

① [荷]约翰·赫伊津哈.游戏的人·自序[M].何道宽,译.广州:花城出版社,2007:33.
② [苏]B.A.列克托尔斯基,等.现代西方哲学辞典[M].贾泽林,等译.北京:东方出版社,1995:506.

的特点来进行亲子游戏项目和活动的设计,要善于从幼儿的生活中开发游戏项目和活动。总之,开展亲子游戏会给家长和孩子双方带来乐趣,特别是能够让孩子在游戏中体会到创造和成功的快乐,而家长也能够体会到亲子交流的幸福。家长应从中学会更多的游戏,并将具有特定功能的亲子游戏与孩子的成长相互交融起来,这样就可以在丰富而快乐的亲子教育中,使孩子的潜能不断地开发出来,也能够重新塑造具有现代教育意义的亲子教育理念,从而建立更好的亲子关系,开展更好的亲子教育。

第六章　亲子消费

我国在 1979 年采取了独生子女政策以后,最为直接的结果就是家庭对于一孩的消费支出显著增加。与过去相比,儿童甚至可以拥有自己可支配的消费资金,这对家庭的日常亲子消费产生了巨大影响。亲子消费,泛指以孩子生养教为目的的一切消费活动,不仅包括日常的儿童食品、服装和玩具等消费品,还包括儿童教育、影视娱乐、亲子游等延伸产品。根据《中国互联网母婴市场年度综合分析(2017)》的估计,2018 年亲子行业市场规模有望突破 3 万亿元。① 可以说,亲子早已成为重要的消费群体,儿童既是独立的亲子消费权益主体,又与父母和家庭的关系密切。最为关键的是,亲子消费的目的是满足孩子的生养教需求,而商业的目的乃是促进购买并培养长期消费习惯,两者并不能完全融合。据本研究团队调查发现,目前我国 10 岁城市儿童,已经可以认识超过 100 个品牌,能够回忆和复述超过 20 个广告内容。过度发展的亲子商业,正在以生养教为载体,深刻影响着亲子关系,重塑着亲子文化。

第一节　消费塑造亲子文化

纵观历史,社会总是试图改变个体以符合群体的需要,而在一个多元化的消费社会中,人们亦越来越倾向于通过特定消费来实现个体自我认同。比如,人们喜欢通过长期使用某个品牌来彰显自己具备某种独特的个性或者属于某类特定的群体。这导致消费具有超越其本身的重要社会学意义——通过消费来塑造人,其中尤以亲子消费最为突出,从孩子的出生(甚至还没有出生)就开始对其产生影响。在亲子领域,玩具和游戏一直是关键介质。剑、枪和狩猎游

---

① 中国互联网母婴市场年度综合分析(2017)[EB/OL]. (2017-03-15)[2019-09-21]. https://www.analysys.cn/article/detail/1000672.

戏因为更体现竞争特性而与男孩相关,而娃娃、厨房和养成游戏因为更体现关怀和耐心而与女孩有关。很多今天约定俗成的基于孩子性别的消费差异,很可能仅仅是因为商家的某个促销行为。例如,粉色曾一度被认为是男性的专属颜色,女孩子则多喜欢蓝色;但是几十年前,芭比娃娃等商业机构带起了一股粉色的风潮,人们才开始接受粉色是女孩的专属颜色的概念,为了以示区分,商家又将男孩产品设计成蓝色。这种社会化的认同,反过来会深刻影响个体,尤其是当孩子还处在高可塑阶段。同样,在孩子的早期消费过程中,家庭的沟通方式也塑造了未来的家庭关系以及孩子成年以后的生活态度。当今社会正在从以生产为基础的工业社会向以消费为基础的个性化社会过渡,伴随着互联网和社交网络的出现,以家庭为中心的社会角色开始被打破,使得亲子消费更容易突破过去家庭的"保护膜",无时无刻不对亲子关系产生影响。这甚至带来了一场广泛的辩论:亲子领域的商业化,是在破坏还是推进亲子文化?

一、最完美的消费者——孩子

不可否认,无处不在的广告和促销活动"解放"了孩子们,让他们可以暂时离开所生活的家庭群体和社会权威关系。对于3～15岁的年龄群体,他们作为消费者几乎没有内在的动机去接受任何亲子消费。促成亲子消费的前提是了解孩子与其他家庭成员的关系与交流方式。一个亲子产品品牌得到孩子的认可并实现购买行为,实际上就是孩子们在家庭中实现自我身份建设的过程,当然不可避免地存在冲突。几乎所有商家都会把青少年作为一个重要的战略性群体加以培育,因为青少年从青春期开始就会尝试以不同的身份来接触世界,而购买是一个仪式性很强的过程:他们要在自己的同辈群体面前,通过消费选择和购买来显示自己的品位,并得到某个特定群体的接纳;相反,在他们更小的时候,消费往往体现出其对父母和家庭的依赖性。正是因为很多商业机构明晰了这一特点,专门针对儿童的营销研究部门被建立起来,营销学研究中甚至还有专门的儿童营销分支,催生了大量可以促进青少年身份认同的营销手段,同时也带来了青少年群体的更加细分。不同年龄、不同经济条件、不同地域、不同性格……所有的细分因素都被利用,并最终用于给不同成长阶段的孩子贴上某一特定的"标签"。

二、销售策略的焦点——突破家庭保护

未成年人——特别是儿童——经常会被商家视为促成购买行为的刺激因素(而非服务对象),因为儿童能够直接或间接地指导整个家庭的购物行为。许多广告都是表面上针对儿童,但实际上是让家长来购买,并精心设计内容以引导孩子去向家长请求（纠缠）。随着我国零售业的高速发展，尤其是超市和无人零售的出现，孩子可以进一步在没有父母干预的情况直接接触商品并提出购买需求。这给了营销人员一种全新的设计思路：当孩子直接接触商品的时候，他们可以在购物场景中直接与家长进行谈判以获得购买的权利；更重要的是，这种来自零售场景的经验，将进一步塑造他们未来作为社会主体的成年行为。这种变化对零售业态的影响也具有重要的进化意义：一方面，精心设计的购物场景能够更加吸引孩子并带着家长前来；另一方面，孩子与家长对于零售购物的行为习惯也影响着购物场景的布置以及商品的销售，最终催生出全新的购物销售模式，例如购物中心变得像主题公园那样按照休闲路线进行设计，传统的以父母为主的线上儿童产品购买方式逐步被线上以儿童为主的游戏社区所代替，品类单一的母婴产品店铺被同时具有商品、服务和娱乐功能的综合性亲子卖场所代替。总之，亲子购物更加注重多样化体验和沿着娱乐化路线发展是一个必然的商品进化过程。这种模式的快速发展对亲子文化的影响是巨大的，因为混淆购物与亲子互动的边界，并鼓励孩子与父母因冲动购买而达成一致行动。在这种情况下，家庭往往迫于压力而扮演一个矛盾的角色，既要满足孩子要求参与商业化的娱乐体验，从而解放欲望和冲动购买，但与此同时，又要为维护家庭亲子关系的理性与稳定状态，必须抑制其成员的购物冲动。这种矛盾显然无法通过一种民主的方法和严格的规则来解决，通常要靠家庭中的权威人士（母亲或父亲）以某种不可突破的红线原则来控制（例如绝对不能买加了各种添加剂的饮料）。这种家庭策略在今天层出不穷的商业策略中很容易被打破，一种非常简单但是很有效的营销手法就是，先营造出比商品本身更大的亲子体验，创造出一种极为融洽的亲子"爱丽丝仙境"，在这种环境中家庭权威人士往往因为不忍打破这种体验而选择妥协。

三、围绕消费活动的亲子关系

事实上，对很多家庭来说，购物已经成为整个家庭能够目标一致地进行共同行动的主要活动之一（很多时候甚至成为唯一的活动）。因此，商家用具有休闲感和富有表现力的场景来装饰购物活动，让原本普通的购物消费变成一种具有家庭功能的亲子活动。它可以是一种远足，抑或是亲子游戏。越来越多的购物中心通过设立专门的家庭活动区来支持这种趋势。在很多孩子看来，购物中心与儿童游乐场几乎是同一概念；越来越多的爷爷奶奶也喜欢在夏天的傍晚带孩子逛附近的购物中心——既可以免费吹冷气，又有趣好玩。值得注意的是，购物中心并不仅仅以满足家庭组织的娱乐需求为目的，同时还会针对其他成年人群体。购物中心还会有酒吧、餐馆、影院、卡拉OK等成年人社交区域，以及化妆品店、美容店等功能性区域,这些都会使得孩子对世界的认知更早地介入成年人的世界。总的来说,当前的亲子消费场景充满了休闲与愉悦,将会成为他们美好的童年记忆。在这个"泛"成人社会化的亲子消费场景中,父母和孩子通过购物这一中介,来建立一系列的关系。随着商品分销,这种模式被延伸到各地,包括乡镇和农村。显然,广告传播在这个过程中也起到了推波助澜的作用。广告还通过综艺节目等新的电视节目形式成功地进入了家庭圈子,更进一步塑造了家庭亲子关系。

第二节 我国亲子消费的文化特征

一、态度矛盾

在消费问题上,中国父母在严格控制儿童对产品的购买行为的同时又允许儿童在选择产品和品牌上有一定的自由度。这种典型态度矛盾在其他的亲子领域似乎并不多见。我们不应该将亲子购买决策看作一种普通的购物行为,而应该将其视为中国家庭式养育与社会化成长之间的关键桥梁。在现实中,我们甚至经常会看到即使孩子长大了,父母对其产品选购(如对结婚后家里的家具购买)的影响依然存在,这种影响还会借由日常购买延伸到生活中重大问题的决策。从商业角度来看,父母既是亲子消费的主体,也是"守门人"。为了扩大商业效果,营销人员往往在亲子消费产品的设计与营销上,更加倾向站在父母的视角来强调消费对孩子成长的积极意义,从而放松父母对孩子的消费控制,进而塑造孩子自身的消费习惯。例如,尽管营销人员很清楚电子类游戏产品会导致孩子注意力分散,但是仍旧将其宣传成能够培养创造力的教育产品,从而获得与孩子长时间接触的理由;零食也是如此,往往被描述成有利于成长健康,否则父母不会允许孩子购买。这导致了孩子在成长初期所面对的所有购买决策,都是出于某种直接的功能诉求,例如益智、健康,却丧失了作为购买者所追求的最本质的乐趣,例如好玩、美味。这就使得孩子容易将自主消费视为对生活掌控的象征,因此当他们一旦可以做到,往往更容易追求物质主义和享乐主义。

二、缺乏信任

亲子消费中普遍存在不信任的现象。首先是父母对行业不信任。亲子消费是我国消费者权益纠纷的高发领域,亲子消费涉及的任何问题都会被加倍放大,导致父母无法承受在子女消费中出现任何问题。重塑消费信任不仅仅是依靠提升产品品质,还需要改变父母与行业之间的信任关系。统一严格的国家与行业标准、充分公开和透明的信息披露机制,是在外部环境上应对这种信任危机的解决方法,但是真正能够解决它的仍是行业自律与市场倒逼。另一种不信任体现在家长对子女自主消费的不信任上,中国家长很少咨询孩子或请求他们为家庭买东西。当我们给父母一份由中国普通家庭常规购买的 15 件物品的清单,并要求他们估计自己的孩子有多大程度上会自主决定购买这些物品时,被调查的多数父母无法准确回答出其中一半的问题。即,我国的父母基本上不能知晓自己孩子真正喜欢什么产品,以及该产品的品牌。但是这并不代表孩子没有自己的消费偏好,而是家长有意识地忽略了孩子在购物消费上的主体存在。这种中国式的过度保护,直接带来父母与孩子的信任危机。

三、不自信

中国父母在亲子消费问题上往往并不认为自己是有能力的消费者。他们很少与孩子讨论各自的消费体验。除了中国传统的内敛型消费文化以外,家长缺乏必要的亲子消费知识,对所消费的产品和服务了解甚少可能是更为主要的原因。在家庭中缺少消费意见领袖,使得父母在决定亲子消费决策时,经常犹豫不决,加之没有一套成熟客观的现代社会主流观点与标准,变成因商业广告和社会潮流而随波逐流。但是,许多中国人并不信任营销和广告,在亲子消费问题上更甚。这就需要中国的亲子营销发展出全新的手法以说服父母消费者。一种主要的手法,就是利用中国父母对孩子未来不确定性的关注与焦虑,在营销中经常会出现不能"错过"的提法。既强调父母一代曾经错过的机会不能再在孩子身上发生,也强调不能放过任何一个可能成就孩子的机会。

四、中国式营销沟通

中国的亲子消费领域的广告商和营销人员深谙中国父母与儿童在亲子消费上的文化特征。很多社会观察家认为独生子女政策造成"小皇帝"现象,但是与美国等国家相比,中国父母对孩子的购买行为实际上要严格得多。"小皇帝"更多的是一种育儿行为,而非亲子消费的特点。在为市场制订广告和营销策略时,中国的营销人员会更加考虑如何激发父母的消费需求而非孩子。曾经有一段时间,西方营销人员认为他们可以在像中国这样的发展中国家的市场销售任何东西。但是这种营销至上的思想,除了对其在发达国家建立起来的成熟的市场营销操作手法的过度自信以外,隐含着对发展中国家消费者和监管机制不成熟的偏见。这种思想在过去很长一段时间左右了中国亲子消费领域。很多儿童产品的广告直接抄袭西方广告,营销人员喜欢借用一个洋概念来强化产品功能。中国儿童产品市场需要营销人员站在关心孩子的角度,努力促进中国亲子消费文化往积极正面的方向发展:除了注意产品质量以及精心选择分销和传播渠道以外,更要重视培养中国父母树立平等开放的亲子消费沟通方式,并形成成熟的消费观念。

第七章　现代科学技术视野下的亲子文化

　　20世纪是科学技术空前辉煌和科学理论充分发展的时代,人类创造了巨大的科学成就和物质财富。第二次世界大战后,以电子计算机为核心的电子技术、激光和光导纤维为主的通信技术,海洋工程、空间开发、新材料和新能源的利用,以及以基因技术为核心的生物遗传工程等现代科学技术的发展应用。科技革命的发展推动整个社会发生了巨大的变革,使人与人的关系、人与自然的关系在几十年中发生了不可逆转的变化。科学技术是一把双刃剑。一方面,科学技术的进步使得人类认识自然、征服自然的能力越来越强,人类创造的物质财富达到了空前繁荣的程度;另一方面,科学技术的滥用带来各种危害人们健康的问题;初级工业地区的环境被严重破坏;生物多样性减少,打破了生态平衡;全球能源短缺,食品安全得不到保障;信息泄露危害人们的自由和安全;等等。如今我们进入了21世纪,短短十多年内,计算机科学技术、网络科学技术、人工智能、3D打印技术、生命科学技术等协同快速发展,我们有理由相信,人类将会创造一个让我们更加料想不及、福祸相依的世界。

　　"文化的进化受技术、社会、意识形态及政治组织四种因素交互影响,而技术因素是决定性的,其他因素则属于它。"①新的科学技术一旦出现,它本身的生命和力量就构成了文化进化的动力。置身于这个时代,地球村、快闪族、绿色和平组织、计算机病毒袭击、世贸组织、消费主义、社群营销、网购、无线支付、互联网+、物联网、代孕、克隆人、AlphaGo人机大战、无人驾驶汽车,等等,这些与科技进步相伴而生、快速出现且不断转换、变化的新概念、新事物,让我们应接不暇、目眩神迷。每个人都或多或少地感受到,无论好与坏,科技进步已经深刻地改变了我们生活于其中的社会,这不仅仅是物质方式上的改变,还包括我们习以为常、视为天经地义的社会规则和文化惯性的改变,人们的价值观、生活态

---

①　[美]莱斯利·怀特.文化的科学[M].沈原,译.济南:山东人民出版社,1988.

度、知识体系和社会行为模式也发生了前所未有的改变。我们常常需要刷新认识、获取新知，才不会和这个社会脱节。我们中的一些人——尤其是年长的一代，有如突然来到新大陆的移民，像是置身于一个完全陌生的环境之中——就如美国著名人类学家玛格丽特·米德所说的，成了"时间移民"①，感到手足无措、难以适应，重新成为笨拙的小学生，需要一切从头学起；而我们中的另一些人——更多的是年轻一代，由于出生、成长于这个新时代，他们从一开始就能较为快速地接受新的语言方式、新的科学逻辑、新的技术应用、新的生活习惯、新的社会规则，他们能够畅快地与外界交换信息、结交朋友、游玩、工作、娱乐。年轻一代比年长一代更快、更深入地体验到新科学技术带来的变化，其中有让人欣喜的好处，也有充满风险的恶果。

现代科学技术所带来的这些变化，深刻地影响着亲子文化的各个方面：改变了亲子教育的内容、学习方式，改变了家庭人际关系模式，改变了亲辈对子辈的教育路径规划，改变了代际知识传递方向，改变了亲子陪伴的方式和质量，甚至改变了家庭结构和人伦观念。这些重大改变既带来了机遇也带来了挑战，值得我们深思。

第一节　科学素质教育成为亲子教育的重要内容

教育传承着文化，承载着未来。我们每个人作为家庭、国家、社会乃至人类的一分子，教育后代不仅仅是个人实现对后代期许的方式，也是个人对国家、社会和人类的责任，国家、社会的进步需要每个人的努力。

21世纪，世界各国的综合实力越来越体现在科技和教育水平的不断发展之上，取决于全民科学素质的提高。科学思想、科学精神和科学方法日益广泛并深刻地影响着人们的世界观、人生观与价值观。提高全民族，尤其是青少年的科学素质，已成为增强国家创新能力和竞争能力的基础工程。中国科学技术协会1998年就公众对科学知识、科学方法等的掌握情况进行了一次调查，结果发现，仅有1.4%的人具备基本科学素养，劳动者科学文化素养偏低成为制约中国经济发展、社会进步和国际竞争力提高的关键因素。为此，中国科学技术协会于1999年提出了一项为期50年的国民科学素质行动计划——《全民科学素质行动计划》，即2049计划，其目标是到2049年使18岁以上全体公民达到一定的科学素质标准，使全体公民了解必要的科学知识，并学会用科学态度和科学

---

① ［美］玛格丽特·米德.文化与承诺：一项有关代沟问题的研究［M］.周晓虹，周怡，译.石家庄：河北人民出版社，1987：73.

方法判断及处理各种事务。这包括科学概念和科学知识、科学精神和世界观、科学探究能力和技术动手能力三个方面。

科学素质是从早期的种种看法和价值观念长期积累、逐渐培养起来的,这些早期形成的观念起着胚胎般的作用,18岁以前的未成年期是关键。在这个时期,青少年对周围世界的好奇心和探求欲望最强烈,这是参与科学探究,培养科学兴趣、科学思维、科学精神和发展探究能力的最佳阶段。在关键性的生命早期阶段,家庭教育主要负责青少年最初的社会化和科学启蒙。青少年在家庭中建立最初的亲密感情联系,学习语言,并开始将科学文化规范和价值标准内化。因此,除了学校教育、社会教育之外,家庭中的亲子教育是青少年接受科学素质教育的主要渠道。

然而在我国,科学素质教育的实际情况令人担忧。由于我国教育体系整体为应试教育,在应试教育的压力下,学校、老师和家长对于科学教育的重视程度明显不足,致使各类以升学为主要目的的培训班、特长班成为社会教育的主流,而以培养孩子的科学素质和创新能力为目的的活动形式得不到认可。受教育大环境的影响,目前我国家庭教育中功利主义倾向严重,家长也片面追求学历教育,要求孩子以升学为目标,忽视了孩子的全面和自主发展,忽略了科学素质的教育,特别是科学方法和技能的教育。

改变这种状况要通过全社会的努力。首先是要推广通识教育。与学历教育不同,通识教育关注人全面、和谐地发展,主张开展非专业性的、非功利性的教育,提倡给青少年提供基于基本的、准确的、一般性的知识,使青少年熟悉各个领域的知识和技能,全面提高综合素质。这种社会常识不仅仅体现在知识上,也体现在处理问题的方法上,更确切地说,是帮助青少年建立一套完整的知识体系和框架(也就是常识),以帮助他们形成自己的价值观、世界观,更好地认知世界,更好地通过自己的常识和科学的思维方法独立思考。通识教育提供的知识框架对现代社会尤其重要。在现代社会中,知识和信息的碎片化使很多人无所适从,而通识教育通过教授基本的普遍知识,可以有效地将一些知识点串联起来,并形成体系,帮助青少年在日后的学习和生活中接受新的知识,进行独立思考。现代中国社会急需这种通识教育。我们常常见到文科生不懂基本物理、化学常识,理科生又不懂文史哲法的基本理论,而通识教育无疑是解决这种现状可行的、有效的方法。

其次,要加强科普投入。在世界各国,有许多一流的科学家参与到科普工作中,创作科普作品:如霍金的《时间简史》、彭罗斯的《皇帝新脑》、刘易斯的《细胞生命的礼赞》、戴森的《全方位的无限》等。许多科学家同时也是一流的科普活动家,如阿西莫夫、卡尔萨根等。与此相比,目前我国少有科学家从事科普事业,能够胜任科普工作的科学家人数就更少。青少年对科学家充满向往,我们要推动科学家群体发挥引导作用,使他们参与到提高青少年科学素质的工作中,充分发挥科学家言传身教的作用。

最后,在全社会努力的基础上,还要加强亲职教育,对家庭成员进行合理培训,提升家长对培养青少年科学素质的重视程度,掌握培养科学素质的方法,使家长在抚养、教育未成年子女的过程中,能够促成孩子从小养成爱科学、学科学、用科学的良好习惯,为孩子接受科学教育创造良好的意识和条件。要充分发挥科普读物、博物馆、科技馆、科普课程的作用,引导家长带孩子到博物馆、科技馆去参观、动手实践,理解各种事物以及体验现代科技的魅力;引导家长订阅科普刊物,购买适合各年龄段的科普读物;引导家长带领孩子参加科普课程和科普活动,从各个方面深入了解科学技术。我们看到,当前,社会上已兴起了一些针对青少年科学素质培养的培训项目和课程,比如科普夏令营、机器人课程、博物学夏令营等,这些培训课程普遍受到家长和孩子的欢迎。这说明,科学素质培养已经日益受到家长的重视,逐渐成为亲子教育的重要内容。

第二节　互联网时代的亲子关系与文化哺育

人类已经进入了互联网时代。在这个时代,知识更新的速度加快,知识和信息的生产、使用、分配成为社会发展和经济增长的基础。以计算机技术和互联网技术为核心的技术运用带来了社会生活全方位的改变,时空压缩带来全方位观念的改变,对人类的经济、文化、政治、社会形态、生活方式产生了深远的影响。互联网不仅仅是一种工具,还是一种新的知识生产、转化、储存、学习方式,是一种新的教育形态和机制。

"其一,互联网是知识和信息的'海洋'。由于在存储性、交互性等多方面所具有的强大技术优势,互联网诞生以来短短几十年间,迅速吸纳了人类即时创造的几乎所有的新知识、新信息。同时,随着文献录入技术、多媒体技术等的飞速发展和进步,互联网也并蓄了人类传统文化的成果。这就使得互联网成为人类古往今来知识、信息史无前例的大汇聚。

"其二,互联网是时时得到'活水'补充的'海洋'。通过互联网联系起来的世界各地的人们,从各自的终端及时发布自己掌握的新信息、自己的思想和感受,上传到互联网,经过沉淀、提炼和加工,源源不断地补充和增益着人类知识和信息的宝库。'知识爆炸'之形成概与此有着十分密切的关系。

"其三,互联网是门槛很低的大众'课堂'。一般人只要识文断字,具有基本的文字阅读和表达能力,具备相关网络协议所规定的简单条件,就可以浏览网页内容、收发邮件、搜索信息,甚至发表意见和感受。随着基于互联网的自媒体技术的发展,上网冲浪越来越体现出大众性、草根性和自由性。这就为更多的人上网求知学习奠定了十分厚实的公平基础。互联网因此成为没有围墙、全天候开放、适应各种个别需求的'课堂'。

"其四,互联网是个互动性极强的开放空间,这就为人们在互联网上进行深入的研讨提供了广阔的平台。同时,这也就使得互联网上的知识、信息五花八门,甚至鱼目混珠、良莠不齐,需要人们有足够的定力,有足够的甄别、选择能力。"[1]

总之,互联网具有几乎无所不包的海量知识和信息且能够快速更新,人们可以用极其方便的方法(如搜索引擎)快速检索到各种所需的知识和信息,这是过去任何图书馆都做不到的。并且,随着"互联网＋"的发展,各种以音频、视频为主要载体的网上课程也已被开发出来,这让互联网成为没有空间限制、没有时间限制、可以互动交流、包罗万象的大课堂。

一、年轻一代正成为互联网技术使用的一支主体力量

2017年1月,中国互联网信息中心(CNNIC)发布《第39次中国互联网络发展状况统计报告》。报告显示,截至2016年12月,中国网民规模达7.31亿,手机网民规模达6.95亿,互联网普及率为53.2%。半数以上中国人已经接入互联网,网民规模增速提升,同时网民个人上网设备进一步向手机端集中。未来,移动互联网应用将更加贴近生活,从而带动三、四线城市和农村地区人口的使用,进一步提升我国互联网普及率。

从年龄结构来看,我国网民以10～39岁群体为主,其中10～19岁的网民占比为20.2%,10岁以下的儿童网民占比为3.2%,并且近几年6～10岁的网民每年都有增加的趋势。我们看到,19岁以下的年轻一代占据总网民人数将近1/3,有1亿多人次,已然成为使用互联网技术的一支主体力量。[2]

根据《2015年中国青少年上网行为研究报告》,我国未成年网民主要在家庭使用电脑设备(手机、电脑)接入互联网,他们绝大多数已能熟练使用搜索引擎、网络新闻进行信息获取,会运用微信、微博、电子邮件进行交流沟通,且善于利

① 刘宏森.互联网时代的教育:困境和作为[J].中国青年研究,2015(7):30-31.

② CNNIC.第39次中国互联网络发展状况统计报告[EB/OL].(2017-01-22)[2019-09-21].http://www.cac.gov.cn/2017-01/22/c_1120352022.htm.

用网络开展娱乐活动,如玩网络游戏、收听网络音乐、观看网络视频。① 这意味着,除了从父母、教师、课堂里读的书本获取知识外,如今的父母亲已经开始主动为孩子提供条件和帮助,让他们学习和运用互联网技术,孩子们可以轻而易举地从互联网获取各种知识和信息,在某些方面,他们获取信息的方式可能更迅捷、接受力更强。

但是,《2015 年中国青少年上网行为研究报告》也指出,目前我国青少年上网的目的主要是玩游戏,看电影、电视、动漫,聊天,利用网络从事学习活动的效率和能力均不足。父母亲应该引导孩子充分利用网络,培养自己获取信息、分析信息、运用信息的能力,引导他们充分利用网络的交互性进行学习和研究,以提高创新和思维能力。

二、互联网改变了家庭人际关系模式

互联网对家庭人际关系模式的改变是双向的:一方面,造成了家庭内部的人际疏离、关系淡漠、交流失范;另一方面,提供了家庭保持亲密的人际联系的新工具和方法,缩短了家庭成员间的距离。

我们可以分别举两个在家庭生活中常见的场景来说明互联网对家庭人际关系模式的双向改变。

【场景 1】

周末之夜,一个三代同堂之家共聚一堂吃饭。爷爷奶奶在厨房一阵忙碌后,做了一桌丰盛的饭菜,然后招呼儿子儿媳、孙子一起吃饭。然而,叫了好几遍,人也没有到齐。他们在做什么呢? 15 岁的孙子在打电脑游戏,40 岁的儿子在用电脑加班工作,而儿媳正用手机微信和朋友聊天。于是,爷爷奶奶只好坐在饭桌前默默吃饭,内心十分落寞……

曾经,中国大多数家庭每天晚饭后最重要的娱乐活动就是,一家人聚在一起看电视。看电视这种家庭公共活动成为一种家庭仪式。从新闻到电视连续剧到综艺节目,一家人都一起观看,一起聊天、欢笑。在这个过程中,大家有了共同的体验和记忆,彼此的感情也得到了激发和增强。

然而,互联网进入家庭之后,塑造了新的家庭生活模式。如我们在场景 1 中所看到的,人们在居家闲暇的间隙会时常上网搜寻自己感兴趣的信息和内容、进行娱乐休闲,于是即便身处共有的家庭空间中,也未必融入同一情境,使得电视仅仅成为长辈和幼童消遣放松的工具。这导致在家庭中,个人与其他家

---

① CNNIC 发布《2015 年中国青少年上网行为研究报告》[EB/OL]. (2016-08-13) [2019-09-21]. http://www.cac.gov.cn/2016-08/13/c_1121534382.htm.

庭成员之间逐渐产生分隔,沟通机会减少,情感联系不再紧密。而且,人们可以通过互联网实现在家中办公和学习,家庭空间不再单纯用来休养生息,家庭内部人际交往的时空进一步被压缩。这使得共处一室的一家人,仿佛生活在不同的时空,各自做着自己的事情,甚至利用网络和家庭之外的人交流,而家人之间却不说话、不聊天、不互动,家庭的内聚力有可能被削弱,家人之间的关系有可能变得更冷漠、更疏离。

【场景2】

小明的爸爸去了非洲工作,每天晚上临睡前,小明的妈妈就打开手机微信视频,和小明一起与爸爸通话1小时。他们会开心地谈论每天发生的重要或有趣的事情,爸爸还会检查小明的作业完成情况,给小明布置学习任务。

我们看到,在场景2中,互联网带来了跨越万里的亲密联系。现代社会,交通便捷快速,"寰球乃一村",人们经常因为工作、学习而迁居,因为想要增长见识而四处游历,这经常会造成家人之间分隔万里。在过去,人们很难在这种情形下维系强有力的家庭情感联系,而互联网则奇妙地将处于不同物理情境之中的人们拉进同一个社会场景中,让人们随时随地可以和家人通信联系,获取家人的情感支持,取得家人的实际帮助。跨越万里的家庭成员之间有了增进情感联系、维系家庭关系的可能。

在网络沟通中,除了通过文字传递信息外,人们更倾向于使用电话、音频、视频等,因为后者更加类似于(虽然并不能完全等同或取代)面对面交往,能更直接、更亲密、更快速、更频繁地即时表达个人情感和状态,家庭成员之间沟通的质量和效率更高。于是,无论游学的孩子,抑或在外打工的父母,通过互联网视频,都可以马上看到家人亲切的面容,可以表达关切,可以互相排解学习、工作、生活中的难题,可以分享有趣的事物和观点。

并且,尽管相隔万里,家庭成员之间却共享一个相同的网络世界,可以同时浏览相同的网页、使用微博、关注微信朋友圈。他们仍然可以在同样的时间获取相同的信息,并与家人分享。这种共同经历使家庭成员之间可以保持相互联系的情感纽带,增加了家人间的认同感与对家庭的归属感。

三、"互联网+"教育改变学习方式和亲代对子代的教育路径规划

所谓"互联网+"教育是指,利用互联网的各种教育功能和丰富的网络教育资源优势,提供网络教学的环境,传递数字化的教学内容,进行以学习者为中心的非面授式教育活动。我们看到,在世界范围内,通过互联网实现自主学习,正在成为一种方向和潮流。

过去，未成年人必须通过阅读学习才能获得教育，家长不仅需要保证儿童接受长时间的学校教育，还需要提供相应的家庭教育保证其成长。孩子的成才主要依靠亲代对子代的学历教育规划，从小学、中学、大学的学历路径对青少年的成长空间和时间都有限定的要求，父母亲的决定往往会影响孩子的一生。而如今，"互联网＋"教育带来了学习方式的灵活性、新颖性和生动性，正改变着青少年接受教育的形式，拓展了青少年成才的空间与途径。这使亲代对子代的教育路径规划可以更加灵活多样；而子代也有机会做更多的尝试，能够更加自主地选择自己的教育路径。

（一）"互联网＋"教育使得教育资源由封闭转为开放

过去，大量的教育资源被局限在校园内部，比如课堂、实验室、图书馆等，只有身处学校之中才可以利用，校外人士想获得资源非常困难。而现在，有了互联网技术，教育资源能够实现跨越学校、地区乃至国家的界限，实现资源的共享。并且，互联网教育资源还能实现信息的持续更新和交流，因而成为比以往更大、更新，且能不断完善和发展的资源库。如近几年出现的慕课，即大规模开放式在线课程（Massive Open Online Course，MOOC），就是"互联网＋教育"的产物之一。通过慕课，学习可在网上完成，不受时空限制，而且其中的绝大部分课程都是免费的。慕课的参加人不基于身份，而是以兴趣为导向，凡是想学习的，都可以进来学。与传统课程只有几十个或几百个学生不同，一门慕课课程动辄上万人参加，最多达十几万人。

（二）"互联网＋"教育重新配置和整合了教育资源

在"互联网＋"教育模式下，一些新型教育组织得以迅速发展，这些组织比传统学校具有更高的灵活性，促进了教育的多元化。网络教育组织主要有三类：一是远程学历教育，即通过互联网学习获取国家承认的高等教育的学历和学位，我国多所大学已经开办了网络大学（如清华大学、北京大学、北京邮电大学等）。二是非学历教育，主要是继续教育与职业技术或技能教育（如英语学习、技工训练等），个人可以根据自己的爱好、需要与专长自行选择培训的内容和方式。三是中小学网校，其中有一些是由名牌中小学所建，如101网校、北京四中网校、人大附中网校等；另一些是新兴的网校，如学而思网校、德智网校和简单学习网等。通过中小学网校，普通学校的学生可接受名校优秀教师的指导，大大提高了教育资源的利用率。

（三）"互联网＋"教育倡导自主学习

在"互联网＋"教育模式下，学制变得更加灵活，学生参与学习的自由度明显增强。我们可以设想，在不久的将来，人们完全可以在家里选读专业，制订教学计划和课程安排,可以在网上与顶级的老师、教授讨论最前沿的学术问题,而最优秀的专家也随时能和你共同讨论。或许再过几年、几十年,出国留学将变得罕见,到校上学会成为特殊服务。

但我们要看到,在我国,青少年网民渗透率已经非常高,但互联网在线教育平台的发展却相对滞后。2015年开始,"云课堂""慕课"等互联网教学模式开始崭露头角,但从内容质量、更新频率、课程时效性、社会认可度等方面来看都还远远不能满足青少年通过互联网获取世界最新知识、提高专业技能的目标。数据显示,2015年青少年网民在线教育类应用渗透率仅为18.6%,远远低于西方发达国家的水平。要推动国内"互联网+"教育行动进程,就要加强政府、企业与学校间的合作,共同打造高质量的互联网教育平台,引进开放、多元的教育理念,完善互联网教育考核标准,推动全社会对互联网教育学历的认可,从而打破线下教育资源过于集中的现状,推进教育资源的分散化和公平化。①

四、互联网改变了亲子互动方式

青少年在家庭、学校与社会中的地位和作用已发生了很大的变化,他们的主体性得到加强,由处于社会文化的"边缘"走向社会文化的"中心"。青少年正在成为推动社会发展的一支重要的有生力量。

在互联网时代,孩子和成年人共有一个信息环境,孩子可以绕过学校和家庭获取大量信息。与其他传播媒介一样,使用互联网本身会影响青少年的社会化过程。互联网以其大量的信息和多种功能为青少年提供了无数可选择的、参与社会的机会。以网上社区论坛为例,在论坛上,年龄、外表、学历、国籍都是隐匿的,任何人都可以根据自己的兴趣自由选择论坛中的话题并发布自己的观点,任何人都可以提出新的话题引发大家的讨论。通过参与话题讨论,青少年可以感受到,自己是重要的,可以根据自己的判断来选择话题,自己也有资格和能力进行话题探讨。这样的过程,将有助于青少年的个性化发展。

一方面,父母在孩子的社会化进程中的重要性相对降低,父母对子女失去了绝对权威的地位,子女对父母的依赖性大大减弱,子女的主体性得到了加强;另一方面,青少年从互联网上可以窥知成人世界的"奥秘",进而,家长们也感到自己塑造的某些高大上形象很容易被孩子"看穿",于是成年人也不那么刻意了,而是更加放松、更加真实、更加有趣、更加富于情感,甚至不忌讳表现出孩子

---

① CNNIC发布《2015年中国青少年上网行为研究报告》[EB/OL].(2016-08-13)[2019-09-21].http://www.cac.gov.cn/2016-08/13/c_1121534382.htm.

气的行为。如今，在家庭生活中，父母与孩子一起娱乐成为普遍场景。一家人一起听歌、看电影、玩网络游戏，轻松快乐地发表意见，彼此开无伤大雅的玩笑，已经是许多家庭中的常见画面。

另外，互联网带来信息和知识的快速更新换代，成年人如果不努力学习会跟不上时代的步伐。这迫使亲代也要关注自身的教育、学习、职业选择等——这些原先主要是子代必须做的事。于是，亲子之间在心态上的某些差异越来越小。如今，父母和子女可以一起上网学习有兴趣的知识，可以随时从网络上搜索自己想要知道的信息和知识内容，可以一起听网上课程，可以一起下载网络上设计好的软件并获得亲自动手的机会：想学习机械制造，就可以通过计算机模拟制造出复杂的齿轮传动系统；想学习解剖知识，就可以模拟举刀进行解剖；想感受爆炸的危险，也可以用计算机模拟爆炸；想了解古代动物，就可以调出VR模拟的恐龙来观察恐龙的骨骼、听恐龙的吼叫；想让孩子了解历史事件，也可以模拟性地参与其中，感受历史转折时点的波澜壮阔。这些可以亲子一起参与的DIY设计以及模拟场景栩栩如生、信息丰富，便于交流互动。通过这样的方式，青少年能力可以得到很大的提高，亲子之间可以共同进步，增进彼此的了解和亲密程度。

我们现在常常看到，有的孩子会直呼父母的名字，随性地提出自己的需求；父母则减少了在教育中对孩子的种种控制，父母和儿童之间更加轻松、平等的关系显然已经形成。如今的家庭与以往相比更加民主，在很多事情上，父母会主动向孩子征询意见，也会向孩子承认自己的缺点和不足，较少有"我走的路比你吃的盐都多"的自以为是的态度。

五、互联网时代的"文化反哺"现象

在传统社会中，一个人的成长主要靠经验的传递，成年所积累的知识经验比青少年要多，而且传播媒介不发达，因而知识传递的方向总是单向地从上一代人传向下一代人。亲子两代在生物繁衍链条上的前后相继性，决定了双方在社会教化上的不平等，"父为子纲"可以说是以往一切文明社会文化传承的基本法则。但是，自17世纪起，在欧洲工业革命的推动下，人类的物质和社会生活都发生了巨大变化，这一被视为天经地义的法则开始面临挑战。这种情况在第二次世界大战后越发清晰可见，以至于我们常常从共存的两代人之间发现明显的差异、隔阂乃至冲突，人类学家和社会学家把这种社会现象称作"代沟"。人们注意到，在社会化过程中，逐渐出现了晚辈（传统的受教育者）反过来对长辈（传统的施教者）施加影响的现象。

最先出色地描述这种变化的，是美国人类学家玛格丽特·米德，她根据文

化传递的方式,将整个人类的文化划分为三种基本类型:前喻文化、并喻文化和后喻文化。"前喻文化,是指晚辈主要向长辈学习;并喻文化,是指晚辈和长辈的学习都发生在同辈人之间;而后喻文化则是指长辈反过来向晚辈学习。"①结合我国的当代社会变迁,周晓虹用"文化反哺"进一步阐释了后喻文化,即"在急速的文化变迁时代所发生的年长一代向年轻一代进行广泛的文化吸收的过程",由于社会的急速变迁,以及面对这种变迁亲子两代的适应能力不同,对新事物的理解能力和吸收速度存在差距,亲代逐渐丧失社会教化的绝对权力,子代却因其更好地了解、经历和吸收了在他们眼前发生的如此迅猛的社会变革,而获得了前所未有的"反哺"能力。②

互联网时代涌现了许多新的技术工具(如互联网、智能手机、掌上电脑等)、新兴媒体(如微信、微博等),信息传播的途径日益多样,年长一辈对新技术的使用能力、对互联网的适应能力、反应速度相对要差,而年轻一代能够迅捷地掌握新技术、理解新文化,于是很自然地,他们会有机会对年长一代进行文化反哺,且文化反哺的普遍度、广度和强度无可辩驳地远甚于以往时代。

互联网时代的文化反哺涉及多个方面。③

(一)知识技能的反哺

【场景3】

一位大学教授在和同事就如何用计算机展开讨论时,使用了在他看来最具说服力的证据来反驳自己的同事:"不对,不对,我儿子说……"这和过去经常出现的"我爸爸说……"形成鲜明对比。④

两代人之间存在"数字鸿沟"已经是毋庸置疑的事实。面对网络、电脑、数码相机、智能手机、网络电视、阅读器等数字产品,年长一代的知识有限及动手能力都大大落后于年轻一代。年长一代的知识主要是早期获取的,虽经过后期的不断学习有所充益,但对新事物的认识难免会有不足,即便是文化层次较高的人也如此。而反观年轻一代,他们求知欲旺盛,通过网络手段可以紧紧跟随世界前沿科技,通过同辈交流快速获得新技术信息。于是我们看到:一部分家长在孩子指导下开始使用智能手机或电脑,开始上网搜索和浏览信息,发送电子邮件,下载手机彩铃,使用微博、微信聊天。

① [美]玛格丽特·米德.文化与承诺:一项有关代沟问题的研究[M].周晓虹,周怡,译.石家庄:河北人民出版社,1987:85-87.

② 周晓虹.试论当代中国青年文化的反哺意义[J].青年研究,1988(11):23.

③ 朱燕.网络时代文化反哺现象的解析[J].浙江工商职业技术学院学报,2011(9):9-10.

④ 周晓虹.文化反哺:变迁社会中的亲子传承[J].社会学研究,2000(2):51.

（二）交流方式的反哺

【场景 4】

异地上大学的女儿春节回到家中，带父亲去买了智能手机，下载了微信 App，并帮助父母注册账号，教他们如何使用。从此，父母不仅能用微信与女儿音频、视频通话，而且还有了自己的朋友圈……

传统的人际交往方式，如现场谈话、电话、书信、聚会等都是"点对点"，在时间和空间上有局限性。而互联网可以选择"点对面"的人际交往方式，如聊天室、博客、微博、论坛、微信、网络直播等。人们不需彼此熟识，甚至也无须知道对方的姓名、身份，就可以"以一挡万"，和众多对象跨越时空交流意见、提供信息、进行讨论。这种交流方式的弱点是，情感纽带较弱、信任度较弱，但以低成本、高效率而迅速扩大人的交际关系网，且其中有一部分弱纽带联系可以转化为现实生活中的强纽带联系。比如，我们常常见到论坛中的网友组织聚会，聚会之后，人们就可以在现实中相识相知了。受子代影响，越来越多的年长一代如今也习惯通过这种弱联系方式扩大自己的人际交往圈子，并乐在其中。

（三）消费方式的反哺

【场景 5】

女儿告诉母亲 11 月 11 日是购物节，淘宝网全面促销。于是母女俩一起上网选购商品，等待半夜 12 点的秒杀时刻进行抢购……

随着互联网的发展，网上购物逐渐成为年轻一代的新宠。限时秒杀、团购、"AA"拼购等形式花样翻新。如今，哪怕是某些需要直接接触才方便下决定购买的商品也开设了线上购物模式，如建筑材料、定制成衣，等等。网络购物的优势是：品种丰富，天南海北的货品尽收眼底；省却了渠道费用，价格相对低廉；不受时间地点限制，可随时随地购买；非现金支付，方便快捷；送货上门，省时省力。

年轻一代将网上购物这种消费方式通过文化反哺不断地影响着年长一代，影响着全社会的消费方式，进而影响了整个社会的产业结构和资源分配，同时促进了社会由生产型社会向消费型社会转化。消费社会的到来，促使整个社会的消费观念发生了变化：年长一代也从"一味节俭"转变为"适度消费"。

（四）语言习惯的反哺

【场景 6】

2015 年《政府工作报告》简政放权部分用了一句"大道至简，有权不可任性"，给人们留下深刻印象。宁吉喆认为，借用网络词语"有权不可任性"，觉得用得很恰当，反映了依法治国方针，反映了对公权力要加以限制。

语言是人类最重要的交流工具，是时代变迁的记录。层出不穷的网络语言，或简单明了，或隐晦暧昧，或带有调侃意味，本是年轻人互相识别的标志，如今有些却已然被主流社会接受，经常出现在电视媒体、纸质媒体上，有些甚至被收录于词典中。

随着语言习惯的文化反哺，年轻一代的观念和态度也必然慢慢渗透至年长一代。场景6就反映出，人们已经普遍接受年轻人用轻松诙谐的态度去谈论严肃的政治问题，且能够以平等、尊重的态度看待年轻人的观点，这是社会的进步。

（五）知识获取模式的反哺

【场景7】

三口之家对新买的非洲鲫鱼该怎么烹饪拿不定主意。孩子说："问百度啊！"于是一家三口纷纷掏出手机，上网搜索烹饪方法，最终选定了大家都同意的一种，开始进厨房忙碌……

今天，遇到任何生活中的疑难问题时，我们可以不向年长者请教，而是直接利用网络搜索答案，方便、快捷，还免费。全球最大的中文搜索引擎"百度"曾经打出"知之为知之，不知百度知"的广告，借用改写的传统文化经典句式，巧妙地传达了人们在知识获取模式上的新方式。随着文化反哺的深入，年长一代在遇到问题时，也逐渐有了向网络索问答案的习惯。

互联网带给我们求取知识的便捷性，在很大程度上打破了信息迷障，打倒了基于信息不对称的许多假权威，这也深刻影响了我们的行为模式。"知识就是力量"，如今，无论是亲代还是子代，都更加确信自己的能力，敢于挑战权威，追求自己的所思、所想，且更加有行动力。

（六）休闲娱乐方式的反哺

【场景8】

父子坐动车出行，对3小时的行程该做些什么，两人讨论了起来。儿子拿出Kindle阅读器给父亲："你找本书看吧！"自己则掏出智能手机，玩游戏、看视频。3小时的时光很快就过去了……

传统的休闲娱乐方式需要在一定的场合、合适的时间进行，如阅读、看电视，进电影院看电影，去体育馆做运动，等等。互联网提供了很多超越时间和空间的休闲娱乐方式，内容丰富，并且很多是免费资源。以阅读为例，2017年，中国新闻出版研究院公布的第十四次全国国民阅读调查结果显示，数字化阅读方式的接触率为68.2%，图书阅读率为58.8%。并且，与手机便于携带、适应碎片化阅读的特点有关，手机阅读率也快速增长，成年人中，年龄越小的群体，手机阅读接触率越高。现在网络在线视频资源也十分丰富,如优酷视频、腾讯视频、爱奇艺等。网络休闲方式已经从年轻一代逐步反哺至全社会。

通过网络,娱乐如同空气一样,充斥我们每个空间:在通行的车辆上,在打开电脑的办公室里,在安装有液晶电视机的自家客厅里,在朋友聚餐的餐厅里……借助各种各样的媒体工具,人们已经可以实现随时随地的休闲娱乐。休闲娱乐方式的变迁反映社会整体风貌,我们今天的社会已经变得更加多元化、个性化、国际化。

但我们也要看到,由于青少年还未形成成熟的思想观念和价值体系,他们缺乏对网络文化的筛选和鉴别能力,他们对父母进行的文化反哺,主要表现在文化表层。而在社会文化比较核心的价值体系层面如生活方式、为人处世态度、人生价值观、宗教信仰等方面,年长的一代仍然是年轻一代的指引者。因此,父母仍然要担负起青少年社会化过程的重任,不能对其放任自流。

当前,已经进入了父母与青少年相互学习、共同发展、平等相待的历史时期。我们所处的这个时代,是需要终身学习的时代,任何人都无法拥有绝对权威的地位。对于亲代而言,首先,要树立民主平等的观念。作为父母不应该承袭过去一以贯之的传统文化教育方式和代际相处法则,而应该接受这个事实去调整亲子互动方式。父母应通过家庭教育告诉孩子如何在纷繁复杂的信息中去伪存真,为己所用;父母还应主动借助多种媒介了解当前社会的新动态,提高自己的知识能力,找到两代交流的共同点,拉近彼此距离,消除代沟,以"通过自己的成长来帮助孩子成长"。

六、防范和应对青少年沉迷网络

互联网已融入我们的生活,但随之而来由网络带来的负面作用也日益突显。由于青少年的自我约束力较弱,他们中有些人沉迷于网络聊天、网络游戏、网络阅读、网络电影等,对互联网产生依赖,一旦离开,就会变得焦躁不安,严重影响了正常的学习生活,对身心健康产生了不可估量的负面影响。近几年,时有中小学生通宵打网络游戏而猝死的报道,让人触目惊心、扼腕叹息。青少年沉迷于网络已经成为现实生活中亟须重视的问题。

美国心理学家金伯利·扬提出的十条诊断标准较为全面、科学地总结了网络沉迷症状具有的特征:①总是念念不忘网事;②总嫌上网时间太少;③无法控制自己的上网时间;④一旦减少上网时间就感到焦躁不安;⑤一上网就能消除种种不愉快;⑥上网比上学做功课更重要;⑦为上网宁愿失去更重要的人际交往和工作(学业);⑧不惜支付巨额上网费;⑨对亲友掩盖频频上网的行为;⑩下网后有疏离、失落感。① 在所列的十种症状中，如果有四种以上符合，便可以归属为"网络沉迷"。

(一)网络沉迷的影响因素

青少年易于陷入网络沉迷，与青少年处于从幼年到成人的这一转型期有很大关系。对成长的迷惘、对未来的恐惧、与父母关系的疏离导致的孤独感、学习压力带来的苦闷，让一些青少年无从排解内心的痛苦。而在网络中，无须面对面，性别、学历、年龄、职业等都不重要，青少年得以超越自己的身份、以与现实中完全不同的面貌打造虚拟形象。这样，青少年便能暂时摆脱现实世界，更轻松、更自由、更有自信。于是，在网络提供的看似美妙的逃避之所，他们沉溺于聊天、玩游戏、看小说、看影片等活动，让时间飞逝而过，且十分抗拒回到现实世界。

报告显示，我国中学生的网络游戏使用率最高，达到70%，超出网民总体水平13.1百分点。② 由此可见，网络游戏是最容易导致青少年沉迷网络的重灾区。一项关于网络游戏沉迷的实证研究在其调查范围内详细分析总结了家庭对青少年网络游戏沉迷有重大影响的各个方面。③

1.所生活的城市级别越高，青少年沉迷于游戏的比例越低

调查中，北上广深四个一线城市的青少年中仅有12.8%沉迷于游戏；与此相对，五线城市中有34.1%的青少年沉迷于游戏。造成这一差异的原因之一是，城市越发达，青少年的娱乐活动通常就越丰富；而落后地区的小城镇乃至农村里，青少年娱乐活动匮乏，更容易沉迷于网络游戏。

2.家庭生活水平越高，青少年越不容易沉迷于游戏

家庭在当地处于"较高的生活水平"的青少年沉迷于游戏的比例为8.3%，而处于"低水平"家庭的青少年沉迷于游戏的比例则高达41.4%，后者几乎是前者的五倍。

3.家长的受教育程度越高，青少年越不容易沉迷于游戏

能够调动的文化资本越多，孩子就越不容易沉迷于游戏。

4.亲子关系越和谐，青少年越不容易沉迷于游戏

从亲子关系和亲子互动上看，孩子和父母之间的关系越像朋友，亲子互动

---

① 韩国青少年保护委员会.网络环境给青少年带来的影响[R].2005.

② CNNIC发布《2015年中国青少年上网行为研究报告》[EB/OL].(2016-08-13)[2019-09-21].http://www.cac.gov.cn/2016-08/13/c_1121534382.htm.

③ 刘德寰，等.作为补偿机制的游戏沉迷:青少年游戏沉迷的家庭因素[J].广告大观(理论版),2014(3):20-25.

活动种类越丰富、频率越高,青少年沉迷游戏的比例越低。

5.家长管得越严,青少年越不容易沉迷于游戏

家长如果对青少年放任不管,那么他们将会有非常高的游戏沉迷比例。比如,家长对子女使用家中电脑的行为没有限制,青少年出现游戏沉迷的比例会很高,达30.4%。

(二)网络沉迷的应对方法

网络沉迷初期症状是丧失时间控制力和自我调节能力,任由其发展下去,会逐渐扰乱沉迷者的全部生活。对青少年网络沉迷行为的应对,预防大于治疗。通过上述对网络游戏沉迷的影响因素的实证分析,我们可以看出,家庭因素对青少年陷入网络沉迷的影响巨大。因此,营造一个适合青少年成长的环境,是父母亲应对网络沉迷问题的关键。

首先,亲代要改变教养方式,给予孩子无微不至的关爱,让孩子找到情感依托、信任归属。当今社会,家庭教养方式普遍存在两种倾向:一方面,受中国传统文化的影响,父母大多用严厉的管教方式培养子女的顺从性;另一方面,我国实行计划生育政策多年,年轻一代多是独生子女,是数代人的宠儿,这导致父母和祖辈又经常无原则地溺爱孩子。这表现在,父母往往在物质上不遗余力地满足孩子,但又没有耐心去对聆听孩子精神上的需求。当孩子顺从时,父母会用物质作为奖励;而一旦孩子表现出不顺从,便采取粗暴、惩罚的态度,严厉、频繁地指责孩子等。这种控制大于尊重的教养方式的结果使得部分子女在情感上与父母疏离,无法理解父母的良苦用心,无法认同父母对自己的管教。父母的情感温暖、关心爱护是每个孩子成长过程中所必需的。当子女们在遭遇到困难和挫折时,父母在精神上给予支持、处理方法上给予指导,使子女能正视这些困难和挫折而不是回避;同时,要给子女以合理的期望,尊重他们的看法,多交流、沟通感情,通过自己的言传身教去影响孩子。

在家庭教育中,要把关注孩子的心理健康当作重点,把培养孩子的自主管理能力当作目标。很多家长对子女的要求就是取得好成绩,子女几乎将所有时间都投入学习、考试,很少或没有娱乐可言。正是这种模式,使得学生没有形成自主管理时间的观念和习惯,基本上是按照家长的指令行事,而没有养成自主管理的能力。家庭教育本应具有的一项重要功能是,要在孩子的社会化过程中扮演重要角色,教会孩子理解、适应社会的方法。尤其是,要让孩子具有调节心理状态的自主能力,以在自我预期和社会现实之间达到平衡,进而做出既能够适应社会规则、又可以满足自身需求的合理行动,且能面向未来、不断进步,充分发挥个人的创造力。只有这样,孩子才能拥有强大的意志力,面对现实不逃避,自觉控制自己的上网行为,积极向上地生活。

在具体操作的层面,其一,要对孩子的上网行为进行合理管控。为防止孩子长时间沉迷于网络,应该让孩子在家人都能看见的客厅等家庭开放场所上网,而不是让孩子在一个封闭空间单独使用网络。并且,要明确规定上网目标和上网时间,并在其遵守规则时给予适当鼓励和表扬。其二,要充分了解孩子的兴趣点,顺应孩子的兴趣培养他的能力和特长,让孩子在学习中感到身心愉悦和成就感,减少焦虑和逃避情绪。其三,要在现实世界里,帮助孩子加强人际交流,让孩子感受到现实交往的快乐。要多陪伴孩子,多和孩子一起互动;要多安排孩子参与各种娱乐活动和社会活动,比如马拉松长跑、夏令营、去敬老院探访老人,等等。孩子能够在学习和娱乐之间达到平衡,能够与周围人群和谐相处,那么上网的时间自然就会减少,沉迷网络的可能性就降低很多。

(三)警惕"二次元"网络文化的影响①

随着互联网在青少年群体中的普及,网络文化在青少年日常生活中扮演着越来越重要的角色。在过去几年中,以具有架空世界观的小说、漫画、动画、游戏为主要载体的"二次元"②网络文化通过各类互联网娱乐应用在青少年网民中快速渗透。二次元文化传播载体的覆盖范围十分巨大。数据显示,截至2015年12月,作为二次元文化传播载体的网络小说、视频、游戏的青少年用户规模分别达到1.3亿、2.2亿和1.9亿,为二次元文化的快速传播提供了坚实的基础。

二次元文化在国内青少年互联网群体中的快速发展,与互联网的普及和社交平台的活跃繁荣有关。80后用户是国内接触日本动漫的较早一批用户,但受限于传播平台的缺失,并未快速发展壮大。而当代高度发达的社交网络为90后、00后网民提供了传播二次元信息的平台,微博、公众号、QQ群等社交网络都成为二次元文化的重要发展空间。另外,随着年龄的增长,90后群体逐渐具有收入来源,其消费能力也随之提高,推动了二次元文化的商业化发展。用户的消费反哺了网络文学、游戏等二次元文化载体,而且还催生了cosplay等周边产品新业态。2015年,很多互联网文化娱乐企业注意到二次元内容的巨大变现潜力,开始积极与内容版权方展开合作并进行内容推广,推动二次元内容进一步商业化。

父母要注意到,二次元内容主要表现漫画、动画、游戏中的虚拟世界,其世

---

① CNNIC.第39次中国互联网络发展状况统计报告[EB/OL].(2017-01-22)[2019-09-21].http://www.cac.gov.cn/2017-01/22/c_1120352022.htm.

② 二次元文化是指基于动漫、游戏、小说中的架空世界形成的文化类型,一般被认为源于日本。

界观和生活观独立于现实世界，与现实生活必然存在很大差异，可能给青少年带来某些不良影响。青少年网民的人生观、价值观尚未定型，在成长过程中容易受到环境和所接触的文化内容的影响，因此，过度沉迷于二次元世界的青少年可能产生偏激思想，崇拜虚拟偶像，存在感缺失，甚至对现实世界丧失兴趣。因此，二次元文化的影响问题不容忽视，父母应注重对青少年网民的世界观的正向引导。

第三节　人工智能的未来：对家庭的影响与反思

谈到人工智能，许多人脑海中浮现的还是科幻片里的形象，如《银翼杀手》里的复刻人、《黑客帝国》里的超级母体 Matrix、《人工智能》里形形色色为人类服务的机器人、《西部世界》中的机器人接待员等。

然而，随着计算机处理能力的不断提升、互联网飞速发展、大数据技术和云计算技术的积累和进展，人工智能技术已经取得了诸多重大突破。近几年，从 2016 年春晚上优必选的机器人惊艳亮相，到柯洁在与"AlphaGo"的围棋大战中落败，再到谷歌、百度无人驾驶汽车陆续上路行驶，人工智能这个名词越来越多地被人们所熟悉。

人工智能囊括了语音识别、图像识别、机器学习、神经网络、模式识别、机器人等领域。互联网技术的许多方面已经结合了人工智能应用，如慕课中的自然语言输入处理、网上购物、物流订单处理、医药服务网站等生活中的方方面面都已运用了人工智能技术。

目前，强人工智能①还远未能实现，人工智能研究主要还属于弱人工智能的范畴，即仅擅长某一方面的人工智能，如 AlphaGo 只会下围棋，并不具备其他的智能。因此，我们还不能说"人类已经进入人工智能时代"。然而，各国政府都看到了人工智能的应用潜力以及对国家竞争力的影响，纷纷将人工智能纳入国家的发展战略之中。2017 年 3 月，中国《政府工作报告》中明确提出："加快培育壮大新兴产业。全面实施战略性新兴产业发展规划，加快新材料、新能源、人工智能、集成电路、生物制药、第五代移动通信等技术研发和转化，做大做强产业集群。"

我国教育部将"人工智能初步"和"简易机器人制作"设为高中信息技术课程的选修模块。并且，除了常规的课程学习，中小学还可以组织学生参加各种

①　强人工智能指制造出人脑级别的人工智能，能从事人类所有的思维工作，如进行思考、计划、解决问题、抽象思维、理解复杂理念、快速学习和从经验中学习等操作。创造强人工智能比创造弱人工智能难得多，我们现在还做不到。

青少年人工智能竞赛,如中国青少年机器人竞赛、中国教育机器人大赛、国际奥林匹克机器人大赛(International Robot Olympiad,IRO)、机器人世锦赛(FIRST LEGO League,FLL)等。受此推动,近些年,社会上出现了各种各样面向青少年的机器人课程,其中最为著名的是"乐高机器人课程",参加课程的孩子也有机会参与全球性的乐高机器人大赛。这些课程和竞赛,强化了青少年对人工智能的兴趣,培养解决问题能力和创新能力。这些青少年是人工智能的储备性人才。

一、人工智能在家庭生活中的应用前景

人工智能在家庭中的运用包括智能家居、智能保姆、智能学习机器人等。让我们展示一幅家庭生活中人工智能应用的温情画卷。

> 早上起床无需闹钟,到时间窗帘自动打开,让每日的朝阳将你唤醒;天气晴朗时你可以选择出去跑步,天气不好时也可以选择在家通过玩体感游戏(打球等)来锻炼身体;之后由全自动汽车载你去上班;上班期间,机器人保姆在家完成扫地、拖地等家务;下班前,提前用手机远程控制好家中的空调温度,且指挥机器人保姆按照事先设定的菜谱做好饭菜;接孩子回家后,一家人吃完可口的饭菜,稍事休息,孩子喂食他的智能宠物小狗;之后,安排学习机器人陪孩子做游戏、做作业、补习功课;最后,机器人保姆调好灯光,督促孩子洗漱后上床睡觉……

这样的画卷目前还只是我们的梦想。家庭智能设备的发展还不完善,没有被大量推广,但有广阔的应用前景,将会不断激发出新的消费市场。

二、人工智能对家庭生活的积极影响

(一)照料和陪伴家人:节约体力、脑力和时间

人工智能在家庭中的应用,可以帮助人节省体力和脑力劳动,并且在一定程度上提高效率和安全保障,具有极强的实用性价值。这将使父母亲最大限度地从繁忙琐碎的家务劳动中解脱出来——只需发出指令,机器人就可完成大部分家务。

忙碌的父母还可以根据自己的需求为亲子机器人选定某些适合孩子的游戏方式和时间程序,机器人一方面能够担任玩伴,另一方面可辅助孩子完成作业,并通过网络随时反馈孩子在家的情况。父母在孩子身上花费的脑力和时间将被大大地节省下来。

(二)定制化、信息化、系统化的家庭教育

"因材施教"和"有教无类"这两种互相矛盾的教育理念在传统教育中无法

达到很好的调和。未来,通过人工智能的家庭和教育应用,可以在一定程度上解决传统教育弊端,使现代教育逐步走向"定制化、信息化、系统化",帮助用户重新定义学习方式和亲子关系。当然,这还只是未来努力的方向,尚未在现实中完全实现。

在学习人工智能中,教学模型、领域知识模型和学习者模型是其核心。其中,教学模型主要包含教学的专业知识、技能和有效方法;领域知识模型包含了所学科目的专业知识体系;学习者模型展现了计算机与学习者的互动,通过学生学习活动、情绪状态等了解学生的学习情况。学习者模型可以根据具体学习者的学习行为反馈其学习情况;教学模型和领域知识模型则通过学习者模型的反馈情况推断学习者的进度,调整模型中的知识体系、教学方法等,以适合学习者的学习,进而形成一个相互循环的动态系统,使整个模型体系更加完整,更加丰富。[1]

通过家庭和学校的学习人工智能共同收集的每个孩子的学习者模型信息,就可以构建完整的学生画像,因此可以与自适应学习技术相结合,为每个孩子创建个性化的自适应学习体验、策略与目标,推送适合每个孩子的差异化学习内容与课程规划。另外,提供个性化教学服务的学习机器人会像孩子的私人家教一样,从情感、行为和认知层面选择最适合孩子的方式进行教学。

三、人工智能对家庭的挑战

雅克·埃吕尔(Jacques Ellul)说:"所有技术进步都有代价,技术引起的问题比解决的问题多,有害和有利的后果不可分离,所有技术都隐含着不可预见的后果。"[2]未来的人工智能在给家庭生活带来积极作用的同时,也会给人类带来意想不到的问题,这值得我们深思。

(一)削弱人的本质能力

在家庭生活中过度依赖人工智能等技术功效,这本身是一种技术对人类生活和工作方式上的异化现象。其一,人的本质力量必然被削弱。人类将缺乏在身体技能上和逻辑思维能力上的培养和训练,忽视本身能量和主观能动性的开发,自身的能力将会降低;其二,一味与技术物体打交道,也会使人们减少参加社交活动丧失发展自己的社会属性,损害人的社会交往性。

---

① 闫志明,等.教育人工智能(EAI)的内涵、关键技术与应用趋势[J].远程教育,2016(11):28.

② 埃吕尔.技术秩序:技术哲学经典读本[M].上海:上海交通大学出版社,2012:120-143.

这对于亲代和子代双方都是问题,对子代的影响尤其重大。子代正处于能力培养阶段,本需要通过适度分担家中的家务劳动来学习生活能力,通过和父母的大量交互活动建立紧密的情感联系,也需要通过和同龄人的玩耍和共同讨论来获取社会交往能力。如果这些都由冰冷的人工智能机器代劳,子代将无从得到能力的培养和提升,无从得到感情的滋养和温暖,对生活的理解力和思维方式将会变得程式化。

(二)对隐私的侵犯

美国美泰公司在 2016 年想要推出一个人工智能芭比娃娃"Hello Barbie",主要针对 6 岁以上孩子。孩子可以和她聊天,说悄悄话。实现的原理很简单:孩子说的话会瞬间传回公司网站进行处理,网站立即从几种模式中挑选出适合的回应信息发给芭比娃娃。然而,这引发了美国 3.7 万人的网上联名抗议,认为这会侵犯孩子的隐私权,因为孩子很可能和她说悄悄话,大量的家庭隐私可能就这样泄露出去。的确,为了实现更完善的智能化,人工智能机器不会是一个完全独立的终端,复杂功能的实现必然要连接云端进行大数据处理,无法保证大量的个人信息不被泄露。

(三)"信息茧房"、算法偏见和信息控制

美国学者凯斯·桑斯坦(Cass Sunstein)指出,互联网和人工智能带给我们个性化的同时,很可能也带来了"信息茧房"。① 即人们根据自身的需要设定了选择一些信息,遂逐渐习惯于将自己包裹在由自身兴趣引导的信息中,从而受缚于一个"茧房"之中。

并且,人工智能进行数据处理所依赖的算法本身可以说是有偏见的。算法只是一种计算机程式,算法本身出错、不够全面或者被人为操控,都将导致数据处理的结果不可信赖。

于是,如果根据人工智能的分析,我们给孩子选择了错误的教育路径、学习策略、学习目标,那将造成非常糟糕的后果。

(四)"拟态世界"沉溺

随着 VR 设备以及传感器技术的应用,人类可以进行虚拟交互的综合式体验。例如,通过 VR"穿戴设备",我们的感官被电子信号所充斥,无法区分哪些是虚拟现实,哪些是真实环境。类似于网络沉迷,人工智能带来的现场感也可能会带来过度的沉迷:人们沉浸于其中,逃避现实,逃避处理现实事务,不愿意

---

① [美]凯斯·R.桑斯坦.信息乌托邦:众人如何生产知识[M].毕竞悦,译.北京:法律出版社,2008:7.

回到真实生活之中。

（五）机器取代人类的工作，影响亲子教育的方向

2016年1月，世界经济论坛发布报告《未来工作：针对第四次工业革命的就业、技能和劳动力战略》认为，到2020年将有超过710万人因为人工智能、机器人技术和其他技术变革而失去工作，办公室白领和管理岗位受冲击最大。其中有210万人将会在科技、专业服务和媒体等行业找到新的工作，因此最终有500万人将失去工作。一些工作环境比较复杂，需要实时地提出解决方案，并快速地适应社会变化的工作，则很难被人工智能取代。

那么，我们要思考，我们的亲子教育是否应该针对这种方向有所转变？是否应该培养新的人才去适应这样的新社会？正如报告中指出的那样，社交技能、创新能力以及在不确定条件下做出决策和提出新思维的能力，将是第四次工业革命技能首选与需求。应特别重视跨行业，且所有工作领域都需要的技能和能力。在这样的世界里，无论亲代还是子代，双方都必须树立终身学习的观念，通过各种方式学习，让自己的知识和本领不落后于时代。[①]

人工智能的潮流不可逆。在推动AI发展的同时，人类应思考如何应对AI对人类既有模式所带来的冲击与挑战，如何真正地实现"人机共生"，真正用人工智能技术服务于人类而不是危害人类。

第四节 现代生物技术改变家庭结构和人伦观念

现代生物技术是一个以应用为主的综合性科学技术体系，是指利用生物体及其亚细胞结构和分子，研究、设计和制造新产品，或有目的地改变生物的特性乃至创造新的生物体、品种或物种的科学技术活动。

20世纪70年代，生命科学领域取得了两项重大技术突破：重组DNA技术和淋巴细胞杂交瘤技术，带动了生物技术的迅猛发展，初步形成了一个全新的现代生物技术群及新兴产业。1990年，人类基因组计划（Human Genome Project，HGP）正式启动，它旨在解码人体的2.5万个基因且绘制出人类基因图谱。美国、英国、法国、德国、日本和我国科学家共同参与了这一预算达30亿美元的人类历史上的伟大计划。1996年克隆羊多莉诞生，这标志着体细胞克隆技术的重大突破，这项技术以及DNA扩增PCR技术进一步推动了生物技术的革命性发展。

---

① 世界经济论坛就第四次工业革命对技能的影响发布专题报告[J]. 职业技术教育，2016(1):6.

现代生物技术已经成为人类认识和改造自然界,克服自身所面临的人口膨胀、粮食短缺、能源和资源匮乏、生态平衡破坏及生物物种消亡等一系列重大问题的可靠手段和工具。生物科学技术强大的实用功能带来了无法预测的经济潜力,越来越多的国家、企业和个人投入生物科学技术的研究中去。同时,人们也认识到,现代生物技术具有直接操纵生命的巨大能力,这使得动植物以及人类自身,都逐渐由自然状态变成了人工态——其生命的形成及其生、老、病、死的每个环节无不具有现代生物科技的影子。这种强大的能力或许会打开潘多拉的魔盒,召唤出未曾预料、不能控制的问题,带来巨大的风险和危害。

2001 年,中、美、日、德、法、英六国科学家和美国塞莱拉公司联合宣布人类基因组计划测序完成,且公布了人类基因组图谱及初步分析结果。研究表明,人类基因组不仅蕴含了一个人的外貌、高矮等大量遗传信息,而且还与困扰人类的很多疾病——比如心血管疾病、癌症、糖尿病等遗传性疾病有关。这意味着,如果破解了自身的基因密码,不仅可以将其运用在人类疾病的诊断、预防与治疗上面,还可通过基因来识别与人类生命相关的各种特征上,如相貌、身高、智力等,且能够直接通过基因技术干预和控制人的生命。现代生物技术对人类生命的直接干预挑战了自然生命的神圣性,人类的生命不再是出生—成长—衰老—死亡的自然现象,而变得具有人为可控性了,这深刻影响了我们的家庭结构和人伦观念。

一、生殖干预

现代生物技术早已大量运用于人类的生殖过程之中,尤其是轻度干预技术。在妊娠过程中,为了探查胎儿畸形的可能性,运用绒毛膜取样术、羊水穿刺做染色体检测,或无创基因检测技术做基因检测,这已经是孕产科的标准技术手段。这些技术避免了重大缺陷婴儿的出生,帮助亿万家庭避免了不幸。

然而,对人类生殖的一些直接干预技术也带来了重大问题,破坏和动摇了社会伦理,对家庭的稳定、家庭的意义、家庭的组成关系以及家庭血统的自然性等方面构成了极大的威胁,成为科技冲击伦理道德的重要类型。

(一)人工辅助生殖技术对家庭伦理的冲击

人工辅助生殖技术包括人工授精技术和体外授精技术,是指用现代科学和医学的技术、方法,改变从受精到分娩这一自然生殖过程的某一环节或全部过程。人工授精是一种用人工的方法使卵子受精的技术,包括同源人工授精(使用丈夫的精子进行的人工授精方式)和异源人工授精(使用婚外供者的精液进行的人工授精方式)。而体外授精技术主要指试管婴儿技术,是将完成授精的胚胎,采用现代分子生物学技术筛选出正常的胚胎移植入宫腔,由此生出健康婴儿。

人工辅助生殖技术是一种造福于人类的生殖技术，其价值是值得充分肯定的。它为那些患有不孕症或者携带致病基因的夫妇带来了希望，帮助他们获得了健康的后代，促进了这些家庭的幸福和谐。

然而，人工辅助生殖技术也可能引发众多的家庭伦理问题。

第一，产生受精卵的卵子和精子可能不是来自父母本身，有时是来自第三者，这种异源受精①带来了对传统家庭关系的冲击。传统家庭关系以血缘关系为纽带，这种关系包含了两个方面的内容，从纵向历史上来讲，是家族血脉的传承，通过自己与父母之间的血缘关系而传承下去，一般而言，子女身上会传递父母及祖辈的身体样貌与性格特征；另一方面，从横向共时的意义上来说，世代传承也意味着家族精神和意志的传承和体现，也就是说，因为家庭环境、教育状况、家庭成员的好恶倾向不同，所养育的子女会具有该家庭的特征，从而在社会上具有一定的辨识性。但是在生物科技革命的背景之下，这种传统的家庭关系与传承关系会发生改变。首先是血缘关系判断的困难性及复杂性。在法律上虽然有"自然血亲"和"拟制血亲"（父母与子女之间的领养关系）之间的区分，但是现代社会的人工辅助生殖技术会令法律判定变得更加复杂和困难。由于人工辅助生殖的出现，仅对母亲的判定就有七种不同的状况，这样不仅会造成伦理道德关系的混乱，更会造成法律审判的困难，使得家庭结构变得复杂化。尤为值得注意的是，这种情况已经在世界各国普遍发生了。

第二，精子和卵子的商品化问题。一些供者可能会因金钱而隐瞒自己自身的某些遗传缺陷或遗传病，结果就会把自身的遗传缺陷和遗传疾病通过人工辅助生殖技术遗传给无辜的后代。再者，人工辅助生殖技术可能会引起血亲通婚的伦理悲剧，严重影响优生。

第三，试管婴儿生殖过程代理母亲的介入，带来了更加复杂的伦理道德问题，如代理母亲实际上剥夺了亲生母亲体内孕育生命的权利，这是违背人伦常情的。况且代理母亲与亲生母亲之间社会关系的复杂性，如"母代女孕"，常常出现人们难以想象的伦理道德问题。总之，试管婴儿技术破坏了生殖过程的自然性，破坏了生殖和繁衍过程中的忠贞观念，使母子间的亲情关系变得混乱，导致长幼辈之间人伦关系的混乱，扰乱了作为家庭和社会基础的宪法身份关系，还有可能造成近亲繁殖和乱伦的危险。

---

① 异源受精是指妻子接受的精子不是丈夫的，而是其他男子的精子；或者受精的卵不是妻子的，而是其他女子的卵子。

（二）"定制婴儿"是好是坏？

基因技术可能会破坏家庭原有情感的稳定性，引起性别比例失调，经过基因修饰的个体，若没有被保密，会带来基因歧视，那他们在社会生活中会承受各种压力，使他们产生自卑感，产生心理压力，贬低自身的价值。非自然的生殖方式将制造出的人工合成的基因植入生物体内，可以治愈疾病，满足人们的需要，但也提高了疾病及其他不可预计的各种风险。

随着基因工程的进展，人类将有能力在婴儿的选择上去除带病或"劣等"基因而选择"优等"基因，也就是所谓的"定制婴儿"，从而使得原本以自然规律而进行的生殖选择带有人工色彩。为了适应现代社会的需要，父母普遍希望子女健康、美貌、智力超群、性格坚定、社会适应能力强，随着科学的不断进步尤其是基因研究的不断发展，人们逐渐发现基因与上述因素的对应关系，通过对基因的控制和移植，便能够在婴儿未出生时为其选择最佳的基因，剔除不好的基因。而这种基因种类的最佳化将直接导致人们在身体和精神方面的一致性。这就严重干扰了自然孕育过程，使人类生命的意义荡然无存，也是对人的主体性、神圣性、人的尊严的严峻挑战。

在合成生物学领域，确实出现了很多实质性的进步。我们能够像设计建筑物一样设计婴儿。21 世纪将是"破坏性生殖技术"（Disruptive Reproductive Technologies，DRT）的时代。

2016 年，一种称作"体外配子"（In Vitro Gametogenesis，IVG）的新技术出现了，并且由日本九州大学的分子生物学教授林克彦（Katsuhiko Hayashi）成功在小白鼠身上进行了试验。她在实验室中用小白鼠的皮肤细胞成功地培育出了能够产生后代的雄性精子、雌性卵细胞，以及相应的许多胚胎。这意味着，不久的未来，医生仅需一名女性的几个细胞和男性的几个细胞就可以制造出许多合意的胚胎。然后，这些父母将被告知每一个胚胎的特征并挑选他们最喜欢的胚胎。想象一下，一个计算机程序能够让父母观察 100 个不同的胚胎；父母将能够看到每个胚胎在 5 岁、10 岁、15 岁、20 岁、80 岁时的模拟样子。父母可以模拟每个胚胎的一生，并决定他们要哪个胚胎。这一天已经不再遥远。2013 年，一个名为 Connor 的"优化设计婴儿"出生了，他的父母在牛津大学 Dagan Wells 实验室内的七个胚胎中选择了他。

二、生活干预

围绕治疗与增强体质展开的现代医学和生物科学的研究都是为了日后在临床医学方面的运用，其根本目的是治疗和预防人体的各种疾病，达到"延年益寿和改善人类生活状况"的总目标。近几十年来则扩展为身体各部位的矫正——从牙齿、视力的矫正到容貌、身材的改善，生物科学技术已经超出其原有的学科领域，在更大范围内为人类服务，从传统意义上来讲，医学技术的根本目的就在于治病。但在现代社会，在"患病"和"健康"之间很难划出一条清晰的界线，像幸福感、自我评价、自尊心等主观感受，一般都认为这与本人的先天性格有关，并在后天生活环境中形成。但科学研究表明，血清素、多巴胺和去甲肾上腺素等十余种神经传递物质，控制大脑神经元之间的神经联发射和传递号，这些物质的含量和互动方式将直接影响如上的主观感受，根据以上原理制造出药物"百忧解"，原本是为了治疗像抑郁症等精神疾病，但在现代社会各方面的压力之下，缺乏幸福感、自尊心偏低等已经成为人们精神生活中的普遍现象，在美国，10％以上的人在服用"百忧解"一类的药物。原本靠意志力在实际生活中不断努力而得来的自尊心与自豪感被"瓶装自尊"所取代。

　　类似的药物还有"利他灵"。它被用来治疗"注意力缺乏过动障碍"，也就是通常所说的小儿多动症。好动是儿童的天性，在现代社会，在未经医生诊断的情况下，很难区分"过动"和"好动"，由于"利他灵"能够在短时期内增加精力，提升注意力，因而这种药物得到了广泛使用，这种现象在中国也不少见，近十几年来，为了提高考试成绩，各种提升记忆力的药丸出现在孩子身上，考试不仅是学生智力和能力的竞争，也是生物科技产业之间的竞争。

第八章　亲子文化的大规模样本调研报告[①]

第一节　导　言

我国正处于社会结构、家庭结构和价值观念的转型时期,随着二孩政策的全面实施,沿袭了30多年的独生子女家庭结构发生了重大改变,以亲子教育、亲子关系和亲子消费为主要结构的亲子文化也开始发生复杂的变化,亲子文化在社会压力加剧和家庭结构更替的背景下将如何变迁已不仅仅是个体要面对的现实问题,更成为一个具有普遍性的社会问题。

美国社会学家玛格丽特·米德在《文化与承诺:一项有关代沟问题的研究》一书中,提出了"三喻文化",即前喻文化,后代人必须向老年人学习才能生存;共喻文化,两代人互相学习才能生存和发展;后喻文化,老一代人需要向年轻一代学习,社会才能进步。在文化形态上,现代社会已经进入了共喻文化的形态,亲子教育由单向的、权威的教育模式逐渐向建立亲子间民主、平等、互动的亲子教育模式转变。

在 CNKI 中检索到的以儿童教育为主题的被引量最高的前50篇文献中,有一半以上都是关注教育公平、留守儿童问题的。

其中,庞丽娟在《婴儿心理学》中提到,母亲由于与儿童交往更多、更密切,其教育观念对于儿童发展的影响也更大。[②] 类似,李凌艳等在《2~6 岁儿童母亲教育观念结构及其影响因素》中指出,母亲观念具有一定的整体构成和较稳

---

① 本调研由浙江工商大学公共管理学院 1503 班、1504 班、1505 班,以及 1506 班徐佳棋、马丹丹等全体同学参与完成。

② 庞丽娟.婴儿心理学[M].杭州:浙江教育出版社,1993.

定的因素成分,主要由儿童发展观、对儿童发展的期望、儿童教育观三个维度构成。① 亲子教育是 20 世纪末期在美国、日本和我国台湾等地兴起的一种新的教育模式,以提高新生人口的素质为宗旨。在当时,亲子教育涵盖了父母教育和儿童教育两个方面,即通过对亲子关系的调适,培训父母、培养孩子从而更好地促进儿童的身心发展。

当代学者胡育在其著作《试论亲子教育的内涵与功能》中提到:"亲子教育是家庭教育内涵的深化和发展,它包含亲职教育和亲情教育两个主要部分:一为'怎样做父母'的尽职教育;二是父母'如何与子女建立正向的亲子关系'的高情感教育。"②在文中,研究者强调父母的自我教育能力,凸显了亲子关系在教育中重要地位,表明了当代亲子教育与传统家庭教育的不同,提出了更为科学的家庭教育理念。

学者欧伟认为,亲子教育是针对父母与孩子之间关系的调适而对父母进行的培训与提升。亲子教育作为一种新兴的、科学的家庭教育模式,强调父母、孩子在情感沟通的基础上实现双方互动。在这里,亲子教育强调以亲子活动为载体,以亲子双向沟通互动为教育模式,通过培训父母以达到提升父母教育子女的素质和能力,改变父母单向的、权威的教育观念,从而对亲子关系进行有效的调适和改善。

综上所述,可以看出研究者对当代亲子教育的定义主要有两个共同点:在父母与子女双方平等互动的过程中达到优化亲子关系的目的;提升父母科学教育的效果。这也是此次调查研究的初衷:呈现当代亲子教育理念与方式的变化。

第二节　调查方案设计与质量控制

一、问卷与抽样

本次调研采取抽样调查方法,主要采用非概率抽样中的偶遇抽样、滚雪球抽样与配额抽样。问卷包括纸质问卷与网络问卷,共发放 1800 份问卷,回收问卷 1772 份,有效问卷 1758 份。

问卷共计 52 个问题,由六大部分组成:个人基本情况、亲子教育、亲子关系、"二孩"态度、"子"代问题调查、家庭现状满意度评价。

① 李凌艳,庞丽娟,易进,等.2～6 岁儿童母亲教育观念结构及其影响因素[J].心理科学,1997(3):243-247,288.

② 胡育.试论亲子教育的内涵与功能[J].教育科学,2002(3):47-50.

二、研究对象

本次调查研究抽取 20 岁以上各阶段人群作为调查对象，主要对父母人群的亲子教育观念、现状进行调研。调研对象共计 1758 人，其中男性 699 人，女性 1059 人。20～29 岁 312 人，30～39 岁 744 人，40～49 岁 626 人，50 岁以上 73 人，3 人未填写；呈正态分布。另外，调查对象覆盖全国 13 个省份，其中浙江省占 80％，其余共占 20％。

三、误差分析

本次调查有效样本量 1758 个，由于方案设计采取简单随机不重复抽样，所以取设计效应 deff 为 2。由此总体比例估计时的理论最大抽样平均误差为 0.0169。

在 95％的置信度下，比例估计的最大理论误差为最大抽样平均误差的 1.96 倍，即最大理论估计误差绝对量为 3.31％。

上述指标的含义为：根据样本，估计某项目有 50％的受访者赞同某一观点，则在实际中，有 95％的把握可以认为赞同者的比例为 46.69％～53.31％。

实际上，最大理论误差只在样本平均分为截然不同的两部分时才可能出现。在本次调查中，样本分布往往具有一定的偏倚性，例如 45.7％的被调查者对自己亲子教育方式的评价为"一般"，36.7％的被调查者对自己亲子教育方式的评价为"满意"。在这种情况下，比例估计的抽样误差将小于上述估计值。

如根据调查报告，被调查者对自己亲子教育方式的评价为"非常满意"的比例为 8.10％，因此，在 95％的置信度下，该估计量的估计误差为 0.018。即我们有 95％的把握认为在本次调查中，对自己亲子教育非常满意的比例在 6.30％～9.90％。

四、数据处理

数据处理主要采用统计软件 SPSS14.0，利用频数分析、交叉分析、图表操作等手段进行了数据处理和分析。

五、调查流程

本调查方案总的流程详见图 8-1。

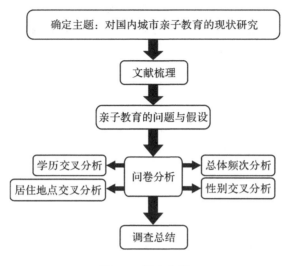

图 8-1　调查流程

六、调查结果保证

考虑到科学性和可行性，并结合当前我国亲子文化实际情况，以及我们的人力、财力、时间等问题，本调查在设计阶段召开了若干次小组会议，就所调查问题进行了讨论和修改。在问卷发放、填写、回收及数据输入和处理环节中，遵循了科学、效率原则。

第三节　问卷调查分析报告

本次调查分析报告分为总体频次分析、性别交叉分析、与学历呈显著相关关系的要素分析、与地点呈显著相关关系的要素分析四部分。

一、总体频次分析

本部分将按照亲子态度、亲子行为、亲子效果三部分依次进行总体频次分析。

（一）亲子态度分析

1. 对亲子教育的态度

如图 8-2 所示，97％的被调查者认为亲子教育是"重要"的，2％的被调查者表示"不清楚"，而仅有 1％的被调查者认为亲子教育"不重要"，体现了大众群体对教育意识的重视程度。大众群体对亲子教育的态度对中国未来教育的发展成功与否起着决定性的作用,此问题价值很大。同时,这也是本调查的预期结果,并为此课题关于家长对孩子在教育方面做法问题的展开铺垫了基础。

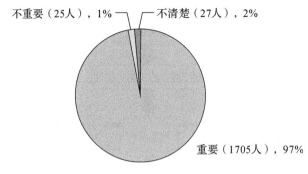

图 8-2

2. 亲子关系的影响因素分析

如图 8-3 所示,62.8%的被调查者认为影响亲子关系的因素为"陪伴时间",62.2%的被调查者认为影响亲子关系的因素是"教育方式"。当今社会环境下,压力、工作等原因将影响父母陪伴孩子的时间长短。作为父母除了要给孩子提供好的环境与资源,足够的陪伴也不容忽视。更多的互动时间可以让亲子关系更亲密。孩子的成长过程是不可逆的,而父母又是其不可缺少的重要因素。因此,父母的影响对孩子的成长过程不容忽视。父母的陪伴是孩子性格、意识形成的基本条件之一。同时,陪伴时长也与家庭和睦程度呈正向关系。父母对孩子的陪伴越多,孩子与父母的关系越密切,反之则会拉大亲子之间的距离。而亲子之间的疏离往往造成父母与子女缺少共同话题,缺少共同经历,使得孩子对父母的情感变得淡薄。

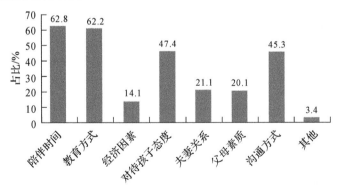

图 8-3 影响亲子关系的因素

在影响亲子关系的诸多因素中,排第二的是父母的"教育方式"。父母对孩子的成长有潜移默化的影响,而父母的教育方式也是孩子健康成长的先决条件。理智而正确的教育方式将对亲子关系产生积极影响。

3.家长对提升发展孩子能力方向偏好分析

如图 8-4 所示,认为孩子现在最需要发展提升的能力是"思想意识发展"的被调查者占 52.0％,认为孩子需要提升"人格发展"能力和"认知发展"能力的分别占 48.2％和 46.8％。虽然上述三项占比最多,但是相较于图 8-2、图 8-3,图 8-4中各指标分布较为均衡,说明调查样本重视孩子的各方面能力,希望孩子可以全面发展。

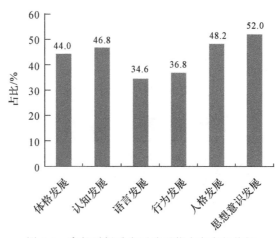

图 8-4　家长对提升发展孩子能力方向的偏好

4.生育二孩态度分析

如图 8-5 所示,对于二孩态度,27.3％的被调查者愿意生二孩,36.4％的被调查者不愿意生二孩,16.1％的被调查者不确定。从中可以发现,虽然选择"否"的家长占了最大的比例,但是有相当一部分家长选择了"是",这说明"二孩"政策在一定程度上促进了人们生育二孩的意愿,有很多家庭在政策的支持下愿意生育二孩。并且图中数据显示,有超过 300 位被调查者已有二孩,在总受访人数中占到了 20.1％。这些都说明了人们生育二孩趋势正在上升。

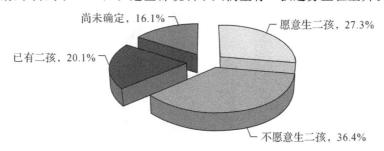

图 8-5　家长对二孩的态度

5.生育二孩的阻碍因素分析

如图 8-6 所示,在总体频次中,样本生育二孩的阻碍因素中,经济因素占 63.2%;其次为年龄因素,占 47.6%。首先,收入状况和物价等经济因素是夫妻考虑是否生育二孩的基础性因素,经济水平决定一个家庭是否具备养育二孩的能力。而年龄因素是夫妻考虑是否生育二孩的决定性因素,因为年龄将决定夫妻是否具有养育二孩的精力和时间。

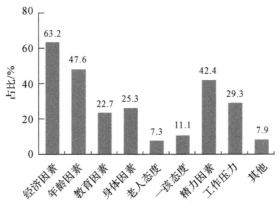

图 8-6　生育二孩的阻碍因素

6.生育二孩的促进因素分析

如图 8-7 所示,儿女双全成为影响二孩生育态度的首要因素,占 44.3%;其次为培养分享意识,占 42.0%;选择为老大增加弟弟妹妹的被调查者则占 41.3%。这说明在现有家庭基础上,被调查者更倾向于选择有儿有女的家庭结构,促进家庭和谐,这也是传统家庭一直以来的愿景与追求。

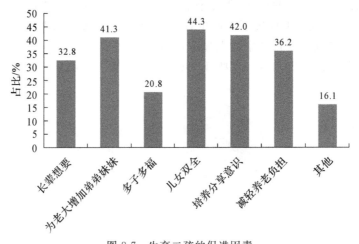

图 8-7　生育二孩的促进因素

7.家长对孩子的顺从行为态度分析

图 8-8 中表明,现在的家长还是十分民主的,鼓励孩子有自己的想法,仅
37.7%的家长希望孩子完全听自己的话。

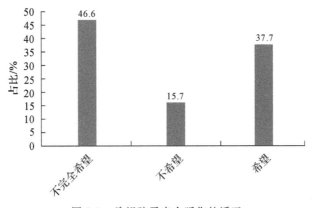

图 8-8　希望孩子完全听您的话吗

8.家长年龄对提升发展孩子能力方向偏好的影响分析

如图 8-9 所示,被调查者年龄越大,越重视孩子的体格发展和思想意识发
展;年龄越小,越重视孩子的认知发展和语言发展。年轻的父母更看重孩子对
事物的判断能力和语言沟通能力,而年纪较大的父母更加关注孩子身体、思想
的健康情况。因此,不同年龄阶段的父母对孩子能力的培养侧重点是不同的。

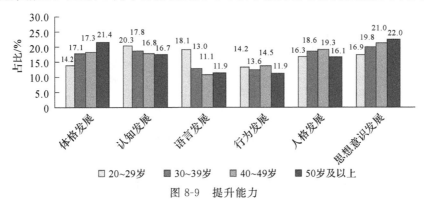

图 8-9　提升能力

9.生育孩子的经济压力分析

如图 8-10 所示,占比 84.1%的被调查者认为生育孩子最大的经济压力来
源于教育费用,62.1%的被调查者认为是生活开支。在家庭中,男性和女性都
普遍认为教育费用是生育孩子最大的经济压力来源,因为孩子的每个成长阶段
都需要一笔不小的教育开支,其次是生活开支,再接下来是医疗费用,其他的经
济压力都相对较小。总而言之,教育费用和生活开支是父母养育孩子的主要经

济压力。

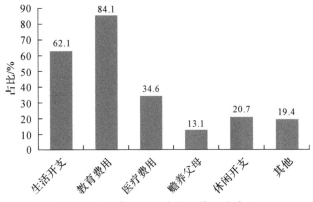

图 8-10　生育孩子最大的经济压力来源

（二）亲子行为分析

1.家长对孩子心理状态的重视程度分析

如图 8-11 所示,65.9％的被调查者经常关心孩子的心理状态。孩子的身体健康和心理健康同样重要,尤其是现代社会生活压力大、节奏快,孩子的学习压力也随之增加,但仍有很多家长对孩子的心理健康关注不够。因此在教育过程中,家长应适当转变教育理念,关注孩子的心理健康。

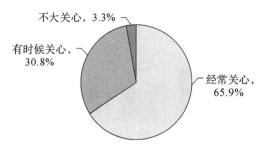

图 8-11　是否关心孩子的心理状态

2.家长陪伴孩子时间分析

如图 8-12、图 8-13 所示,数据显示(排除无效数据),在工作日期间,25.1％的被调查者愿意花费 1 小时内的时间完全用于陪伴孩子,37.6％的家长愿意花费 1～2 小时,26.3％的家长愿意花费 2～4 小时,10.9％的家长愿意花费 4～6 小时,以 1～2 小时为最高;而在非工作日期间,44.1％的被调查者会花半天左右完全陪伴孩子。

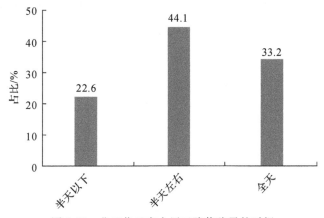

图 8-12　非工作日完全用于陪伴孩子的时间

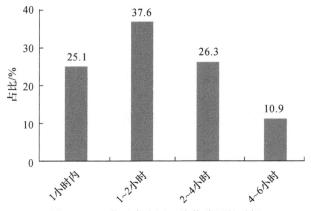

图 8-13　工作日完全用于陪伴孩子的时间

由此看来,在当今社会事业与家庭矛盾加剧的环境下,被调查者较能够平衡二者的冲突,中间的时间段是被调查者们更为倾向的,这样在经济基础和亲子教育两方面都得到了合理安排,可以形成较和谐的家庭氛围,对孩子的教育和成长都是十分有利的。

3. 孩子的陪伴对象分析

由图 8-14 可得,平时陪伴孩子时间最多的人:"妈妈",占 60.5％;"爸爸",占 10.8％;"长辈",占 17.0％;"老师",占 10.3％;"保姆",占 1.3％。孩子最喜欢和谁在一起:"妈妈",占 69.2％;"爸爸",占 20.5％;"长辈",占 8.2％;"老师",占 1.2％;"保姆",占 0.9％。比较可得,"孩子最喜欢和谁在一起"和"平时陪伴孩子时间最多的人"有一定正向关系。孩子更喜欢经常陪伴在他们身边的人。从另一角度看,对于父母的选项,"孩子最喜欢和谁在一起"的比例高于"平时陪伴孩子时间最多的人",其他选项则相反。可以看出,孩子还是更喜欢和自己的父母在一起。因此,一个和谐有爱的家庭环境对孩子的健康成长至关重要,他人再多的陪伴关爱也难以弥补父母爱的缺失。

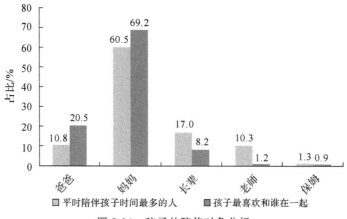

图 8-14　孩子的陪伴对象分析

4. 鼓励方式分析

如图 8-15 所示,58.3％的被调查者用口头表扬的方法鼓励孩子。从总体情况来看,一般家长表扬孩子的方式主要集中在口头表扬,但是口头表扬的效果往往有限,而且每个孩子的想法也都是不同的,因此家长应该根据孩子的情况,来决定奖励的方式。

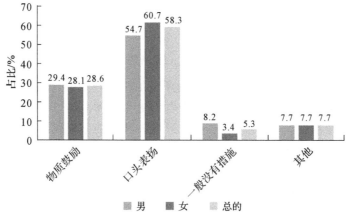

图 8-15　鼓励或表扬孩子的方式

5. 家长溺爱现象分析

由图 8-16 可看出,大多数家长认为自己对孩子有一些溺爱,占 59.9％,认为基本没有溺爱的占 27.4％,有 10.2％的家长认为自己对孩子有溺爱的情况,认为完全没有溺爱的占 2.5％。这说明现在绝大多数的家长都不同程度地存在溺爱孩子的情况。

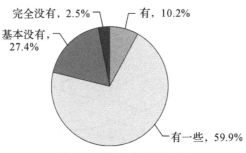

图 8-16 溺爱孩子的情况

6. 年教育支出问题分析

由图 8-17、图 8-18 可以明显看出,不同收入的人群对教育的经济投入有明显的差别。最突出的一点是,收入在 5 万元以上的被调查者的教育投入的比例随着人群收入的增加而增加,特别是当人群收入超过 30 万元时,此比例明显上升。大体上,收入 3 万元以下的人群投入 5000 元以内的比例最高——36.8%;收入 3 万~10 万元的人群投入 5000~1 万元的比例最高——34.8%~36.6%;收入 10 元~30 万元的人群投入 1 万~2 万元的比例最高——32.1%~32.5%;收入 30 万~50 万元的人群投入 2 万~3 万元的比例最高——26.4%;收入 50 万~100 万元的人群投入 3 万~5 万元以上的比例明显增加;收入 100万元以上的人群投入 5 万元以上的比例最高——56.2%。虽然不同收入人群的各层次投入金额并没有特定明确的规律,因为实际情况还要考虑子女的年龄等因素,但可以总结得出,收入与教育投入符合正相关。当收入增加,教育投入也增加,这应该和人群的负担能力增加有关,也有可能是当收入增加,人们对教育会更加重视。

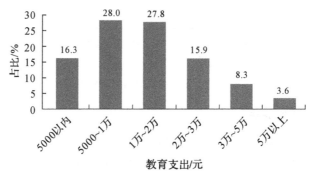

图 8-17 每年为孩子的教育支出情况

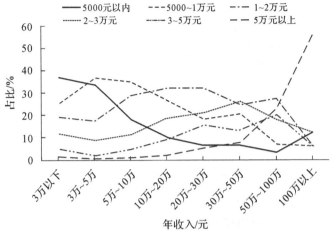

图 8-18　不同收入的人群对教育的经济投入

7.家庭关系分析

如图 8-19 所示,50.0%的被调查者表示家庭关系比较融洽,39.0%的被调查者表示家庭关系非常融洽。家庭环境是影响孩子成长过程的重要因素。良好的家庭氛围与孩子的身心健康往往成正相关关系。本次调查结果也体现出当今社会家庭关系较为融洽的良好局面。

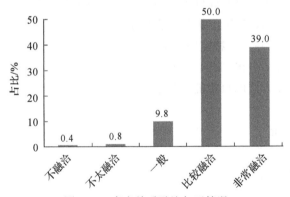

图 8-19　家庭关系融洽与否情况

(三)亲子效果分析

1.陪伴问题中孩子的选择倾向分析

如图 8-20 所示,69.2%的被调查者认为孩子最喜欢和妈妈在一起,20.5%的被调查者则认为孩子最喜欢和爸爸在一起。由前文可知,平时陪伴孩子时间最多的是"妈妈",因此,孩子在日常生活中对妈妈的依赖性更强。由此可知,陪伴时间与孩子喜欢程度成正相关关系。

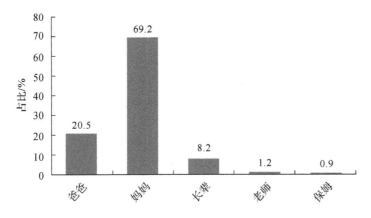

图 8-20　孩子最喜欢和谁在一起

2.亲子教育满意程度分析

如图 8-21 所示,45.7％的家长对自己的亲子教育"一般满意";36.7％的家长对自己的亲子教育感到"满意";而达到"非常满意"的,仅 8.1％。这样充满不甚满意的结果,从家长角度出发,一方面存在着期望过高、预期过好的情况;另一方面则体现了家长对于自己不恰当的教育方法的挫败感,进一步说明了优秀正确的教育方式的重要性。由此可以看出,绝大多数家长对自己的亲子教育方式抱以肯定的态度,没有出现大比例的不满意,但不可否认的是有很大一部分家长对自己目前的教育方式存在一定的疑惑,所以将近一半的人认为自己的教育方式只能算是一般水平。在某种程度上,这种现象的产生很大程度由现代社会竞争激烈以及生活节奏加快所致。每个家长都希望自己的孩子能比同龄人优秀,所以有时候过多精力的投入反而会让他们在这种"竞争"状态下越发迷惘,不确定如此的教育方式是否正确,又或者这样的做法是否真的对孩子的成长有利。

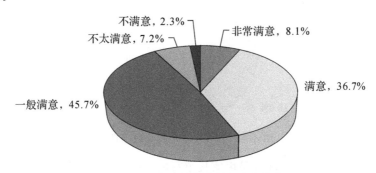

图 8-21　对自己的亲子教育满意程度

3.教育反哺问题分析

由于亲子教育具有互动性,所以在教育孩子的过程中家长反过来得到成长是必然的。如图 8-22 所示,45.2％的被调查者表示在教育孩子的过程中获得了很大成长,52.6％的被调查者表示在教育孩子的过程中获得了部分成长。亲子教育精神的本质是人们在家庭早期教育领域反对旧教育精神,主张新教育精神的伟大革新,体现出现代社会新儿童观引导下的家庭教育理念的更新。家长在不断学习的过程中参照各种教育理论、经验,是远远不够的,还要投入实践,要多花时间投入在亲子教育中,才有能力实现健康亲子教育的发展。

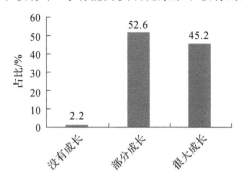

图 8-22　教育孩子的过程中是否得到了成长

4.孩子对家长的重视程度分析

如图 8-23 所示,从总体情况来看,占比 52.3％的家长认为孩子"记得"自己的生日,28.0％的家长认为孩子"不记得",19.7％的家长"不知道记不记得"。当然在"不记得"和"不知道记不记得"中可能还存在一些因孩子年龄过小不具备参考意义的情况,排除掉一些不可抗力,相对来说这个数据并不是十分乐观。

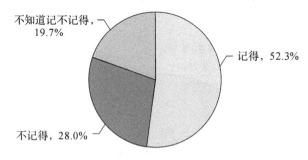

图 8-23　孩子是否记得您的生日

但是另一方面,这份问卷是由家长填写的,有 19.7％的家长选择了"不知道记不记得",比例较高,说明家长对孩子还缺少了解。

综合两个方面可以看出,家长和孩子之间还存在一定的隔阂,交流过少、缺少关心、对于对方基本信息了解不足等问题。

5.对孩子的喜好了解程度分析

同样,家长对孩子喜好的了解程度也可以很好地反映亲子关系的情况,从收集到的数据来看,42.6％的被调查者表示对孩子的喜好非常了解,56.1％的被调查者表示对孩子的喜好了解一些。比较图 8-24 可知,家长对孩子的了解程度相比孩子对父母的了解程度更深。

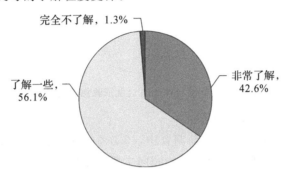

图 8-24　对孩子喜好的了解程度

6.孩子的倾诉问题分析

由图 8-25 可知,15.4％的孩子很少向父母倾诉苦恼,53.9％的孩子有时倾诉,只有 30.7％的孩子经常倾诉。孩子向父母倾诉苦恼,是非常重要的亲子互动,也是亲子间了解对方想法的重要途径,如果没有这样的交流,父母与孩子之间就会产生隔阂。而通过数据,可以知道孩子主动倾诉的比例并不高。

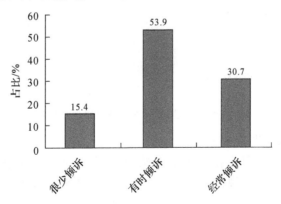

图 8-25　孩子是否会向父母倾诉苦恼

7.孩子的依赖情况分析

如图 8-26 所示,57.6％的被调查者表示孩子有过度依赖自己的情况。可以发现,部分家长认为孩子存在依赖家长的情况,这也是教育中值得思考的问题。

总体来说,现在的孩子有依赖父母的情况,这也造成现在的孩子独立性较差,面对一些紧急情况,不能很好地独立应对。

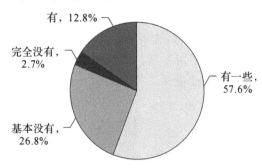

图 8-26　您觉得孩子有过度依赖您的情况吗

8. 孩子的选择偏好原因分析

如图 8-27 所示,在子代问题调查中,49.0％的孩子表示喜欢家长的原因是经常陪自己玩,这表明孩子对父母的倾向主要受陪伴因素影响,物质和说教、鼓励等因素占据一定分量。但显而易见,在此问题中,陪伴占首要位置,而联系上文可知,陪伴时间也决定孩子的依赖程度。但是其他理由的比例较高,所以这一题的调查结果并不是很理想。

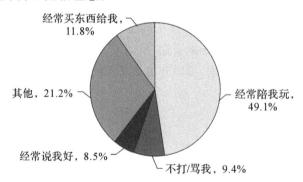

图 8-27　子代问题:用什么方法鼓励他/她多一些

9. 孩子对辅导班的态度分析

当下社会,几乎每个孩子都要上辅导班,但并不是所有孩子都喜欢。如图 8-28 所示,22.2％的被访者表示家长报的辅导班孩子并不喜欢,35.0％的被访者表示对于这些辅导班并不是全部喜欢,也有 28.2％的被访者表示孩子喜欢父母报的辅导班。但由于问卷中涉及的该部分题目可以由家长代答,所以出现了 14.6％的被访者表示不清楚。

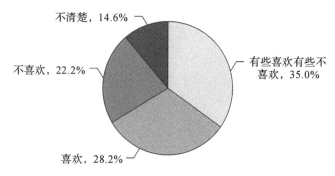

图 8-28　孩子是否喜欢家长报的辅导班

但是这些数据并不能表明家长不了解孩子。很多家长给孩子报辅导班除了迎合孩子的兴趣以外，会更多地站在成人的角度去考虑孩子的未来，尽管他们也清楚地了解可能这些课程孩子并不喜欢。所以用孩子是否喜欢家长报的辅导班来评价家长对孩子的了解程度并不可靠。

10. 家长对孩子身体成长的态度分析

如图 8-29 所示，54.9% 的被调查者对自己孩子的身体成长状况表示满意，22.7% 的被调查者表示非常满意。因此可知，生活水平和收入水平的提高促进了孩子身体健康成长水平的提高，而且也说明，父母对孩子的身体健康方面比较重视。

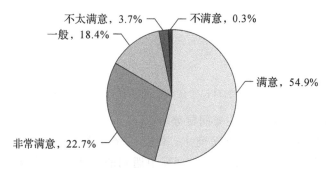

图 8-29　您对孩子的身体成长满意吗

11. 家长对孩子认知成长的态度分析

如图 8-30 所示，58.5% 的被调查者对孩子的认知发展表示"满意"，17.2% 的被调查者对孩子的认知发展表示"非常满意"。从数据来看结果比较乐观，认知发展是家长在亲子教育过程中较为重视的一个方面。同时，如今发达的教育手段也是培养孩子认知发展的有利因素之一。

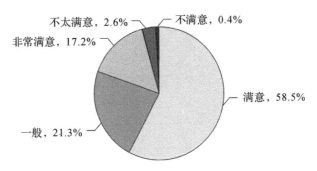

图 8-30   您对孩子的认知发展满意吗

12.家长对长辈在孩子发展中作用的态度分析

如图 8-31 所示,50.9％的被调查者对长辈在孩子发展中的作用表示"满意",然而相对于前面两个问题,"非常满意"的占比较低,仅有 13.9％。由此可见,在长辈对孩子发展中的作用这一问题上,被调查者的态度较为中肯。在某种程度上,长辈溺爱孩子的可能性较高,从而与父母的教育理念有所矛盾。

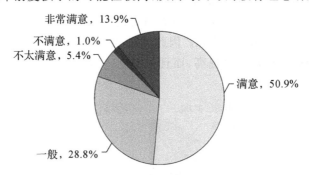

图 8-31   您对长辈在孩子发展中的作用满意吗

13.亲子教育过程中的主要问题分析

由图 8-32 可知,在某种程度上,家长在亲子教育的过程中存在困难。50.2％的被调查者认为在亲子教育过程中遇到的主要问题是沟通问题。这说明在亲子教育过程中,孩子与家长的互动较为不顺,而晚婚晚育在某种程度上是其原因之一,因为晚婚晚育在提供了更好的成长环境的同时也带来了父母与孩子年龄差距更大的问题。

认为亲子教育过程中遇到的主要问题是方法问题的被调查者占 49.7％,传统的教育模式不再适应当前的教育环境,教育方法一直以来都是亲子教育发展不断探索的问题。

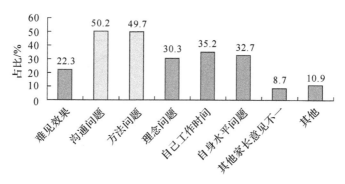

图 8-32　亲子教育过程中主要遇到过哪些问题

二、性别交叉分析

1.女性陪伴孩子的时间更多

图 8-33 表明,在 1 小时内和 1～2 小时这两个时间段,男性比例都高于女性,其中"1 小时"内的男性比例是女性的近 2 倍;2～4 小时、4～6 小时这两个时间段,女性比例皆高于男性,尤其是后者,女性比例是男性的 3 倍多。与非工作日(见图 8-34)比较,男性陪伴孩子的时间趋于半天以下和半天左右,女性趋于半天左右和全天。二者的分析结果都反映了一个现实:男性陪伴孩子的时间远远少于女性。

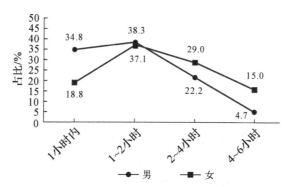

图 8-33　工作日男女陪伴孩子的时间差异

在中国这个经历了长时间的重男轻女时期的社会,这个现象是正常、实际、反映国情的,男性赚钱养家,女性在家带孩子的传统观念已经深入人心,因此会出现这样的数据。然而,选"1～2 小时"和"半天左右"的男女比例占比大且二者的差异小,体现了当代女性并不是完全和旧社会那样做家庭主妇,从一个侧面反映出女性地位有所提高,这是近代中国不断发展教育而带来的可喜成果。

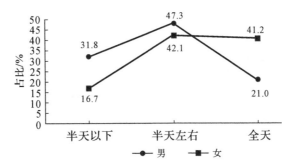

图 8-34　非工作日男女陪伴孩子的时间差异

2. 女性更关心孩子的心理状态

图 8-35 表明,虽有微小差距,父母都十分关心孩子的心理状态,几乎没有不关心自己孩子的父母。从中可以看出父母对孩子是十分关心的,这有利于增进亲子关系。

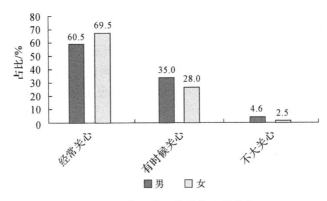

图 8-35　是否关心孩子的心理状态

3. 女性更了解孩子的喜好

从对孩子的喜好了解程度(见图 8-36)来看,母亲对孩子的了解程度要高于父亲,父亲与母亲在亲子关系中起着不同的作用,扮演着不同的角色,对孩子的性格养成起着不同的作用。但是在现实生活中,往往母亲对孩子更为了解,影响更大。而父亲对孩子的了解存在很多的不足。因此,在建立良好的亲子关系的过程中,也需要父亲加强对孩子的了解。

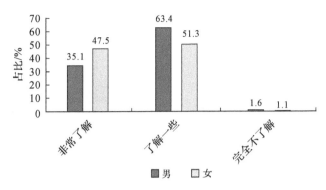

图 8-36　对孩子喜好的了解程度是否

4. 孩子的苦恼更倾向于向妈妈倾诉

如图 8-37 所示,在对家长性别与部分亲子关系进行分析后发现,大多数家长还是关心孩子的心理状态的,并且也了解孩子的喜好。但是,相对来讲,还是母亲更关心孩子的心理状态并且更了解孩子的喜好。在此可以得出一个结论,即父亲相对于孩子来讲对孩子精神上的付出比母亲少,这也是孩子更愿意向母亲倾诉苦恼的原因。因此,在此次调查中可以针对这一现象,呼吁父亲更关注孩子的心理状态,更加关心孩子,让孩子意识到父亲也是一个很好的倾诉对象。

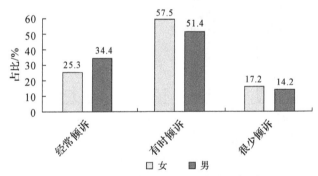

图 8-37　孩子有了苦恼是否会向您倾诉

5. 男性对自己的亲子教育方式更满意

如图 8-38 所示,男性家长和女性家长对亲子教育的重视程度相当,但女性家长对亲子教育方式的满意度较低。在回答"您对自己的亲子教育方式的满意程度"这一问题时,女性家长选择"一般"和"不满意"的比例明显高于男性,女性中选择"满意"这一选项的比例也低于男性。而且,在"一般"选项中,女性家长中有 49.7％的人选择。这一数据充分说明了,绝大多数的家长都非常重视亲子教育,但对自己的亲子教育方式没达到非常满意的程度,男性家长与女性家长对此表现出不一致的看法。

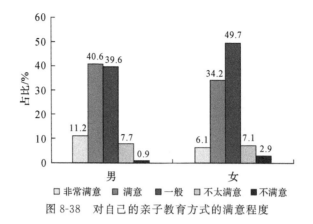

图 8-38 对自己的亲子教育方式的满意程度

6.男性认为自己的家庭关系更融洽

如图 8-39 所示,男性认为自己的家庭关系更融洽。在家庭分工中,男性主要承担家庭收入来源的责任,所以,在某种程度上,男性的精力更加倾向于工作等方面,相对于女性,男性对家庭关系的敏感度较低。因此,男性对于家庭关系的评价高于女性。

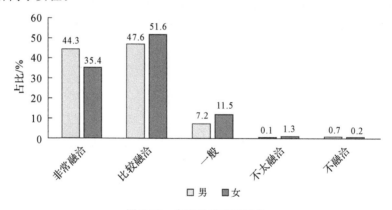

图 8-39 家庭关系是否融洽

7.性别与生育二孩意愿分析

如图 8-40 所示,性别的影响显而易见:愿意要二孩的男性比例为 31.1%,高于女性的 24.9%;而不愿意要二孩的女性比例为 40.0%,高于男性比例 31.0%;尚未确定的男女差异不大。由此可见,近一半的女性选择了不愿意再生育二孩;而男性选择"是""否"的比例相近,说明男性对生育二孩持无所谓态度。"已有二孩"和"尚未确定"的比例则差不多。对于女性来说,生育需要考虑的因素多于男性,如年龄、身体状况、事业等。这一结果也从侧面表示,社会应该进一步加强对女性的关怀。

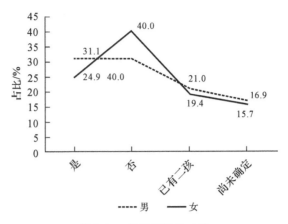

图 8-40 是否愿意生二孩

8. 性别与对孩子顺从程度要求问题分析

从上述交叉分析的结果来看(见图 8-41),与母亲相比,很多父亲比较倾向于希望孩子听自己的话。从中可以看出,父亲的教育方式倾向于严厉,而母亲则相对尊重孩子自己的意见。这也反映了,父亲与母亲在亲子关系中承担着不同的角色,因此良好的亲子关系的建立,需要父亲与母亲的共同努力,承担不同的责任。另外,可以看到大多数父母更倾向于不完全希望孩子听话。总的来说,现在家长的教育方式更为民主,希望给孩子更多独立思考的机会,希望他们能够独立处理一些事情。同时,也倾向于给孩子一些忠告,希望给孩子提供一些意见建议。

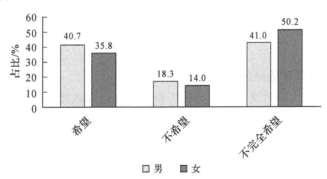

图 8-41 希望孩子完全听你的话吗

9. 性别与教育支出、提升孩子能力方向问题分析

如图 8-42、图 8-43 所示,男性和女性在孩子最需要发展的能力方面和教育支出方面数据走向一致,比重相差较小。由此可知,男性和女性在孩子最需要发展的能力方面和每年为孩子教育支出金额方面态度一致,不过具体情况还应

结合家庭收入水平而定。

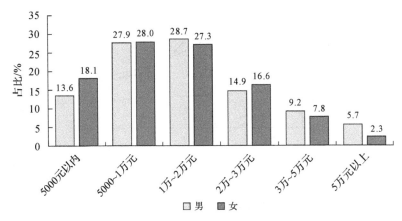

图 8-42　每年大约会为孩子的教育投入多少钱

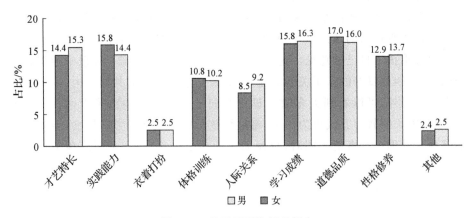

图 8-43　孩子需要发展的能力

10.性别与孩子依赖现象分析

如图 8-44 所示,男性和女性均认为孩子存在过度依赖的情况(男 11.2%＋54.9%,女 13.9%＋59.4%),认为孩子基本没有过度依赖自己的男性占31.9%,女性占 23.5%。男性家长认为孩子基本没有过度依赖自己的比例高于女性。由上文可知,女性家长陪伴孩子的时间多于男性家长,而孩子也更喜欢和妈妈在一起。因此,孩子在依赖对象上更倾向"妈妈"。所以,女性更容易认为孩子具有过度依赖现象。

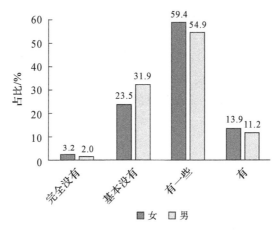

图 8-44　您觉得孩子有过度依赖您的情况吗

三、与学历呈显著相关关系的要素分析

1. 学历与陪伴时间的相关性

由图 8-45 可知,高学历的被调查者(研究生——全天 36.8%)比低学历的被调查者(高中及以下——全天 29.4%)有更多时间陪伴孩子。本科和专科学历在陪伴时间上几乎没有差异。在非工作日中,高中以下学历的家长大多数只陪伴孩子半天以下,随着陪伴时间的增加,家长人数一直在减少。而研究生家长随着时间的增加,人数不断增长。在对于非工作日中不同学历家长陪伴孩子时间的百分比变化趋势上看,学历越高的家长陪伴孩子的时间越长。高中及以下学历的家长由于自身工作环境,周六周末可能要加班,或者由于生计原因无法陪伴孩子太长时间;研究生学历的家长由于自身学历有良好的工作环境,家庭收入也会比较高,周末自己能够支配的时间较多,所以有较多时间陪伴孩子。

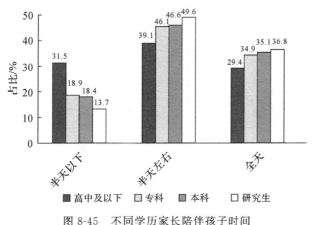

图 8-45　不同学历家长陪伴孩子时间

2.学历与孩子选择偏好的相关性

如图 8-46 所示,孩子更喜欢研究生学历爸爸陪伴(31.3%),占比最少的是高中及以下学历爸爸(16.3%),但妈妈相反(高中及以下学历占 71.2%,研究生学历占 59.1%)。学历越高,父亲在非工作日陪伴孩子的时间越长,孩子更喜欢爸爸的比例也越大,父母在亲子教育中的参与度差距减小,这意味着孩子所受到的家长关爱更为全面。

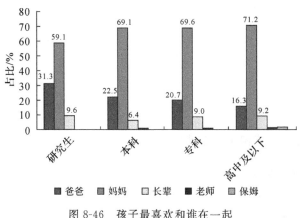

图 8-46　孩子最喜欢和谁在一起

3.学历与亲子教育满意程度的相关性

调查数据表明,研究生学历的被调查者对自己的亲子教育方式满意程度高于本科学历的被调查者,更高于专科学历的被调查者(见图 8-47)。但是我们不能借此断定高学历的家长一定能教育出更优秀的孩子。低学历家长不满意自己的教育方式是出于对自己不自信,认为自己无法给予孩子学习上的帮助。然

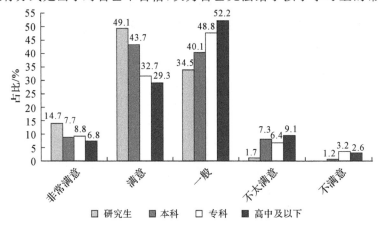

图 8-47　您对自己的亲子教育方式是否满意

而亲子教育并不局限于学习方面,其他方面同样重要。在其他方面的教育上,家长的学历并不起到决定性作用。

4.学历与教育反哺的相关性

如图 8-48 所示,研究生学历中有 63.2％的被调查者表示在教育孩子的过程中获得了很大成长,而随着学历的降低,认为获得成长的比例呈递减趋势。这说明,研究生学历的被调查者对于教育反哺的感受更深,获得"很大成长"的比例高于本科学历的被调查者和高中及以下学历的被调查者。从一般意义上来说,学历较高的家长所接受的教育水平越高、教育面越广,家长自身素质越高,对孩子的教育也越开明,同时,对自己教育方式的满意程度也越高,在教育孩子的过程中,也越能体会到亲子教育双向性的特点,能在教育孩子的过程中得到较大程度的自我提升。

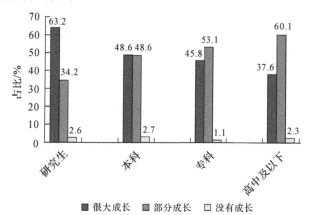

图 8-48　在教育孩子的过程中您是否也获得了成长

5.学历与对孩子心理状态的重视程度的相关性

如图 8-49 所示,家长对孩子心理状态的重视程度也存在着明显的学历差异,70.1％的研究生学历被调查者、69.8％的本科学历被调查者、68.9％的专科学历被调查者和 59.1％的高中及以下学历被调查者表示经常关心孩子的心理状态。因此,可以看出学历越高的父母越关心孩子的心理健康。在日常生活中,大多数家长上有老下有小,社会压力较大,工作较忙,与孩子相处时间短,认为最重要的是满足孩子的物质需求,而忽视了对孩子心理状态的关心。在父母学历不高的家庭里,父母往往希望能给孩子最好的生活条件,忽视了孩子还需要精神上的关注。所以,家长的学历这一因素对亲子关系具有重要影响。虽不能要求父母都具备高学历,但可以要求家长不断提高自身素养,寻找正确的方式与孩子相处,建立良好的亲子关系。

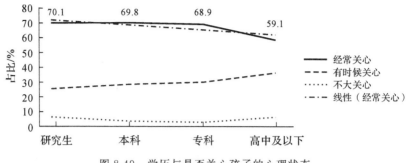

图 8-49　学历与是否关心孩子的心理状态

6.学历与对孩子喜好了解程度的相关性

从图 8-50 可以看出,总体来看,"非常了解"孩子喜好的被调查者仅有42.6%,而"了解一些"的占大多数,为56.1%。说明大部分父母都比较了解孩子的喜好,但随着孩子的成长,孩子的喜好也会不断变化,父母难以完全了解孩子的喜好。因此孩子和父母仍应加强沟通,互相了解。

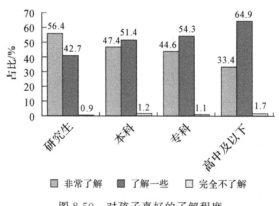

图 8-50　对孩子喜好的了解程度

横向来看,对孩子喜好的了解程度有明显的学历差异,在"非常了解"这一选项中:研究生学历的被调查者占56.4%,本科学历的被调查者占47.4%,专科学历的被调查者占44.7%,高中学历的被调查者占33.4%。因此,可以认为对孩子喜好的了解程度是随着学历的降低而降低的,高学历的父母会更愿意花时间或有更好的相处方法来了解孩子的喜好。学历相对较低的父母需要通过一些方式更好地了解孩子。

7.学历与孩子倾诉问题倾向的相关性

如图 8-51 所示,纵向来看,孩子有了苦恼向父母倾诉的频率以"有时倾诉"最多,占53.9%,而"很少倾诉"的比例最低,但仍有15.4%。说明仍有一大部分的孩子不会或不喜欢向父母倾诉苦恼。从横向来看,孩子"经常倾诉"的选项中:研究生学历的被调查者占 38.8%,本科学历的被调查者占 36.4%,专科学历的被调查者占 30.1%,高中学历的被调查者占 23.5%。孩子向父母倾诉苦恼的比例也随着学历的降低而降低。由此说明较高学历父母的孩子更愿意向父母倾诉苦恼。其原因可能是高学历父母更能有效、有方法地帮助孩子解决苦恼;高学历父母的沟通方式更容易让孩子接受;高学历父母在与孩子沟通,倾听孩子的苦恼上花更多的时间,等等。

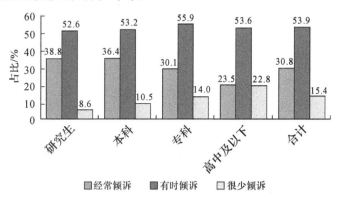

图 8-51 孩子有了苦恼是否会向父母倾诉

8.学历与对孩子顺从程度要求的相关性

从不同学历家长的回答情况看,研究生学历的家长中,有 23.3%希望,25.9%不希望,50.9%不完全希望;本科学历的家长中,有 31.3%希望,19.6%不希望,49.1%不完全希望;专科学历的家长中,有 35.5%希望,16.8%不希望,47.7%不完全希望;高中及以下学历的家长中,有 48.8%希望,8.8%不希望,42.4%不完全希望。可以看出,希望孩子完全听自己话的家长随着学历的降低而增多,不完全希望的家长人数几乎没有随着学历变动,不希望完全听自己话的家长随着学历的降低而减少。子女也有自己独立的思维,没有必要强迫孩子对自己言听计从,亲子关系是双向的,越来越多的家长更多地想以伙伴的方式与子女共同成长。

9.学历与培养方向选择偏好的相关性

学历之于一个人的态度认识也会因人而异,如图 8-53 所示,不同学历的被调查者对孩子能力培养的侧重点不同,研究生学历的被调查者更倾向于"才艺特长"和"性格修养",分别占 20.1%和 15.5%,高中及以下学历的被调查者"学习成绩"和"道德品质",分别占 21.4%和 17.8%。其中,专科和高中及以下学历的家长比较重视孩子的学习成绩,而学历相对较高的本科、研究生人群则倾向于才艺特长方面的培训。在某种程度上,学历相对较低的家长可能遗憾于自己没有机会接受良好的教育或是后悔没有好好学习,因此寄希望于子

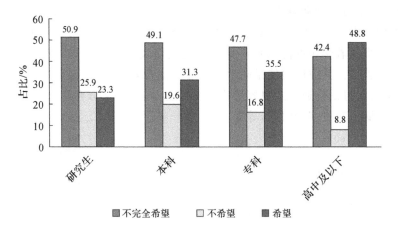

图 8-52　希望孩子顺从自己吗

女,希望他们在这方面努力;而对本科及以上学历的家长来说,他们自己本身就接受过高等教育,更多接受了现在新型的教育理念,认为学习成绩并不是全部,因此就会将对孩子的培养重心放在才艺特长和性格修养等方面。

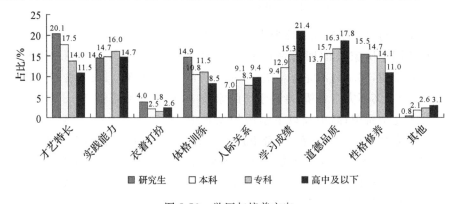

图 8-53　学历与培养方向

10.学历与提升孩子能力选择偏好的相关性

在图 8-54 的交叉分析结果中,可比较明显地看到学历越高的被调查者越关注孩子的"体格发展"(对该项的关注度由 58.3%、46.7%、39.4%、38.3%依次走低),而学历越低的被调查者则越关注孩子的"认知发展"(对该项的关注度由 20.0%、27.9%、30.2%、32.2%依次升高)。因此,研究生学历的被调查者最重视孩子的"体格发展"和"人格发展";高中及以下学历的被调查者最重视孩子的认知发展和思想意识发展。

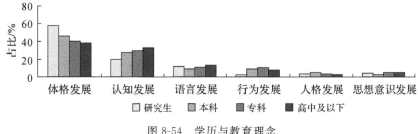

图 8-54　学历与教育理念

这一调查结果,或许是由于高学历的被调查者在自身的成长过程中将精力更多地投注于脑力的培养而忽视了体格发展;因此在培育孩子的过程中相比其他被调查者更加注重体格发展,相反,低学历的被调查者可能由于在自身的成长过程中在认知发展层面认为有所缺憾,因此在培育孩子的过程中会更加希望孩子能得到良好的认知发展。

11.学历与陪同孩子活动偏好的相关性

如图 8-55 所示,研究生学历的被调查者主要会陪孩子"阅读书籍"(17.4%)和"旅游踏青"(17.1%),和本科学历的被调查者接近,高中及以下学历的被调查者更倾向于陪同孩子"看益智节目"(14.6%)和"完成作业"(17.9%)。

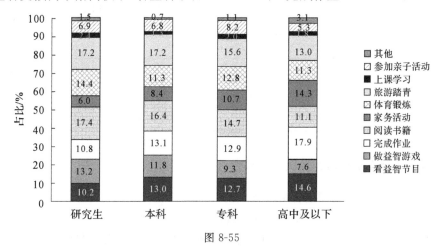

图 8-55

在这一多选题中,还出现了一个有趣的现象:研究生学历的被调查者主要会陪同孩子"阅读书籍"和"旅游踏青",和本科学历的被调查者接近,高中及以下学历的被调查者主要陪同孩子"看益智节目"和"完成作业"。如前所述,研究生学历的被调查者最重视孩子的"体格发展"和"人格发展";高中及以下学历的被调查者最重视孩子的"认知发展"和"思想意识发展"。因此,高学历者比较倾向于陪孩子"阅读书籍"和"旅游踏青"来提高孩子的"身体素质"和"自身修养",

高中及以下学历者更倾向于陪孩子"看益智节目"和"完成作业"从而培养孩子的"认知发展"。

12.学历与亲子教育过程中的问题的相关性

如表8-2所示,不同学历的家长在亲子教育中遇到的问题也不同,同学历家长选择某一选项的比例随学历的递增呈递增或递减现象。研究生学历的被调查者在亲子教育中主要遇到的问题是"方法问题"和"自己工作时间问题",分别占22.3%和18.6%;高中及以下学历的被调查者主要遇到的问题是"沟通问题""方法问题"和"自身水平问题",分别占22.7%、18.4%和17.3%。不难发现,家长学历越高,面对亲子教育中的"难见效果""沟通问题"等问题的处理能力越强。同时,学历高的家长比学历低的家长更多地去发现自己在亲子教育方法和理念方面存在的问题。但是有18.6%的研究生家长和12.8%的"高中及以下"的家长认为与自己的工作时间有关。如果亲子教育中存在沟通问题,无效陪伴的时间再多也是无法解决的,其根本还是家长的教育方法和理念存在偏差。

表8-2　您在亲子教育过程中主要遇到过哪些问题

(单位:%)

学历	难见效果	沟通问题	方法问题	理念问题	自己工作时间问题	自身水平问题	其他家长意见不一	其他
研究生	7.1	16.7	22.3	15.2	18.6	9.7	5.9	4.5
本科	8.6	19.6	22.1	13.7	17.3	11.0	3.8	3.8
专科	9.8	21.6	21.4	13.1	12.8	13.6	3.4	4.3
高中及以下	10.1	22.7	18.4	10.7	12.2	17.3	3.1	5.5

四、与地点呈显著相关关系的要素分析

1.一线城市的被调查者陪伴孩子的时间更长

由图8-56可以看出,农村的调查者陪伴孩子的时间是最少的,半天以下的比例最高,达到36.8%,明显超过其他居住地的人群,且半天左右和全天陪伴的比例最低。一线城市的调查者陪伴孩子的时间是最多的,全天陪伴的比例为38.8%。三四线城市平均陪伴时间仅次于一线城市,略大于二线城市。不同的居住地的人群在非工作日陪伴孩子的时间有明显差距。原因可能与人们的生活方式存在较大差异有关,也可能是环境对人们的教育理念产生了影响。

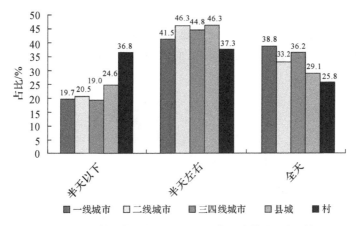

图 8-56　不同居住地的人群在非工作日陪伴孩子的时间

2.居住地点和教育反哺分析

如图 8-57 所示,一线城市的被调查者在教育孩子的过程中获得"很大成长"的比例最高,占 52.9%,二线城市占 48.0%,三四线城市占 41.6%,县城占 40.4%,村级占 40.7%。因此,家长在亲子教育过程中自己获得成长的程度与地域也有一定的联系。总体来说,只有一小部分家长认为在教育孩子的过程中没有获得成长,绝大多数家长都认为自己在亲子教育过程中获得了部分成长和很大成长。而就地域而言,因本次活动参与的家长主要来自二线城市,所以选择"部分成长""很大成长"的家长来自二线城市的占据了很大比重,但在根本上不影响数据的分析。

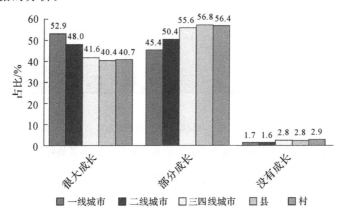

图 8-57　不同居住地的人群在教育孩子过程中获得的成长

3.居住地点与亲子教育满意度分析

如图 8-58 所示,一线城市的被调查者对自己亲子教育的满意程度中,"非常满意"的占 13.5％,"满意"的占 40.6％,高于二线城市、三四线城市以及县城和村。一线城市的教育水平等基础设施建设往往优于二线、三四线城市以及县城和村,因此,孩子得到更良好的教育,从而使一线城市的父母对自己的亲子教育更加满意。

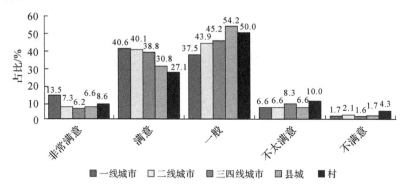

图 8-58　不同居住地点的人群对自己亲子教育的满意程度

4.居住地点与倾诉问题分析

如图 8-59 所示,一线城市孩子向父母经常倾诉苦恼的比例更高,随区域变化呈递减趋势。一线城市的生活压力高于其他居住地点,而孩子所处成长环境的压力也与之形成正比,所以,在某种程度上,一线城市的孩子往往有更多的倾诉需求。

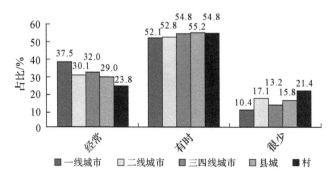

图 8-59　不同居住地点的人群的孩子向家长倾诉苦恼的频率

5.居住地点与对孩子喜好了解程度分析

由图 8-60 分析可知,一线城市的被调查者对孩子喜好"非常了解"的比例更高,随区域变化呈递减趋势。居住地点位于经济条件较好、生活水平较高的城市时,家长更有条件为孩子的兴趣爱好提供实践的平台,因此更加关注孩子的喜好,对孩子的喜好较为了解。而生活在县城、村级的家庭,家长忙于创造经济条件,少有精力去关注孩子的喜好并帮助其拓展技能。

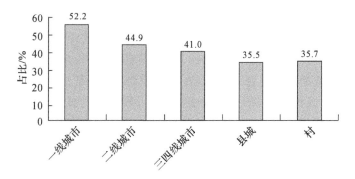

图 8-60　不同居住地点的人群对孩子喜好了解程度

第四节　调查总结

一、本次调查结论

1. 亲子态度

在亲子态度分析中,首先,绝大多数的被调查者都肯定了亲子教育的重要性。其次,影响亲子关系的因素主要为"陪伴时间"和"教育方式";在培养方向上,家长认为孩子现在最需要发展提升的能力主要有"思想意识发展"、"人格发展"和"认知发展";而家长年龄越大,越重视孩子的"体格发展"和"思想意识发展",年龄越小,越重视孩子的"认知发展"和"语言发展"。最后,家长对孩子的"心理状态"关注程度较高,并且"希望"孩子能够听自己的话。

2. 生育二孩预期

在生育二孩问题方面,首先,在没有二孩的情况下,"不愿意生"、"愿意生"和"不确定"的人数呈递减趋势,而生育二孩的阻碍因素主要有"经济因素"和"年龄因素";其次,生育二孩的促进因素包括"儿女双全""培养分享意识""为老大增加弟弟妹妹"等;最后,生育孩子最大的经济压力来源于"教育费用"和"生活开支"。

3. 亲子行为

在亲子行为分析中,孩子的"心理状态"受关注程度较高;在非工作日,家长陪伴孩子的时间为"半天左右",其中,平时陪伴孩子时间最多的是妈妈;在鼓励行为上,家长主要用"口头表扬"的方法鼓励孩子;除此之外,不少家长存在溺爱孩子的情况;每年大约会为孩子的教育投入 5000～20000 元的家长占比最高;调查结果显示,现阶段我国大部分家庭关系较为融洽。

4. 亲子效果

在亲子教育的满意程度方面,家长对自己的亲子教育方式表示"一般",然而,家长对孩子的身体成长、认知成长表示"满意",其中,家长对于长辈在孩子成长中的作用方面满意度相对较低;在教育反哺方面,家长在教育孩子的过程中也获得"部分成长";在亲子互动方面,大部分家长认为孩子记得家长的生日,而家长表示对孩子的喜好"非常了解"。除此之外,孩子会经常向父母倾诉,因此,孩子对父母也存在着"过度依赖"的情况。而家长认为亲子教育过程中主要遇到的问题是"沟通问题"和"方法问题";在子代问题调查中,本调查发现,孩子表示喜欢家长的原因是经常陪自己玩;而对辅导班,有些孩子喜欢,有些孩子不喜欢。

5. 亲子性别差异

与性别情况结合,本调查得出结论:女性家长陪伴孩子的时间更多,而且更关心孩子的心理状态和孩子的偏好,因此,孩子的苦恼也更倾向于向妈妈倾诉;除此之外,男性家长对自己的亲子教育方式更满意,也认为自己的家庭关系更融洽;同时,男性家长比女性家长生育二孩的意愿更为强烈;男性家长更希望孩子完全听话;男性家长和女性家长在教育投入方面的差异不大,男性家长和女性家长在孩子最需要发展的能力方面态度一致,并且男性家长和女性家长均认为孩子出现过度依赖的情况。

6. 亲子学历差异

与学历情况结合,本调查得出结论:首先,学历越高,陪伴孩子的时间越长;孩子更喜欢高学历的爸爸和学历较低的妈妈。其次,学历越高的家长对孩子的心理状态关注程度越高,也越了解孩子的喜好,因此,高学历家长更容易获得孩子的倾诉。在培养方向方面;高学历家长看重"才艺特长"和"性格修养",而学历较低的家长则将重点放在"学习成绩"和"道德品质"方面,同时,学历较高的家长最重视孩子的"体格发展"和"人格发展",而学历较低的家长则最重视孩子的"认知发展"和"思想意识"发展。在亲子教育过程中,学历高的家长认为在亲子教育中遇到的问题主要是"方法问题"和"自己工作时间问题",而学历较低的家长遇到的问题主要是"沟通问题"、"方法问题"和"自身水平问题"。最后,家长的学历越高,对自己的亲子教育越满意,同时学历高的家长更加认为自己在亲子教育过程中得到了成长。

7. 亲子区域差异

首先,住在一线城市的家长陪伴孩子的时间更长。其次,一线城市的家长对孩子喜好非常了解的比例更高。因此,一线城市孩子向父母经常倾诉苦恼的比例更高,并随区域变化呈递减趋势。最后,居住城市的等级越高,家长对自己的亲子教育的满意程度越高,并且一线城市的家长更加认为自己在亲子教育中获得了成长。

二、结论分析

针对以上几点结论,本调查认为,亲子教育在很大程度上受性别、学历和居住地点等因素影响。

1.亲子教育与性别

许多研究对男女青少年与父母关系进行了比较分析,结果发现,父亲、母亲与男女青少年之间的关系存在较大差异,而且在青少年期间可能发生不同的转变。

Shek 提到,中国青少年认为自己与母亲的沟通多于父亲,因为在中国传统家庭中,通常是父严母慈,父亲较少关心也较无反应,且管教上较为严格;相对的,母亲对待子女比起父亲有较多的慈爱与关怀。[①] 还有研究指出,母亲与子女的关系与父亲相比更加亲近,沟通较多,相应的,冲突也多。这可能是因为母亲与子女的相处时间较多,故而摩擦也多。Crouter、McHale 和 Bartko 也认为小学五、六年级儿童,其母亲涉入孩子生活的层面与父亲相比更多、更深。[②] Updegraff、McHale 和 Crouter 等人的研究发现,母亲教给孩子更多的同伴交际知识经验,母亲与女儿、父亲与儿子经常一起从事一些共同活动,亲子之间既存在矛盾又具有和谐的一面,父亲与孩子的互动与母亲相比要少得多。[③] 石伟、张进辅和黄希庭的研究发现,女儿与父母的冲突多于儿子与父母的冲突,而且不论是女儿还是儿子,与母亲的冲突都明显多于与父亲的冲突。[④] 这可能与传统观念、母亲更多涉入子女生活及父亲的权威性等因素有关。[⑤]

2.亲子教育与学历

从 20 世纪 70 年代起,一些研究者开始关注父母文化程度和职业对儿童发

---

① Shek D T L. Differences between fathers and mothers in the treatment of, and relationship with, their teenage children: perceptions of Chinese adolescents. [J]. Adolescence, 2000, 35(137):135-146.

② Crouter A C, Mchale S M, Bartko W. Gender as an organizing feature in parent-child relationships[J]. 1993, 49(3):161-174.

③ Updegraff K A, McHale S M, Crouter A C et al. Parents' involvement in adolescents' peer relationships: a comparison of mothers' and fFathers' roles[J]. Journal of Marriage and Family, 2004, 63(3):655-668.

④ 石伟,张进辅,黄希庭. 初中生亲子关系特性的研究[J]. 心理与行为研究,2004, 2(1):328-332.

⑤ 王云峰,冯维. 亲子关系研究的主要进展[J]. 中国特殊教育,2006(7):79-85.

展的影响。研究发现,父母文化程度作为家庭系统的结构要素,可直接影响家庭的心理环境和儿童发展。受教育程度高的父母对教育孩子更自信,较少表现出溺爱、专制、忽视和惩罚等行为,而是更多地使用说理方式,给予孩子一定的尊重和自由。父母的职业类别则往往预示着不同的工作条件、社会地位和家庭的物质条件等。这些都与父母的自尊、抱负、价值观密切相关,转而影响他们对子女的期望和行为方式,从而潜移默化地影响儿童的发展。我国学者杨志伟等采用定式问卷、家庭环境量表、儿童行为量表进行了调查分析,发现父母文化程度和职业与家庭亲和度、儿童学业成绩等成正相关。[1]

3.亲子教育与居住地点

社会学、历史学、心理学等领域的大量研究和事实证明,经济、地域位置的差异将导致社会文化、教育的差异,引起价值观念和心理行为等方面的差异,从而影响家庭教育的观念、态度和行为,进一步影响亲子关系。

相较于二线城市或县城及村,一线城市的基础设施建设更完善,教育水平也更发达。居住于城市的家长在教育理念方面将更为开明。朱俊卿在研究农村亲子关系时发现,中国农村父母较偏爱头两胎的孩子,并且父母对儿子的偏爱明显高于对女儿的偏爱,农村孩子对父母的依恋感普遍不强。这也是中国农村亲子关系的一大特点。[2] 因此,居住地点是研究亲子教育的重要维度之一。

(刘梦泽,于小涵)

① 白丽英,叶一舵.亲子关系对儿童发展影响的研究综述[J].宁波大学学报(教育科学版),2002(1):45-49.

② 朱俊卿.农村亲子关系模式及特点研究[J].心理科学,2004(5):189-190.

附录　关于亲子文化的问卷调查

尊敬的家长,您好:

　　我是浙江工商大学的一名学生,正在开展一项有关亲子文化的社会调查。问卷中的每个问题都没有对错之分,我们只是想通过统计方法了解人们的观念与行为。对于涉及个人资料的部分,我们将遵循国家有关法规予以保密。整个调查的过程大约需要 10 分钟,非常感谢您抽出宝贵的时间回答我们的问题!

　　请您将答案填写在题后的括号中。

一、个人基本情况

1.您的性别是?　　　　　　　　　　　　　　　　　　　　(　　)

①男　　　　　　②女

2.您的年龄是?　　　　　　　　　　　　　　　　　　　　(　　)

①20～29 岁　　②30～39 岁　　③40～49 岁　④50 岁及以上

3.您的学历是?　　　　　　　　　　　　　　　　　　　　(　　)

①研究生及以上　②本科　　　　③专科　　　　④高中及以下

4.您家中是否已有小孩?　　　　　　　　　　　　　　　　(　　)

①超过一个　　　②只有一个　　③没有孩子

5.您的孩子所处的阶段是?　　　　　　　　　　　　　　　(　　)

①未上学　　　　②幼儿园　　　③小学　　　　④中学　　　⑤其他

6.您家庭的税后总年收入大约在哪个范围?　　　　　　　　(　　)

①3 万元以下　　　　　　　　②3 万～5 万元

③5 万～10 万元　　　　　　　④10 万～20 万元

⑤20 万～30 万元　　　　　　⑥30 万～50 万元

⑦50 万～100 万元　　　　　　⑧100 万元以上

7.您家现在的居住方式是?　　　　　　　　　　　　　　　(　　)

①父母及孩子　②与爷爷奶奶(外公外婆)共居　③四代同堂

8.您现在的居住地点在哪里？　　　　　　　　　　　　　　　（　　）

①一线城市　　②二线城市　　③三四线城市　④县城　　⑤村

二、亲子教育

1.您认为亲子教育是否重要？　　　　　　　　　　　　　　　（　　）

①重要　　　②不重要　　③不清楚

2.您在<u>工作日</u>大约会花多少时间完全用于陪伴孩子？　　　（　　）

①1小时内　　②1～2小时　　③2～4小时　④4～6小时

3.您在<u>非工作日</u>大约会花多少时间完全用于陪伴孩子？　　（　　）

①半天以下　　②半天左右　　③全天

4.平时陪伴孩子时间最多的是谁？　　　　　　　　　　　　　（　　）

①爸爸　　　②妈妈　　　③长辈　　　④老师　　　⑤保姆

5.孩子最喜欢和谁在一起？　　　　　　　　　　　　　　　　（　　）

①爸爸　　　②妈妈　　　③长辈　　　④老师　　　⑤保姆

6.目前您的孩子主要接受哪些方面能力的培养？（<u>限选三项</u>）　（　　）

①才艺特长　　②实践能力　　③衣着打扮　④体格训练

⑤人际关系　　⑥学习成绩　　⑦道德品质　⑧性格修养　⑨其他

7.您觉得自己的孩子现在最需要发展提升的能力是？（<u>限选三项</u>）

（　　）

①体格发展　　②认知发展　　③语言发展

④行为发展　　⑤人格发展　　⑥思想意识发展

8.您主要会陪同孩子做下列哪些事？（<u>限选三项</u>）　　　　（　　）

①看益智节目　②做益智游戏　③完成作业　④阅读书籍

⑤家务活动　　⑥体育锻炼　　⑦旅游踏青　⑧上课学习

⑨参加亲子活动　⑩其他

9.您的孩子目前正在学习培训的项目主要有哪些？（<u>限选三项</u>）（　　）

①英语　　　②舞蹈　　　③唱歌　　　④模特　　　⑤美术书法

⑥乐高　　　⑦体育　　　⑧奥数　　　⑨国学　　　⑩其他

10.您在亲子教育过程中主要遇到过哪些问题？（<u>限选三项</u>）　（　　）

①难见效果　　②沟通问题　　③方法问题　　　④理念问题

⑤自己工作时间　⑥自身水平问题　⑦其他家长意见不一　⑧其他

11.您对自己的亲子教育方式满意程度是？　　　　　　　　　（　　）

①非常满意　　②满意　　　③一般　　　④不太满意　⑤不满意

12.您的家庭关系是否融洽？　　　　　　　　　　　　（　　）

①非常融洽　　　②比较融洽　　　③一般　　　④不太融洽　⑤不融洽

13.在教育孩子的过程中您自己是否也获得了成长？　　　　（　　）

①很大成长　　　②部分成长　　　③没有成长

14.您每年大约会为孩子的教育投入多少钱？　　　　　　　（　　）

①5000 元以内　　②5000 元～1 万元　③1 万～2 万元　④2 万～3 万元

⑤3 万～5 万元　　⑥5 万元以上

三、亲子关系

1.孩子是否记得您的生日？　　　　　　　　　　　　　（　　）

①记得　　　　　②不记得　　　　③不知道记不记得

2.您一般用什么方法鼓励或表扬孩子？　　　　　　　　（　　）

①物质鼓励　　　②口头表扬　　　③一般没有措施　④其他

3.您是否关心孩子的心理状态？　　　　　　　　　　　（　　）

①经常关心　　　②有时候关心　　③不大关心

4.您对孩子喜好的了解程度是？　　　　　　　　　　　（　　）

①非常了解　　　②了解一些　　　③完全不了解

5.孩子有了苦恼是否会向您倾诉？　　　　　　　　　　（　　）

①经常倾诉　　　②有时倾诉　　　③很少倾诉

6.您希望孩子完全听您的话吗？　　　　　　　　　　　（　　）

①希望　　　　　②不希望　　　　③不完全希望

7.您认为影响亲子关系的因素有哪些？（限选三项）　　（　　）

①陪伴时间　　　②教育方式　　　③经济因素　④对待孩子态度

⑤夫妻关系　　　⑥父母素质　　　⑦沟通方式　⑧其他

8.您觉得您有溺爱孩子的情况吗？　　　　　　　　　　（　　）

①有　　　　　　②有一些　　　　③基本没有　④完全没有

9.您觉得孩子有过度依赖您的情况吗？　　　　　　　　（　　）

①有　　　　　　②有一些　　　　③基本没有　④完全没有

四、二孩态度

1.您认为生育二孩的阻碍因素主要有哪些？（限选三项）　（　　）

①经济因素　　　②年龄因素　　　③教育因素　④身体因素

⑤老人态度　　　⑥一胎态度　　　⑦精力因素　⑧工作压力　⑨其他

2.您认为生育二孩的促进因素主要有哪些？（限选三项）　（　　）

①长辈想要　　　②为老大增加弟弟妹妹　③多子多福
④儿女双全　　　⑤培养分享意识　　　⑥减轻养老负担　⑦其他

3.您是否愿意生二孩？　　　　　　　　　　　　　　（　　）

①是　　　　　　②否　　　　　③已有二孩　④尚未确定

4.您觉得生育孩子最大的经济压力来源于？（限选三项）　（　　）

①生活开支　　　②教育费用　　③医疗费用　④赡养父母
⑤休闲开支　　　⑥其他

五、"子"代问题调查（请孩子或者家长代替孩子作答）

1.你现在最喜欢谁？　　　　　　　　　　　　　　　（　　）

①爸爸　　　　　②妈妈　　　　③长辈　　　④老师　　　⑤保姆

2.为什么喜欢他/她多些？　　　　　　　　　　　　（　　）

①经常买东西给我　　　　　　②经常陪我玩
③不打/骂我　　　　　　　　　④经常说我好
⑤其他

3.以前喜欢谁多些？　　　　　　　　　　　　　　　（　　）

①爸爸　　　　　②妈妈　　　　③长辈　　　④老师　　　⑤保姆

4.喜欢爸爸妈妈给你报的辅导班吗？　　　　　　　　（　　）

①喜欢　　　　　②不喜欢　　　③不清楚　　④有些喜欢有些不喜欢

六、家庭现状满意度评价

1.您对孩子的身体成长满意吗？　　　　　　　　　　（　　）

①非常满意　②满意　　　③一般　　　④不太满意　　⑤不满意

2.您对孩子的认知发展满意吗？　　　　　　　　　　（　　）

①非常满意　②满意　　　③一般
④不太满意　⑤不满意

3.您对配偶作为家长是否称职满意吗？　　　　　　　（　　）

①非常满意　②满意　　　③一般
④不太满意　⑤不满意

4.您对长辈在孩子发展中的作用满意吗？　　　　　　（　　）

①非常满意　②满意　　　③一般
④不太满意　⑤不满意

5.您对孩子与其他孩子的关系满意吗？　　　　　　　（　　）

①非常满意　②满意　　　③一般

④不太满意　⑤不满意

6.您对夫妻关系满意吗？　　　　　　　　　　　　　　　　（　　）

①非常满意　②满意　　　③一般

④不太满意　⑤不满意

7.您对夫妻与长辈的关系满意吗？　　　　　　　　　　　　（　　）

①非常满意　②满意　　　③一般

④不太满意　⑤不满意

8.您对夫妻与家族其他主要成员的关系满意吗？　　　　　　（　　）

①非常满意　②满意　　　③一般

④不太满意　⑤不满意

9.您对家庭与邻里的关系满意吗？　　　　　　　　　　　　（　　）

①非常满意　②满意　　　③一般

④不太满意　⑤不满意

10.您对家庭与幼儿班老师的关系满意吗？　　　　　　　　（　　）

①非常满意　②满意　　　③一般

④不太满意　⑤不满意

11.您对家庭与孩子同学家长的关系满意吗？　　　　　　　（　　）

①非常满意　②满意　　　③一般

④不太满意　⑤不满意

12.您对亲子文化(如亲子教育、亲子关系等)还有什么建议？

_____

_____

_____

_____

十分感谢您的参与,祝您全家身体健康,生活愉快!

后　记

　　本书的写作,可以追溯到 2009 年贝因美与浙江大学人文学院一起创立"贝因美亲子文化研究中心",本人非常荣幸地出任了研究中心的主任。"亲子文化一期项目"在 2009 年启动,一共八大课题组,于 2012 年顺利结题,完成了 200 万字的研究报告,收获大量的一手访谈、视频、问卷资料,并进行了后期网络推广。围绕生养教,确立了八个子课题,分别从哲学、文化学、社会学、人类学、心理学、教育学等角度探讨亲子文化、亲子沟通、亲子文化的现状与影响因素、东西方亲子文化对比、人格与认知等问题。各组主题、负责人及主要成果如下表:

主题	负责人	主要成果
亲子互动中的语用策略研究	黄华新	《亲子互动中的语用策略研究》 《幼儿亲子沟通现状调研报告》
亲子关系的技术塑造	丛杭青	《技术焦虑与信息迷失:现代通讯技术对亲子关系的负面影响探讨》 《亲子关系的技术塑造:奶粉喂养方式与婴儿的依恋类型》
流动人口家庭的亲子文化——现状、问题与对策研究	刘志军	*China's Returned Migrant Children:Experiences of Separation and Adaptation*(收录于《The Asia Pacific Journal of Anthropology》) 《流动家庭公共服务需求调查与对策研究》
全球化进程中的人格发展及亲子文化建设	王晓燕	《家长人格期待、亲子关系与儿童人格塑造:基于 221 份问卷调查的实证分析》 《人格与亲子的深度纠结:论人格生态中自我与关系的相互作用》
中国传统养育观念与实践	张立	《中国传统养育观念与实践》
东西方亲子文化比较研究	王华平	《从基督教的角度看东西方亲子文化差异何在》 《东西方亲子文化的差异要素与亲子行为》

续表

主题	负责人	主要成果
母乳喂养与界线伦理	张彦	《以"界线伦理"构建亲子教育价值体系》 《东方亲子文化的伦理解读》
亲子关系与儿童教养的社区模式探索	刘朝晖	《亲子文化与儿童教养社区模式调查分析报告》

2016 年 1 月开始启动"亲子文化二期项目",也就是本书的撰写工作,参加二期项目的成员有:

盛晓明教授,负责指导全书架构,重点修改完善了本书的"导论"部分;蒋风冰博士,负责统稿全书,重点参与了"导论"的写作,完成了"第一章 亲子文化概述"的写作;谢宏研究员,参与指导了全书架构,完成了本书"序言"的写作;王小毅教授,参与统稿全书,完成了"第二章 亲子文化的形成与影响机制""第六章 亲子消费"的写作;张彦教授,完成了"第三章 中国式家庭的亲子文化与伦理重塑"的写作;刘志军副教授、徐蕾蕾同学,共同完成了"第四章 边缘儿童的关怀"的写作;黄健教授,完成了"第五章 亲子关系与亲子教育"的写作;张立副教授、张锦志同学,共同完成了"第七章 现代科学技术视野下的亲子文化"的写作;于小涵副教授,刘梦泽硕士研究生,浙江工商公管学院 15 级徐佳棋、马丹丹、周亮等同学参与完成了"第八章 亲子文化的大规模样本调研报告"。另外,郭晓博士参与了本书的统稿,并提出诸多宝贵意见。

本书的出版亦离不开贝因美的鲍晨女士、储小军先生的积极推动以及贝因美生养教研究院俞祖勋院长(已故)、董亦波、陈萍、赵杏等同仁的大力支持与积极参与。在此一并致谢!

今天,本书得以出版,需要真挚地感谢许许多多关注"中华亲子文化"的老师、朋友们! 在此不能一一致谢,深感抱歉,再一次感恩所有人对本书的帮助! 谢谢大家!

《中国亲子文化新论》书稿修改、编辑之际,恰逢新冠疫情在全球肆虐。

其间,全国人民都因疫情与家人度过了一段艰难又温馨的隔离时光,使得许多家庭成员之间有了更多相处时间。但在享受天伦之乐的同时,成员之间的矛盾也日益显现。这或许就是心理学上的"刺猬效应":刺猬与刺猬之间必须找到一个比较合适的距离,既能够相互取暖又不会被扎。在亲子关系中,则可以表述为基于"自律"的互助。以个体人格独立为前提的相互关爱,永远要尊重孩子的独立人格,平等地沟通交流。而每个家庭成员,都需要成为家庭的建设者,承担起一份家庭责任。

这次新冠疫情从另一面印证了"中华亲子文化"的必要性,让"中华亲子文化"的"新论"经受住了考验。正如本书导言中所说："从哲学上看，亲子文化建立在一种新的主体概念之上。这种主体不再是传统意义上的个体或抽象的人类，而是共同主体（共同体）。'家'和'国'都是共同体，在中国人看来只是规模不同而已。我们强调的'亲子文化'是一种新型的、开放的共同体，是多元共同体之间的协同过程和连带方式。'亲子文化'就是通过新的协同的行动方案，共同创建一个'适合儿童的世界'"。

"在亲子文化的语境中，'亲子关系'不仅是一个'私人性'问题，更是一个'公共性'问题。孩子，不是父母或者家庭的私有财产，孩子是独立的生命，孩子未来是一个担当责任的公民——不仅是一个经济公民，一个国家公民，更是一个世界公民。"

当下新冠疫情仍在全球肆虐，但是，从另一个角度来看，她又何偿不是天道自然法则的"特使"？她让人类疲于奔命的发展列车停了下来，慢了下来，让大家停一停，好好地反省、反思：我们是不是已经遗忘了对"天道"的敬畏，过于迷恋于科技带来的发展，滋生了一种对自然的傲慢？新冠"特使"，无疑是对这种傲慢的嘲讽！我们甚至遗忘了文明的真谛，那就是"天地万物一体之仁"，那就是"大爱"本身，"风雨同天，守望相连"！

在当下新冠疫情期间，最大的问题是不确定性，我们不知道明天将会怎样，但生命却仍在继续！所以把每一天，活成生命的最后一天，并非杞人忧天。如此一来，追求自我实现，反而成了人的第一需求。

经历劫难，反而是生命提升的机会！生命中没有无缘无故的灾难与厄运，危中之机只给有准备的灵魂。人之为人，在于会思考、能反思，会表达、能沟通，人之美德，更在于成己成物，成人之美，更在于同气相求，联合行动。

蒋风冰

2020 年 5 月 25 日